中嶋敏

東洋史學論集 續編

汲古書院

目次

第一　宋金抗争のはざまで

1　孟太后征西考……3
一　序言　3　二　太后西行計畫の成立　5　三　征西行途　9　四　虔州行宮－財政難と兵變　11　五　高宗皇帝南航始末　14　六　太后歸還　17　七　征西の目的と成果　18
2　僞帝姫考……26
徽宗皇帝の皇女　27　榮德帝姫の場合　30　柔福帝姫の場合　33
3　南宋建炎對金使節について－宇文虛中のことなど－……39
一　建炎對金遣使濫觴　39　二　使節募詔－應募の四人　44　三　金における宇文虛中　48　四　虛中終焉　52　五　楊應誠の場合　59　六　對金通問使諸相　61
4　南宋海將李寶事蹟……66
序　中興戰功錄について　66　一　李寶の前歷　68　二　李寶の對金活動－唐島海戰　70　三　唐島戰捷以後　74　四　宋金對立と海州　76
5　宋金交戰における陳遘の死－史傳變遷試論－……82

第二　進士及第　ハナサク

6　宋進士登科題名錄と同年小錄……101
一　同年小錄諸本について　101　二　同年小錄の由來　105　三　父・祖存故の記載　109
四　第數について　116　五　新進士登第年齡について　118
7　「宋進士題名錄と同年小錄」追論……126
一　同年小錄の第數について　126　二　宋史資料萃編本南宋登科錄兩種の依據について　129
8　寳祐登科錄における宗室……133
一　宗室出身合格者の人數　133　二　宗室出身合格者の系譜　135　三　宗室出身合格者の居住地　137
附　寳祐四年宗室出身進士合格者の系譜圖　140
9　明代進士登科錄考……146
10　紹興十八年同年小錄・寳祐四年登科錄　對校表……153
紹興十八年同年小錄　對校表　155
寳祐四年登科錄　對校表　173

第三　鑛山業《やましごと》と錢つくり

11　洪咨夔「大冶賦」……209
解說、注　209　本文訓讀「大冶の賦」　216　本文注　224
12　洪咨夔「平齋文集」諸本考……237

13　中國金屬文化史と貨幣史の研究……248
14　加藤繁「中國貨幣史研究」あとがき……253
15　宋代の鑛業技術……256
はじめに　257　一　石炭を燃料とする製鐵　257　二　膽銅生産　261　おわりに　266

第四　教えの庭、學びの窓

16　大正昭和期における東洋史學の回顧……269
17　市村瓚次郎……271
一　市村瓚次郎と白鳥庫吉　271　二　支那史の編纂　272　三　支那史から東洋史へ　274
四「東洋史統」の著作　275
18　故加藤繁博士追悼記事……279
著作目錄　286
19　加藤繁「支那經濟史考證」あとがき抄……293
20　青山・周藤兩氏に捧げる弔辭―もう屆かないが貽る言葉―……294
21　宋代史研究の二十世紀　餘話……297
第一　宋會要のこと　297　第二　Sung Project と宋史提要編纂協力委員會の事業のこと　302
第三　宋人文集の活用　304
22　對談　歴史學と私（中嶋敏・千葉熈）……306

第五　硯北餘話　よしなしごと

23　宋玉牒考……319
一　玉牒とは何か　319　二　玉牒の由來と宋における創始　321　三　玉牒纂修官　324
四　玉牒の内容　325　五　宋の玉牒の特色　327　六　南宋の玉牒　328　七　編修年期　330
八　玉牒編集の資料　時政記と日錄　333　九　玉牒と實錄　334
24　「北宋・南宋、前宋・後宋」稱呼考……338
25　梅原　郁氏著『宋代官僚制度研究』紹介……346
26　銀川　水と土……353
27　西康に於ける漢藏關係……357
28　「臨濟錄」序文撰者　馬防の傳……361
29　「錢譜」著者　董逌の傳……367
30　于武陵と井伏鱒二……370
31　毋か毌か……375
32　藤田豐八博士と宋會要……379
あと書き……384
索　引……1

第一　宋金抗争のはざまで

孟太后征西考

目　次

一　序言
二　太后西行計畫の成立
三　征西行途
四　虔州行宮－財政難と兵變
五　高宗皇帝南航始末
六　太后歸還
七　征西の目的と成果

一　序　言

南宋の初め、金軍の侵攻を受けて、宋の孟太后は、高宗皇帝とは別に、一軍を率いて西方江南西路に向かった。征西の事實、目的、成果などについて明らかにするのが、本稿の意圖するところである。

宋は金軍に攻められて首都東京開封府を占領され、欽宗皇帝とその父徽宗皇帝は捕虜となり、北方に拉致されて北宋は終わった。欽宗の弟康王構は難を免がれ、南京（今の河南省商邱市）に自立して皇帝の位に卽き、金軍に抵抗した。高宗である。時に建炎元年（西暦一一二七）五月。

高宗が皇帝の位に在ったのは、一一二七年五月から一一六二年六月までの三十五年間であるが、その期間に金の大規模な南進を受けたことが五回あった。第一回は建炎三年（一一二九）秋から翌四年春にかけてのもので、五回の南侵中もっとも大規模かつ廣範圍のものであった。ここにとりあげる孟太后西行はその時のことである。

孟太后はもと、北宋第七代哲宗の皇后であった。[1] 哲宗時代前期は、宣仁太后（高氏）の攝政の下に舊法派政治家が政治を行なった時代で、前代神宗の新法政治が改變された時期である。孟皇后は宣仁太后の御意に協って皇后となった。やがて哲宗の親政となると、政局に大轉換があり、新法時代が到來した。孟皇后の地位も安泰ではいられない。皇后の位を追われ女冠となって宮中の一隅瑤華宮にわび住いの身となった。紹聖三年（一〇九六）のことである。昨日までの皇后の尊位から一女道士に落魄して三十年經過する。その間に哲宗崩じて弟徽宗が立ち、さらにその子欽宗の世となっている。宋は東北の邊陲に起こった女眞の金國に攻められて、國都も危機に瀕していた。欽宗靖康元年（一一二六）居所の瑤華宮が火災で焼け、孟氏は延寧宮に徙ったが、ここでも焼け出されて宮中の外へ出て相國寺前の私邸に居った。金軍は開封を圍み攻擊急である。欽宗は近臣と議して孟氏を復活して元祐太后と尊稱すべく定めた。その詔が出ないうちに都は陷落した。時に後宮で位號をもつ者はすべて捕えられ北方につれ去られた。しかし宮外の私邸に在り、位號も正式にはまだもたぬ孟氏は難を免れた。運命は孟氏に味方したのである。もと宋の宰相をつとめたことのある張邦昌が金軍に强制されて楚國皇帝となると、孟氏を尊んで宋太后とし、太后は宮中の延福宮に居って百官の朝謁を受け、垂簾して政を聽くこととなり、時に濟州に在った康王構を南京に迎えて皇帝の位に卽かしめた。ここに宋が復活し、孟太后は簾を撤して高宗の建炎の世が始まったのである。太后は隆祐太后と呼ばれることとなった。

高宗卽位して南宋が興ると、金軍の壓力は加重された。宋は南京應天府も保てない。南方揚州に遷ることとなり、太后まず到り、高宗もついで到着した。太廟の祖宗神主、西京（洛陽）會聖宮の累朝御容も揚州壽寧寺に奉安された。しかしここも安全の地ではない。やがて戰場とならないとも限らぬ。六宮の安全な居所を定める必要ありとの張浚の上請の結果、建炎二年十月甲子、太后の兄の子孟忠厚が、命によって太后を奉じて六宮とともに杭州に行くこととなり、扈從統制苗傅・御營前軍副統制劉正彥の軍に衞られて行く。六宮を安全の地に移し、皇帝は一身をもって四方に巡幸し、國土恢復の遠圖を達成しようというのである。しかし金軍の勢はさかんで宋軍は壓迫されている。翌三年二月十三日には高宗も杭州に入った。

ここで明受の反亂がおこる。建炎三年三月のことである。苗傅・劉正彥が兵變を起こし、高宗は退位し、皇太子（年三才）がこれに代わり、隆祐太后が政を攝せんことを請うた。杭州の兵權はかれらによって握られていたので、その要求は一時實現し、年號も三月十一日をもって明受と改元された。しかしやがて呂頤浩・張浚ら重臣の反對が實現し、劉光世・張俊等の諸軍が杭州めざして集まると、明受政權は崩壞して體制は舊に復し、苗・劉は敗走した。

二　太后西行計畫の成立

時に金軍南進の兆著しく、事態は急迫している。建炎三年四月二十日、帝は杭州を發し、簽書樞密院事鄭瑴を留めて皇太后を衞らしめた。五月八日江寧府に至り、神霄宮に駐蹕し、江寧府を建康府と改名した。建康は古く南朝首都時代の名である。ここを當分の都として根據を堅め、金軍と對抗せんとする意志の現われとみられる。

六月十三日には隆祐皇太后が建康にやって來た。高宗は群臣を率いて郊外に出迎えた。同二十八日には軍民に迫近の防秋事を詔諭した。それによると隆祐皇太后に恭請し、七月下旬に六宮宗室近屬を率い、神主を奉じて江表に前去し、朕は謀臣宿將と戮力同心して大敵に備え、進んで中原を援けん、官吏士民の家屬の南去する者は禁ずることなかれというものである。すなわち太后分離西行のことが明示されている。去る四月二十日帝の杭州發の時未だこの計畫はなかったと思われる。それから一月ばかりの間にこの計畫が出來上ったのであろう。それはいつであっただろうか。

建炎三年二月一日は、隆祐皇太后が揚州から杭州に向かった日であるが、その日に淮水戰線を守る江淮制置使劉光世軍は潰走し、金軍は楚州・天長軍を陷れ、敗報至るや四日高宗皇帝は被甲して江を渡り對岸の鎭江府に逃れ、金の遊騎は江岸の瓜洲に至った。六日平江府にたどりついて高宗は介冑を脫ぎ黃袍に着替え、儀仗漸く備わり隨駕の一行はやっと生氣をとり戻したというあわてぶりであった。揚州脫出に際し太常少卿季陵は九廟神主を奉じ親事官に負わせて走ったが、太祖神主を失うという失態を演じた。四月二日にはこれを訪求すべく詔が出されている。この大切な祖宗の神主も太后とともにこのたび西へ行くのである。太后が赴く江表というのは、その地點が判然としないが、江南という意味であろう。江寧府（建康府）は江南東路の首邑で、路の最東端に在る。江表―江南に前去するというのは、建康府から西行して主として江南西路へ行くことを含意しているであろう。

さきに高宗が建炎三年四月二十日杭州を發し、西行して五月八日江寧府に到着するまでの十八日間、さらに江寧府（建康府）に在る十日間ぐらい、この三十日以內の間に太后西行の計はきまったとみられる。五月一日、帝が常州（今の江蘇省常州市）に在った時、知樞密院事張浚は宣撫處置使と爲り、川陝・京西・湖南北路を管轄する重任を與えられた。浚は金と對戰する現狀の下で、陝西・四川の重要なことを强調し、みずからこの事に當たらんこと、別に大臣に委ね、韓世忠とともに淮南東路に布陣させ、右僕射呂頤浩をして帝駕に扈從して武昌に鎭し、張俊・劉光世の軍を從えて行かしめんことを請い、皇帝軍を中央にして左に張浚軍、右に韓世忠軍、この三方相應じて金軍に對抗しようという大計を言上しており、これが許されて浚は川陝等路宣撫處置使に任ぜられたのであった。浚の武昌行幸論を帝は一旦認めたといえよう。呂頤浩も同意見である。この計畫は、將來帝が陝西・西川方面に行幸することを豫想するものであった。

しかし武昌行幸論は忽ち異論をまき起こした。諫議大夫滕康、御史中丞張守は、「東南（すなわち江南・兩浙などの地域）は今日の國家の根本である。陛下が西方へ行幸されれば、姦雄をしてこの東南地域を窺う心を生ぜしめるであろう。將士は陝西方面の出身者が多いので、西方行幸の說に贊成するだろうが、それは陛下及び國家のための大計ではない」と論じ、張守は十害を陳べ、蜀に幸するの事はわれら死をもって之を爭わねばならぬといきまくのであった。帝は康・守の言を納れ、滕康を翰林學士に任じた。顯謨閣直學士致仕翟汝文も荊南（今の湖南省）行幸を請うたが、張浚の說も翟汝文の說も行なわれなかった。五月六日、滕康が端明殿學士簽書樞密院事に任ぜられ、執政の局に當たることになったのは、張浚西行の議にとどめを刺したものといえよう。

太后西行の計畫がきまったのはそれから間もなくで、五月中のことであったであろう。六月十三日、太后が杭州から建康府に到着、同二十八日、防秋の大計が中外に宣明され、太后は七月下旬別軍をもって江南西部に向かうことが發表された。七月二日には東京の宗室はすべて虔州大宗正司に移されるの詔があった。皇族・宗族事務を掌る大宗正司は江南西路の虔州（今の江西省贛縣）に置かれることとなったのである。豫告の七月下旬は七月二十五日の詔となって具體化した。（建炎以來繫年要錄卷二五 建炎三年七月壬寅）

皇太后は六宮を率いて豫章に往く、且つ太廟の神主、景靈宮祖宗の神御を奉じて行く、百司の軍旅の事に預かるに非ざる者は悉く從う。

參知政事李邴・端明殿學士簽書樞密院事滕康を並に資政殿學士と爲し、邴は權知三省樞密院事に、康は權同知三省樞密院とする。

凡そ常程にして格法有るの事、又た四方奏獻・吏部の差注・擧辟功賞のたぐいは皆なこれに隷す、惟だ軍旅・錢穀・除拜のことは行營に總ぶることは故の如くす。

右が詔の要旨である。南宋初、建炎のころは、宰相が軍民兩政全權を總べる趣旨で、知樞密院事を兼ねていた。太后行宮には權知三省樞密院事と權同知三省樞密院事とが置かれ、行宮における宰相の地位を占めたのである。凡そ常程にして格法有るの事、四方の奏讞・吏部差注・擧辟・功賞の屬は、みなこれに隷すと要錄に傳える。(2) ただ軍旅・錢穀・除拜（高官の任免）の事は、今まで通り行營卽ち中央大本營の管下におかれた。また龍神衞四廂都指揮使建武軍節度楊惟忠に命じて兵萬人をひきいて從行せしめた。惟忠が軍總司令官の任に就いたのである。目的地の豫章とは、江南西路の首邑洪州（今の江西省南昌市）であった。それは、汪藻起草の資政殿學士李邴滕康權知三省樞密院事扈從大母往洪州制という題名によっても知られる。（汪藻、浮溪集巻一所收）

出發に先だち權知行臺三省樞密院事參知政事李邴は、右僕射呂頤浩と意見があわないことを理由に罷めんことを乞い聽許され、權同知三省樞密院事を命ぜられていた滕康が權知に格あげされ、吏部尙書劉珏が權同知に任ぜられ、滕康・劉珏兩人が行宮の最高首腦部を形成することとなった。當時中央では左僕射は空位であったから、政府最高の地位は右僕射呂頤浩が占めていたのである。

三　征西行途

建炎三年八月己未（十三日）孟太后は建康を發した。宋史本紀には己未とあるが、繫年要錄には壬戌に繫けている。壬戌は十六日である。いずれが正しいか判らないが、要錄には、

隆祐皇太后、舟に登り建康を發す。百官内東門に辭す。

とあって、建康府内東門を出て揚子江上を舟で行ったことが知られる。なお金人侵犯の非常時を考慮して、その際には太后の聖旨を取って臨機應變の處置をするよう、滕康・劉珏の兩人に密諭があった。

今回の太后分離西行は如何なる意圖によるものであるか。さきの張浚らの武昌乃至蜀への皇帝行幸案中止の後に實現した計畫である。東南地方は重要經濟區域として皇帝直率の國軍本隊をもって固守する。それは建康・鎭江・平江の長江南岸を生命線として淮南東路からの金軍主力の南下を拒止するものである。戰鬪に關係のない政府部局は、皇太后の下、六宮宗室とともに江南西路に退避する。皇帝直率の本隊は足手まといの煩なく活動できるようになる。江南西路方面は金軍進擊の正面ではなく、比較的安全だと考えていたのであろう。いざとなれば福建・廣東への山越えの退路もある。右僕射杜充を江淮宣撫使として建康府に駐留し、主力の大軍をもって長江線を守らせ、右手の鎭江に浙西制置使韓世忠を、左手の太平州（今の安徽省當塗縣）に江東宣撫使劉光世を配し、杜充の指揮下に置いた。これが宋の大軍主力である。張俊は御前軍を指揮して皇帝の直衞にあたる。皇帝は九月六日以來平江府（蘇州）に在り、十月八日杭州に至った。

太后の船隊はゆっくり長江を溯った。金軍はまだ江岸に至ってはいない。行途は劉光世軍の制壓下に在った。江州

（九江）手前で長江にわかれ左の水路に入って鄱陽湖に向かう。洪州（南昌）が目的地であった。閏八月十九日、南康軍（今の江西省星子縣）の落星寺を過ぎんとして暴風おこり、六宮後宮の十餘の舟が顚覆し多數の溺死者が出た。太后の舟は幸い無事で、二十一日には洪州に着くことができた。これが太后西行遭難の第一である。落星湖というのは星子縣に在り、鄱陽湖に至る水路に當たっている。湖中に石山あり、星の如し、星が水に落ちて化する所と相傳う、一に落星石とも云い、高さ五丈、星子城南五里の湖の中に在り、宋の孟后ここを過ぎ、落星寺を建つと讀史方輿紀要卷八四に記されている。

九月一日、牒報至る。金は梁山泊で舟を造っている、海道より江浙を窺うのではないかという。そこで在鎭江の韓世忠に防備を嚴にして建康と杭州の間を堅めさせた。九月七日には劉光世を江州に移し、洪州に在る太后を掩護させた。ところが太后洪州に在りとの報道は早くも金に達していた。精騎五百で宋の光州の張用配下の淮水に沿う諸寨を擊破し、直ちに長江沿いの黄州を衝いた。守臣趙令㞦が戰死したのは十月十五日。金軍は卽日ここから長江を渡った。渡舟の數が少ないので、民居を毀って筏を作り、舟で曳いて江を渡った。ここから大冶縣を經て陸行二百餘里で洪州に達することができる。江州に在ってこの方面の金軍の洪州進擊を拒止する任をもつ劉光世は、毎日宴を開いて酒を飲んでいた。小盜の蠢動と多寡をくくって、前軍統制王德を遣わしたが、王德は興國軍に至って金軍の攻勢に遇って敗走した。金軍は大冶を經て洪州に迫った。

洪州に在った太后が、敵騎大冶に至るとの報を、江西轉運司および劉光世派遣の輕騎から得たのは十一月四日である(3)。滕康・劉珏は協議した結果、太后及び妃嬪を奉じて陸行し、他はみな舟行し、百官は適宜起發して虔州に赴くこととなった。洪州から贛江を溯れば臨江軍・吉州・太和・萬安を經て虔州に至る水路があり、陸路があったのである。皇太后が虔州に到ったのは八日であった。これが西行遭難の第二である。江西安撫制置使知洪州王子獻は洪州を棄てて撫州へ走り、中書舍人李公彥・權兵部侍郎李擢も皆な遁れた。洪州に金軍が入ったのは十一月十四日であった。周邊の臨江軍も金軍の手に陷った。

建康の正面では、宗弼（兀朮）率いる金軍は長江北岸の和州・烏江地域に活動を展開、十一月十九日に馬家渡から江を渡った。馬家渡は建康府の西南九十五里に在り、太平州の采石渡から六十里下流、江狹くして平らかという地形で、太平州（今の安徽省當塗縣）と建康府（今の南京市）との中間地點である。杜充の軍破れ建康府陷り、充は江を渡って眞州（今の江蘇省儀徵縣）を保ったが、ついに金に降った。

四　虔州行宮―財政難と兵變

十一月八日一たん虔州に退いた太后は十七日には吉州に入った。この行動は何のためであったかはよくは判らないが、軍容を整えて進出して洪州に本據を確保しようとしたものであろう。しかるに金軍は早くも吉州に迫った。太后等は舟で脫出して爭米市に至り、夜行して早朝に太和縣に着くと、舟人景信の裏切りがもとで楊惟忠の兵萬人は潰亂狀態となり、部將傅選・司全・胡友等九人悉く去って盜と爲り、乘輿・服御物みな棄てられ、欽先孝思殿の神御にも失われたものがあり、內藏庫南廊の金帛盜まれるもの計直數百萬、死亡官人一百六十人に達した。楊惟忠と滕康と劉珏の最高責任者は皆な山谷中に逃げかくれ、太后衞兵は百人に滿たず、扈從は宦官の何漸と使臣王公濟・快行張明の三名のみであった[4]。金軍は追うて太和縣に至った。太后は萬安で舟を捨てて陸行し、太后と潘賢妃とは農夫のかつぐ肩輿でやっと虔州に歸着した。十一月二十三日と思われる。これが太后西行遭難の第三である。

萬安から虔州までは陸路二百六十里、贛江水路三百八十里。水路には大小惶恐灘の南に漂城・延津等の十八灘と錫州等四洲の難所があり、水が張り或いは落ちている時は舟行可能だが、石が沒し水が深くない狀態の時は舟行は危險であるという（莊綽、雞肋編巻下）。この時は舟行危險の狀態であったので、舟を捨てて陸行したのであろう。

皇太后は統制官楊琪に命じて臨江縣（江西省淸江縣）に軍せしめ、中軍統領の張忠彥を吉州（同省吉安市）に屯せしめ、虔州行宮の前衞を固め、金軍の進出に備えた。建炎三年十二月のことである。

太后一行の財計も底をついていた。建康府出發前の七月二十九日、詔あって戶部から錢二萬貫・絹二萬匹・銀一萬兩が支出され、太后一行の費用にあてることとした。元來、太后は性格が儉約で、その生活手當としての費用は、日に千緡であって、建康出發に當たって殿庫の絹二千匹を用意しその費用に充てることとした。今や太后行宮政府の經費を補給することが必要となっていた。建炎四年正月七日、尙書吏部侍郎兼戶部侍郎高衞の請によって、虔州で鹽鈔二十萬緡を行宮の用に充てる應急處置がとられた。時に淮南鹽は戰亂のため不通なので、福建・廣東の鹽を通ずる臨時措置が講ぜられた。

府庫は窮乏していた。洪州で太后はお手元の絹匹を賣って一行の費用にあてたこともある。軍士の給料も沙錢と折二錢とを與えられるのみである。沙錢とは砂泥を交えた私鑄の惡錢、折二錢は一個をもって小平錢二個の額面價値をもたせた大錢で、ともに市場では通行を忌避される貨幣である。これで物品を買おうとしても商人は賣り澁る。軍士と鄕民との爭いとなり、鄕民が軍士を槍で刺し、負傷した軍士は駐屯所の景德寺に逃げこんだ。兵士側は寺にたてこもり、襲來した鄕民も武裝して坊巷を保ち、虔州管內虔化縣の沈立は鄕兵三百人を率いて城中と對抗した。宋軍の將の司全は景德寺から出擊して鄕兵を襲殺した。これから紛爭が擴大し、宋軍士は火を放って掠奪した（正月二十四日）。虔州の町の家屋は竹屋が多かったのでよく燃えた。火災はひろがり煙焰天に亙るという狀況である。太后は禮部尙書曾楙を撫諭使として派遣したが、楙は遷延して行かなかった。これが太后西行遭難の第四である。

二月十日、虔州の郷兵首領陳新は數萬の衆を率いて虔州を圍んだ。太后は震恐してその罪を赦したが、新は聽かない。權知三省樞密院滕康・劉珏および主管侍衛歩軍司公事楊惟忠の首腦たちは坐視するのみで止めることができぬ。さきに太和縣で楊惟忠軍が瓦解した時、九將の一人胡友は、恣に臨江軍を犯して統制官楊琪を破り、さらに虔州に向かって來た。たまたま虔州城外にいた陳新と城下に戰ってこれを破った。吉州に在った統制官張忠彥は亂の報道を聞いても顧みなかった。これが太后西行遭難の第五である。

滕康・劉珏等首腦の無能は暴露した。康は罷免されて吏部侍郎高衞が權主管三省樞密院事に任ぜられた。時に金人は洪州から西進して筠州・袁州を降し、湖南地方に入って潭州（長沙）を圍み、宋軍は江南西路の南半を辛うじて保持する形勢となった。

雞肋編の著者莊綽は、紹興の中ごろと思われるころ虔州地方を旅行した。その時の見聞として記するところによると「虔州の民の人がらは凶悍で、盜賊を爲すを喜び、上を犯し禁を冒し、誅殺を畏れない。建炎の初、孟太后が六宮を携えて胡を避けここに至った時に、陳大五（陳新）が首領となって狂悖を爲した。それから十餘年の間、虔州十縣では處處に盜賊が起き、招來したり捕戮したりしても、禁絶することができない。余がここに旅行した時、虔州から南五十里の南田で、從者の吏卒が言うには、銭を持って市場で物を買おうとしたが賣ってくれない、市人にわけを訊くと、『宣和通寶・政和通寶銭は上皇（徽宗）の無道銭だから、このあたりでは流通しないのだ』と言い、とうとう賣ってはくれなかった」という（雞肋編卷下）。太后護衛の軍士が沙銭や折二銭の使用を居民に斷られた話と彼此相應じて少なからぬ興味を覺えるところである。

金軍の壓迫はひしひしと迫って來る一方、財政難はいよいよ深刻である。しかも一行の首腦部は無能無責任、楊惟忠率いる護衛の軍隊は素質劣惡、軍紀は頽廢している。さきの太和縣の事變で、楊惟忠麾下一萬人の部將、傅選・司全・胡友・馬琳・楊皋・趙萬・王璉・柴卞・張擬の九人悉く離散して叛き去った。このうち司全・張擬は欽先孝思殿の神御を奉じて虔州行宮に詣って歸順し、傅選は湖南に入り郴州を陷れて焚掠をほしいままにしたが、ついで虔州に降り復歸した。趙萬は袁州に寇し、江東宣撫司前軍統制王德と戰って敗れ斬られて終わった。胡友は臨江軍を犯して楊琪と戰ってこれを破り、轉じて虔州に至り、城外に在って虔州を攻めていた陳新を破り、新を走らせた。胡友はその後、太后行宮方に復歸したものと思われる。(5) 司全・張擬・傅選のように太后のもとに復歸したものもあったが、統制を失い軍規の弛緩した、恃みにならぬ軍隊を太后は抱えていたのであった。

五　高宗皇帝南航始末

太后の方から目を、宋の主力戰線と皇帝の動きの方へ轉じよう。建炎三年十月三日高宗皇帝は平江府を發して臨安府に至り、船で越州に着いた（十月十七日）。一たん越州まで來たが引きかえして錢清堰に次ったのが十一月二十五日である。十九日には馬家渡で渡江した金軍と杜充を總帥とする宋軍との戰が、太平州や建康府の地域で展開している。高宗が越州から西に向かったのは、この戰闘に對應するものであったろう。しかるに錢清堰まで來ると、杜充軍敗績の報が入った。呂頤浩の意見は、皇帝の一行は舟に乘って海路を避難しようというものである。皇族・百司官吏・軍兵その家族など甚だ人數が多い。これを運ぶには舟より外にない。金人は既に浙江を渡った、必ずや輕騎を放って追襲するであろう。海路ならば敵騎も手が出せまい。江浙地域の氣候は暑い。年があけて暑さに向かえば、敵は久しく留まることはできず、やがて退去するだろう。そしたら兩浙も恢復できる。彼入れば我は出で、彼出ずれば我は入る。これ正に兵家の奇なりというのである。帝、沈吟久しうして、この事行なうべし、卿等熟議せよとの仰せがあった。

翌二十六日越州に引返し、夕方越州城下に着いた。ここで會議があって、「古來舟に乘って王業を興した例はない」と航海を非とする意見もあったが、「それならどうするというのか、衆寡敵せず、勢い戰い難し、海道を採る外はない」という結論に達した。船を用意せよ、明州へ移るという帝の決斷が出た。翌二十七日、建康府は金軍の手に陷落した。事態は急である。張公裕を樞密院提領海船として明州へ急行して舟船を調達せしめ、二十八日帝は舟に乘って越州を發し、十二月五日明州に着いた。舟の手配に奔走していた張公裕はすでに千隻の舟を調達していた。

　これより前、建炎三年二月十一日といえば、金軍が淮水戰線から南下して長江筋に迫ろうとし、帝は平江府から運河を舟で行き秀州崇德縣に次った日である。尙書吏部員外郎鄭資之を沿淮防扼《やく》と爲して池州（安徽省貴池縣）から上流へ荆南府（湖北省江陵縣）までを擔當させ、監察御史林之平を沿海防扼と爲し、太平州から下流杭州までを擔當させ、長江筋で客舟を集め防衞に備えることとなり、資之は客舟二百隻を、之平は海舟六百隻を募ることとなっていた。之平は泉州・福州に赴き、福建・廣東方面の海舟集めに奔走していた。今その效があらわれた。大舟二百餘隻が福建地方から到來したのである。帝の喜びは一方でなかった。航海して敵を避ける具體案が練られた。隨從の官は順序を追って行くこととし、陸行希望者には陸行を許した。かくて舟に乘って扈從する者は、宰相執政の外、御史中丞趙鼎・右諫議大夫富直柔・權戶部侍郎葉份・中書舍人李正民・綦崇禮・太常少卿陳戩の六名。同船で帝に近侍護衞するのは御營都統制辛企宗兄弟のみとなった。留まる者には兵火の虞れあり、去る者には海上風濤の患があり、人々みな面に生色がなかった。十二月十五日臨安府が陷落した。この日帝は興化軍の田經の船を改造した樓船に登って定海縣に幸し、さらに十九日には舟山島の昌國縣に至った。親兵三千人自ら隨った。一艘の舟に六十人の衞士を乘せたというから、兵士の舟だけで五十艘を要した計算になる。二十四日金軍は越州を取り、さらに餘姚縣に進出した。帝は二十六日昌國縣を發し南下したが、連日向かい風の南風で舟行は捗らぬ。しかし海上は穩やかであった。二十九日には金軍が明州を攻め、浙東制置使張俊等奮戰し、城外の高橋に戰ってこれを撃退した。

明けて建炎四年正月一日、風強く御舟は海中に碇泊していた。二日北風やや強く、夕方台州港口に達した。翌三日には台州章安鎭に次った。章安鎭は台州灣奥に位し、台州（浙江省臨海縣）の東百十五里に在る。帝はここに十五日ばかり滞留した。

建康府で別かれた太后の動勢は帝の心配の種であった。金軍が黄州で長江を渡り江南西路方面を蹂躪している。太后の所在が知れない。難を逃がれて福建・廣東方面に出ているのではないかとも思われる。そこで四年正月六日、小校を使として出し、海道を福建沿岸を捜しさらに虔州方面へ行って太后の乘舟の所在を求め、ご機嫌伺いをさせた。一方太后の方の滕康から、太后は虔州に在りとの報告が十二日に帝の許にとどき、睿慮漸く安きを得たのである。

正月十六日、金軍は明州を陷れ、定海縣・昌國縣（舟山島）を攻掠した。台州も安からず十八日御舟は章安鎭を離れ、二十一日溫州港口に泊し、翌々日溫州の館頭に移った。襲來する金人と一日差の危機であったといわれる(6)。館頭は溫州の甌江對岸東方の近郊である。

二十二日、中書舎人李世民を江浙湖南撫慰使として隆祐皇太后に虔州に朝せしめ、事の帝の裁決を待つを得ざるものは、權知三省樞密院滕康等と審議決定し、又た太后に意見を言上することを許し、官吏の能否や民間の冤罪の苦しみなどをしらべて皇帝に報告させることとした。李正民は航海を共にした親信の近侍である。これを太后の許に派遣し、その政治を輔佐せしめんとするのは、帝の孝志の表われとみられよう。

侍從や臺諫など政府の官僚要人たちもだんだん溫州へ集まって來て、朝廷もやや賑やかになって來た。一方金軍は、二月三日明州から撤退して臨安府に向かい、十一日宋軍が代わって明州に入った。十三日には臨安府から金軍は引揚げ江北に向かった。十七日帝は溫州城に入り州治に駐蹕し、三月十九日までここに居った。その間、高宗皇帝は母とも頼む隆祐皇太后が遠く江西の奥地に流離して、敵騎の脅威にさらされ、護衛の軍士は頼むに足りぬという状況裡に困惑していることにいたく心痛した。罷免した滕康・李玨の任を繼ぐべきものとして大中大夫盧益を資政殿學士權知三省樞密院事とし、責授安遠軍節度副使吉州居住李回を復して端明殿學士權同知三省樞密院事としたのは建炎四年二月乙亥（二日）であり、三月一日には上諭あって、兩人は軍兵を領して虔州に行き、太后の歸還を奉迎すべきことを命ぜられた。三月十二日、盧益は行在（溫州）に伺候して敕命をうけ、御營使司都統制辛企宗・帶御機械潘永思の率いる軍を從えて出發した。

虔州における狀況は一向に好轉しなかった。同地に在った大宗正司は虔州から嶺を越えて南方の廣州に移った。虔州在住の宗族も、危險の多い虔州を去って廣州に避難する者が多かったことが察せられよう。

金軍の引揚げとともに、高宗皇帝の江南歸還も現實の日程に上って來た。三月十九日、帝は五十餘日間滯在していた溫州を發し、舟航、台州章安鎭・松門寨、定海縣を經由して、四月三日明州城に達し、同五日、餘姚縣を經て、十二日越州に着船し、州治に入って駐蹕した。

六　太后歸還

越州に歸還した高宗は、太后を一日も早く無事迎え入れたいとの切なる想いを抱いていた。虔州に赴いた盧益からは、太后はすでに信州（江西省上饒縣）に着いたとの報告が七月二十六日に帝のもとに届いている。建炎以來繫年要錄（卷三五）建炎四年七月丙午に婺・衢・信・饒諸州に錢糧を蓄え巡幸に備えよとの詔が出ているのは、太后歸還の準備であったであろう。丙午は三日である。婺州は今の浙江省金華市、衢州は同省衢州市、信州は江西省上饒縣、饒州は同省鄱陽縣で、信・衢・婺諸州を經由すれば越州の南境から越州治に達する順路がある。

要錄同月二十九日の條には、神武前軍統制王𤫉をして部下の兵をひきいて信州に屯せしめたとの記事があり、「饒・信・衢・婺等の州は未だ金軍の害を受けていない、正に敵騎の來路に當たる。この數州は南は福建に、東は溫・台に接する要地だから、緩急慮らざるべからず」との右正言呉表臣の言によってこの命令が出されたとあり、臨機應變の處置をとることを許されている。この數州は金軍の脅威からは比較的安全な地域である。虔州から洪州を經て、この地域にルートを取り、行在の越州へ太后の歸路を採らしめたもので、王𤫉は歸路の安全を確保するために信州駐屯を命ぜられたものと思われる。

太后側近には寧遠軍節度使孟忠厚や內侍李珪による荊湖（今の湖南省）巡幸の意見もあったようだが、帝意は早急歸還にあった。建炎四年八月十日、隆祐皇太后は越州に歸還を果たした。盧益・孟忠厚・辛企宗等が扈從首腦の面々である。高宗皇帝は越州行宮の門外に出て奉迎慰勞した。一年にわたる太后の辛苦を極めた江西行旅は終わった。歸還の翌年―紹興元年（一一三一）太后は風疾を患い、四月十四日越州行宮の西殿に崩じ、波瀾萬丈五十九年の生涯の幕を閉じたのである。

七　征西の目的と成果

孟太后征西の經緯を、宋金交戰の背景をもって追って來た。ここでこの西行プランの目的や成果について考えてみよう。

この企ては、宋が太后以下六宮の人々、歷代神主、政府の非戰鬪部分などを安全地域に移し、後顧の憂なく、皇帝指揮の下に國軍の主力をもって金軍の進出に對抗し、國家の心臓部東南地方を確保せんとする軍國の大方針の一環であったであろうと前に推考した。然らばその企ての成果は如何。太后以下を西方に保全せんとの企ては殆ど成果なく失敗であったとせざるを得ない。

失敗の原因は色々あろう。この企てを成功させるには、一行の安全を確保するため金軍の攻撃を受けぬようにすることが必要である。然るに金は早くも太后の江西入りを偵知して、淮水戰線から長江筋へ、比較的小部隊をもって錐をもみ込むが如く突進し、宋側の意表を衝いて黄州で揚子江をわたり、大冶縣から直ちに太后の所在地洪州めざして進撃した。太后は虔州に退いて辛うじて江南西路の一隅を保つのみ、しかも江西の大部分を占有した金軍の壓力を不斷にうけざるを得ず、かつまた土着民と護衛兵士との間もしっくり行かぬ實狀であった。

金軍の江西への進出を防止する最高の戦略は、杜充ひきいる建康府を中心とする宋軍主力が、淮東戰場に積極的に行動し、金軍主力をここに引きつけることであった。しかるに實狀は逆で、金軍の馬家渡における渡江を許し、杜充はただ建康の守りを固めることに汲々たる狀況であった。宋軍は常に退嬰して自らを保存するにあけくれていた。

太后一行の行政首腦の無能と消極性も看過できない。滕康・劉珏等に手腕の見るべきものはない。行宮政府の行政能力は乏しかった。刑禁卽ち司法業務が延滞するので、出發時に與えられていた四方の奏讞處理の權限は、行在卽ち中央政府の手に收められることになった(7)のはその一例である。强敵に追われる征旅のあけくれに忙殺されて、行政處理は全く閑却されていたのであろう。

また軍隊についてみると、その素質の劣惡なること、言うに堪えぬものがあった。徒らに居民との間に紛擾を起こす。一旦敵に遇えばもろくも潰滅離散し、忽ち兵匪と化して鄕村抄掠を事とする。一萬の護衛兵の恃むべからざることは太后の惱みであった。以下に西行中の太后側近の幹部たちの動靜進退とその業績とを概觀しよう。

滕康・劉珏を宰相役とし、楊惟忠を軍司令官とする太后の一行は、ようやく洪州に着いた途端に、金軍强襲の報をうけ、辛くも洪州から贛江を溯る經路で虔州に退避した。ここでも虔州住民や鄕兵首領陳新と衝突するなど事件が相次いだが、滕康・劉珏・楊惟忠いずれも爲すところなく、太后を危殆に陷らしめた。監察御史張延壽の彈劾があり、建炎四年正月二十六日滕康・劉珏ともに落職、康は提擧亳州明道宮に、珏は提擧江州太平觀にそれぞれ移され、八月十日太后の越州歸還後、同月十八日兩者ともに祕書少監分司を責授され、康は永州居住、珏は衡州居住となった。滕康・劉珏の江西における成績は失敗つづきで、首腦の地位を去らねばならなかった。李邴と滕康と劉珏の三人はそろって崇寧五年進士という科擧同期生であったのも奇縁と言うべきであろう。

滕康・劉珏を首腦とする太后の行宮一行を護衛して隨行する一萬人の部隊の總指揮の任に當たる龍神衛四廂都指揮使・建武軍節度使楊惟忠の場合はどうであったか。太和縣の敗戰では、麾下の九將は離散し、自身も山中を彷徨して太后護衛の任を果たし得なかった。虔州における兵變にも爲すところがなかった。建炎四年八月十日の太后越州歸還の一行には加わっていなかった。李回とともに六宮の一行を護衛しての歸還途上に在って、歸來は後れていた。六宮の歸還は四年十月一日である（三朝北盟會編炎興下帙四三）。

楊惟忠は江州に留まり、江州兵馬副都總管として、江西安撫大使朱勝非に所屬し金軍と戰った。西行時代配下の軍將であった傅選・胡友なども統制官としてなおその麾下に居り、兵九千人を擁していた(8)。紹興二年五月辛酉、六十六才で洪州で病死した。惟忠は「北宋末、政和・宣和の頃、西に在って武功を建てたが、南渡後は官高く志滿ち肯えて力を盡くさず、聲譽日に衰う」というのが、建炎以來繫年要錄（巻五四）の評語である。

滕康・劉珏の後は、吏部侍郎高衛が權主管三省樞密院事として宰相の事を取扱い、建炎四年正月二十二日兩浙江西湖南撫諭使に任ぜられた李正民（中書舍人）が虔州の太后のもとに着いて後は協力して事に當たったたと思われる。二月二日盧益が權知三省樞密院事に、李回が權同知三省樞密院事に任ぜられ、御營使司都統制辛企宗とともに、太后のもとに派遣され、太后の歸還を奉迎させた。虔州行宮の首腦部の任は、高衛・李正民から益・回兩人にひき繼がれたのであろう。八月十日越州歸還の際には、盧益・孟忠厚・辛企宗が扈從していた。盧益は歸還の旅の途上至る處で、人民を擾したと、諫宮吳表臣に彈劾され、歸還早々の八月十三日には提擧醴泉觀に改められた。盧益の成績も思わしくなかったと言ってよい。

このように、太后西行を輔翼すべき首腦部を成す人々の能力・功績には見るべきものが少なく、加うるに護衛の軍隊の素質は劣悪であった。これらの悪條件は、太后西征の成績の擧がらなかった一大原因になっているであろう。越州行宮の門外に太后の歸還を迎えた高宗皇帝は、太后にその經過地方の官僚の行政成績の良否を問うたが、太后は答えなかったと云われる。言いたいことは多々あったであろう。しかし朝廷の政事の實際に干與することを太后は好まれなかったのである。

太后の、身を以って困難に當たるの壯志は、すでに苗傅明受の變に際して現われている。いま又金軍南侵西行の難において、その志は發揚されたのである。太后が元祐七年哲宗皇后に册立される時、孟氏のパトロンであった宣仁高太后（英宗の皇后）が「この人は人がらが賢淑ですが、惜しいことに福が薄い相です。だが他日國に異變ある時は、必ずこの人が事に當たるでしょう」と豫言したことばは、正にその通りであったと、宋史后妃傳は哲宗昭慈聖獻孟皇后の傳を結んでいる。

注

（1）哲宗の皇后孟氏の事蹟・傳記については、千葉煕「孟皇后のこと―宋代の皇妃その三」（『生江義男先生還暦記念　歴史論集』所收）を見よ。

（2）建炎以來繫年要錄巻二五建炎三年七月壬寅の條には、「凡常程有格法事、又四方奏獻吏部差注擧辟功賞之屬皆隷焉」とあって四方奏獻とするが、同書巻三一建炎四年二月丙申の條には、「以洪州三省樞密院淹延刑禁、自今奏讞並令赴行在」とあって奏讞とする。四方奏獻は四方奏讞とあるべきである。地方府州から奏上され中央で決定すべき司法事務を云う。

（3）建炎以來繫年要錄巻二九建炎三年十一月壬子の記事による。朱子語類巻一二七には、中興遺史の孟后贛州を過ぐる時の記事、鄕老の所傳とよく合致するという曾光祖の言を載せている。鄕老の所傳では、「太后が洪州に至った時、王修撰（集英殿修撰江西安撫制置使王子獻）が知洪州として洪州に居て、司令官だったが、金軍來襲で事勢の非なることを考え、太后扈從の執政にすすめたので、太后は洪州を去った。その後三・四日すると虜果たして至る。王は遁走した。城中の民は一大寄居（要錄によれば土人朝請郎李積中）を推して首《かしら》として虜に降った」という、知洪州王子獻が金軍至るの情報を太后に提供したというのである。このようなこともあったであろう。

（4）快行というのは、聖旨の急速傳達などに當たる宮廷内の親從者である。（『宋元語言詞典』四五七頁）

（5）建炎以來繫年要錄巻五四紹興二年五月辛酉の條に、江西兵馬副都總官楊惟忠が死去したあと、その部將の統制官傅選・胡友所部四千人を前・後軍として、安撫大使李回の管下に収容した旨の記事があり、當時、傅選・胡友の兩將が楊惟忠の麾下に在ったことが知られる。

（6）建炎以來繫年要錄巻三〇・三一・中興（十三處）戰功錄（藕香零拾所收）張俊高橋の條。要錄巻三一建炎四年正月丙寅御舟移次溫州之館頭の記事につづけて、「是れより先、金人、明州より兵を引いて定海縣を攻めて之を破る。遂に舟師を以って洋を絶《わた》り、昌國縣を犯し、御舟を襲わんと欲す。碕頭に至る。風雨大いに作《おこ》る。和州防禦使樞密院提領海船張公裕、大舶を引きて擊ちて之を散ず。敵乃ち去る。上、明州守りを失うを聞き、遂に舟を引いて南す。金人と纔に一日を隔つるのみ。」とある。注に、趙甡之遺史を引いて「金人、小鐵頭船に乘じて海に泛び、潮に隨って昌國縣を過ぎ沈家門に至りて回る。」とあり、沈家門と碕頭と同じかどうか判らぬと言っている。要録の記事によって帝の行動を逐っていくと次のようである。

建炎三年十二月己丑（十五日）明州より定海縣に幸す

辛卯（十七日）定海縣に次る

癸巳（十九日）昌國縣（舟山島）に至る

庚子（二十六日）昌國縣を發す

辛丑（二十七日）上艤舟白峯寺、是より連日南風、舟行穩、日行僅數十里

癸卯（二十九日）（張俊、明州門外高橋に大捷）

建炎四年正月甲辰朔　大風、御舟、海中に碇泊

乙巳（二日）晩、台州港口に泊

丙午（三日）章安鎭に次る

己未（十六日）（金軍、明州を破る）

辛酉（十八日）章安鎭を發す

甲子（二十一日）溫州港口に泊

丙寅（二十三日）溫州館頭に次る

金軍の船がどこで、帝の御舟を襲ったのかその場所はよく判らない。沈家門は舟山島の東端に在り、定海縣・昌國縣から普陀山島に至る途中の港で、現在は普陀縣治のおかれる沈家門鎭に該當する。（趙彦衞、雲麓漫抄巻二・輿地紀勝巻一一兩浙東路慶元府、古迹、釋迦如來眞身舍利塔の條・寶慶四明志巻二〇昌國縣、山、補陀洛迦山・大德昌國州圖志巻七敍祠、觀音峯の條・讀史方輿紀要巻九二寧波府定海縣沈家門）。宣和奉使高麗圖經巻三四の高麗への航路も、宣和五年五月十六日明州を發し、十九日定海縣に達し、二十四日定海縣招寶山發船、蘆浦で一碇泊の後、二十五日沈家門に達し、二十六日、使者が梅岑島に赴き寶陁院に參詣した。梅岑島は普陀山島である。二十八日沈家門を發して高麗に向かっている。沈家門は東方への太洋航路の出發點の風まち港であったのである。

碕頭については、地圖出版社の中國歴史地圖集第六冊によると、寧波半島の東の突端に近く碕頭の地名があり、舟山島の沈家門鎭と向かいあう位置である。現在は寧波市の管内である。沈家門鎭と碕頭の半島の間の海を現在崎頭洋と呼んでいるが、讀史方輿紀要巻九二浙江、定海縣の金塘山の條にも崎頭海洋の名が見える。白峯寺については、奉使高麗圖經巻三四海道の記事によると、五月二十五日浮稀頭・白峯・窄額門・石師顏を經て沈家門に至っているから、定海縣から沈家門への途中にあった白峯がそれに當たると思われる。また寶慶四明志巻七敍兵、制置司水軍の條に白峰寨の名がある。地圖出版社刊の浙江省地圖冊によると峙頭（おそらく碕頭ならん）の西方海岸に白峯なる地名がある。これが高宗が舟を艤した白峯寺に當たると思われる。中興戰功錄によると、

辛丑、上艤白峯寺、癸卯虜兵追襲乘輿、至明州城下、

とあり、癸卯は十二月二十九日である。金軍と張公裕軍とが海戰を行なったのは、崎頭洋のあたりであったのではなかろうか。要錄が金船襲來の記事を、御舟移次溫州之館頭の記事建炎四年正月丙寅に附けて述べているので、金船の南下は溫州方面にまで及んだようにも一見みられるが、金船の活動は、明州と舟山島周邊に止まったものとすべきであろう。

（7）建炎以來繫年要錄巻三一建炎四年二月丙申（二十三日）。

（8）注（5）の四千人の外に兵五千があり、これは鼎州團練使祁超がひきいて、本司の統制に充てたとの記事がある（繫年要錄巻五四紹興二年五月辛酉の條）から、楊惟忠軍の兵數は合計九千あったことになる。

（大東文化大學東洋研究所　東洋研究　第九十四號　平成一年一月）

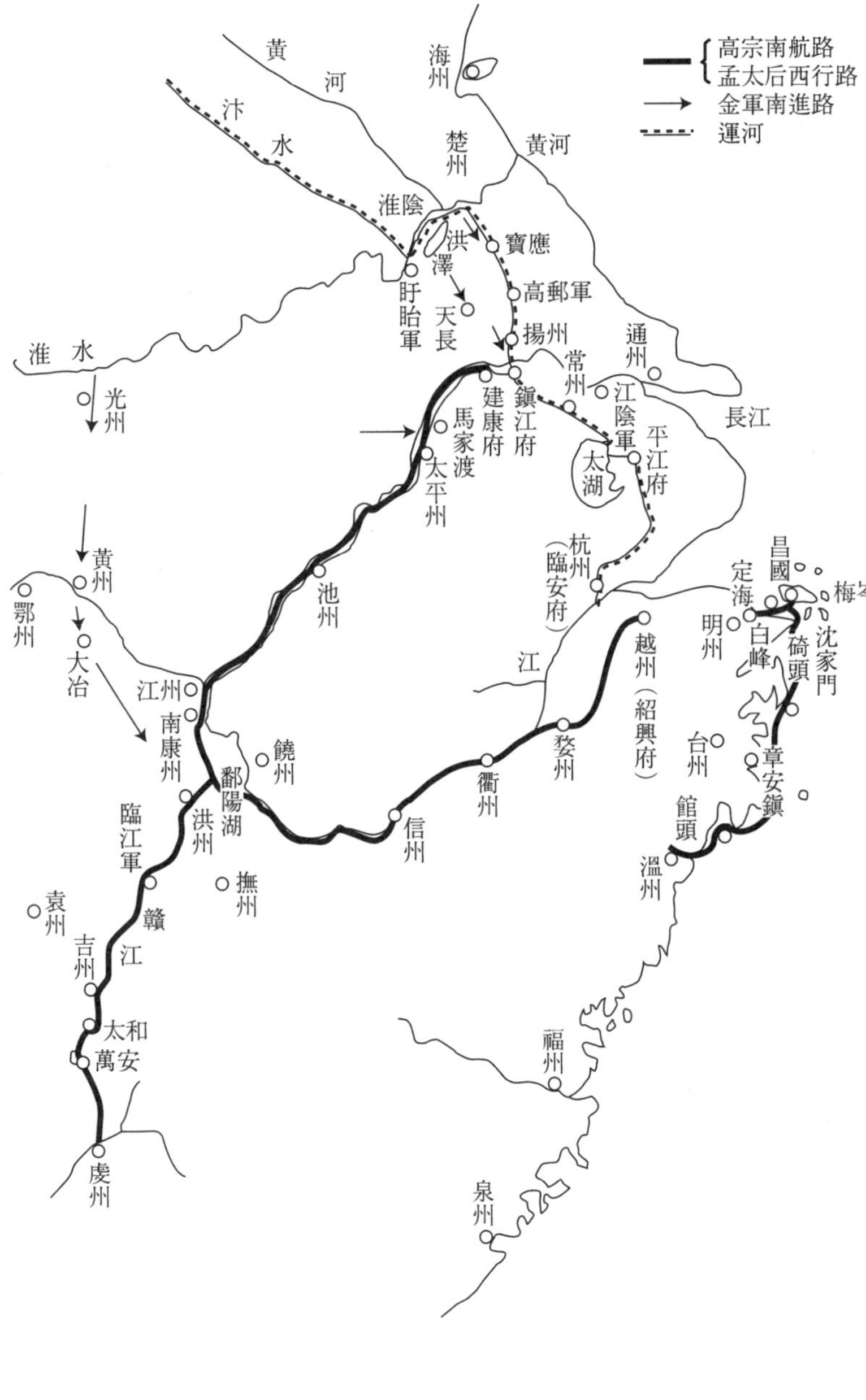
高宗南航路
孟太后西行路
金軍南進路
運河
黄河
海州
汴水
楚州
黄河
淮陰
洪澤
寶應
盱眙軍
天長
高郵軍
揚州
淮水
通州
常州
鎮江府
建康府
光州
馬家渡
江陰軍
長江
平江府
太湖
太平州
杭州（臨安府）
黄州
昌國
定海
梅岑
鄂州
池州
明州
白峰
碕頭
沈家門
大冶
江
越州（紹興府）
江州
南康州
饒州
婺州
台州
章安鎮
鄱陽湖
衢州
臨江軍
洪州
信州
館頭
溫州
撫州
袁州
贛江
吉州
太和
萬安
福州
虔州
泉州

僞帝姫考

帝姫とは皇帝の女《むすめ》の稱呼である。北宋の徽宗政和三年（一一一三）閏四月六日、從來用いられて來た公主という稱呼が帝姫と改められた。宋史卷二一徽宗本紀の同日の條に、

閏月丙甲改公主爲帝姫、

とあるのがそれである。また宋大詔令集卷四〇皇女五、封拜五、雜詔、改公主名稱御筆手詔に、

比覽神考實錄、在熙寧初、有詔釐改公主郡縣主名稱、當時群臣不克奉承、以至于今、比詔于有司、祇若先志、循沿既久、莫能董正、稽考前王、周稱王姫、見於詩雅、姫雖同姓、法古立制、宜莫如周、今帝天下、而以王封臣、可改公主爲帝姫、郡主爲宗姫、縣主爲族姫、仍以美名二字、易其國號、内兩國者以四字、

とあって、帝姫號制定の詔を載せている。これによれば、神宗の熙寧の初め、公主・郡主・縣主の名稱を變更する詔が出されていたが、實行されずに今日に至っているのを遺憾として改正したもので、公主を帝姫と改め、郡主は宗姫に、縣主は族姫に改めるというのである。[1] 公主という稱呼のいわれについては、「周の王はその女が諸侯のもとに嫁するに當たっては、周王同姓（姫姓）の諸侯をして主《つかさど》らせた。秦漢以來は三公が皇帝の女の結婚を主るようになった。そこで皇帝の女を公主というのだ」との說が通說となっている。（諸橋、漢和大辭典卷二、二六頁、公主の條など）

周王の女を王姫と稱したことは、詩經召南の何彼襛矣に見える。唐、徐堅の初學記卷一〇公主には、

（上略）至周中葉、天子嫁女于諸侯、天子至尊、不自主婚、必使諸侯同姓者主之、始謂之公主、秦代因之亦曰公主、（中略）漢制帝女爲公主、帝姉妹爲長公主、帝姑爲大長公主、後漢制、皆封縣公主、儀同蕃王、其尊崇者加號長公主、諸王女皆封鄕亭公主、儀服同鄕亭侯（注略）自晉之後、帝女依西漢曰公主、帝之姑姉並曰長公主、（下略）

と、公主の稱呼の歴代の沿革を述べ、周中葉に始まった公主の名稱は、秦・漢より晉以後唐に至るまでうけつがれ、帝女を公主と稱したことを述べている。

徽宗皇帝は、父帝神宗の遺志を繼いで、公主の稱呼を帝姫と改めた。周は王姫と呼んだが、、今日では王號は臣を封ずるために用いる稱呼であるので、王姫と呼ぶのは適當でない。天下に帝たる皇帝の女であるから、帝姫と呼ぶことにしようというのである。公主以下の郡主・縣主の名號もついでに宗姫・族姫と改められた。帝姫の稱號は永續しなかった。南宋ではもとの公主に戻った。(2)

一　徽宗皇帝の皇女

徽宗には三十四人の女《むすめ》があった。宋の歴代皇帝のなかで斷然多數である。宋史巻二四八公主列傳によると次の三十四人の名が列擧されている。

徽宗皇女表

排次	名*	公主號**	帝姫號**	夫名	備考
1	玉盤[1]	德慶（一一〇一）→嘉福	嘉福→嘉德（一一一五）	曹	二八
2	金奴[2]	永慶（一一〇一）→榮福	榮福→榮德（一一一六）	曹晟	二五
3		順慶（一一〇三）薨、追謚益國	追封順淑		
4	金羅[3]	淑慶（一一〇三）→安福	安福→安德	宋邦光	二三
5	福金[4]	延慶→康福	康福→茂德	蔡鞗	二二
6		壽慶（一一〇三）薨追封豫國	追封壽淑		
7		惠慶（一一〇五）薨追封鄧國	追封惠淑		
8		安慶→隆福薨追封蜀國	追封安淑		
9		和慶（一一〇五）→崇福	崇福→下嫁崇德薨（一一二〇）	曹湜	
10		康慶（一一〇六）→承福薨追封商國	追封康淑		
11		崇慶→懿福薨追封蔡國	追封榮淑		
12		保慶薨追封魯國	追封保淑		
13	瑚兒[5]	昌福	昌福→成德	向子房	一八
14	富金[6]	衍福***（一一〇八）衍國（福力）	衍福→洵德（一一二三）	田丕	一八
15		綏福***（一一一〇）徽福	徽福薨追封悼穆		
16	巧雲[7]	顯福（一一一〇）	顯福→顯德	劉文彥	一七
17		熙福（一一一〇）薨追封華國	追封熙淑		
18		壽福（一一一一）薨追封涇國	追封敦淑		

19	纓絡[8]	順福＊＊＊（一一一一）	順福→順德	向子	一七
20	嬛嬛[10]	柔福（一一一三）	柔福→追封和國長公主（一一四二）	徐還	一七
21			申福薨追封冲慧		
22	串珠[16]		寧福（一一一四）		
23	仙郎[11]		保福（一一一四）追封莊懿		一六
24	金兒[15]		賢福（一一一五）追封冲懿		一六
25	香雲[12]		仁福　追封順穆		一六
26	金珠[17]		和福		一二
27	佛賓[14]		永福		一六
28	珠珠[13]		惠福		一六
29	金印[18]		令福		一〇
30	賽月[19]		華福		九
31	金姑[20]		慶福		七
32	圓珠[9]		儀福		一七
33	金鈴[21]		純福		四
34			恭福		

＊名は宋俘記・開封府状による。數字は宋俘記による排次（北行帝姫二十一人）。傍線人名は已嫁（既婚）を示す。

＊＊（　）内の數字は、宋大詔令集による、封制の出た西暦年次。

＊＊＊　宋大詔令集による。（宋史公主傳記載と相違するもの）

備考欄の數字は、開封府状所記の帝姫の年令。

政和三年帝姫改號以前出生の皇女は、はじめ公主稱號を與えられたが、政和三年に至って帝姫に改められ、ついで名も變わっている。公主號から帝姫號に變わったものは二十人いる。その二十番目の皇女が柔福公主で、この時柔福帝姫となった。名は變わらず公主號だけ變わった。政和三年四月公主に封ぜられ、同年閏七月帝姫に改封されている。(3)

徽宗皇女三十四人のうち、靖康二年（一一二七）北行以前に死亡していた者十五名。十八名は皇帝北去にともない、金軍の捕虜として拉致され東京開封の都を去った（建炎元年二月丁卯）。(4)三十四人中最後の一人は恭福帝姫である。恭福帝姫は當時誕生一年の嬰兒で、金人はその存在を知らなかったので幸にして北行を免れたが、翌々年（建炎三年、一一二九）病死して、隋國公主に追封された。享年四歲。（建炎以來繫年要錄巻二五建炎三年七月丙戌）

北去の皇女十八人(5)はそれぞれ苛酷悲慘の運命の下に流轉し、暗黑の歷史の波浪のうちに沈淪したが、宋の國内において僞もの帝姫が二件出現した。皇帝・太皇・皇后六宮擧げて捕らえられ拉致されるという亡國の危機、非常混亂の時に際しては、僞皇女出現というような異常奇怪の事件が再度も起きるのであろう。一人は徽宗第二皇女榮德帝姫(6)の場合であり、他の一人は第二十皇女の柔福帝姫に關する案件である。

二　榮德帝姫の場合

榮德帝姫は徽宗の第二皇女である。建中靖國元年（一一〇一）、永慶公主に封ぜられ、大觀二年（一一〇八）二月榮福公主に改封、政和三年（一一一三）閏四月榮福帝姫に改號、政和六年二月榮德帝姫に封ぜられ、同年三月開封において曹晟と結婚した。(7)

開封府狀（靖康稗史之三）によると、榮德帝姫は二十五歲である。恐らく靖康二年（一一二七）現在であろう。これで計算すると崇寧二年（一一〇三）出生となる。しかし建中靖國元年（一一〇一）には永慶公主に封ぜられている（宋大詔令集巻三八皇女三、封拜三、皇第二女特封永慶公主制）ので、靖康二年二十五歳は正しくないであろう。いま建中靖國元年出生と假定すると、曹晟に降嫁した政和六年には十六歳ということになる。

曹晟は光祿卿曹調の男で、政和五年九月十日左衞將軍駙馬都尉となって榮德帝姫に選尙せられたことが、宋會要帝系公主八之五五にみえる。

建炎元年（金、天會五年、一一二七）三月帝姫・王妃・侍女の一行一百四十二人（捕囚第五隊）は、徽宗・諸王・駙馬・奴婢等計一千九百四十餘人の一隊（第四隊）と相前後して開封を出發し、五月十九日に金の燕山に着いた（宋俘記）。燕山府（燕京）は現今の北京である。

然るに曹晟はここで死んだ。榮德帝姫は改めて習古國王に嫁したというのが宋史公主傳の言うところである。建炎以來繫年要錄巻六一紹興二年十二月丁亥朔の條にみえる李心傳の按語には、榮德帝姫は夫の曹晟の死後、錫庫國王に嫁し、國王の死後現在大金皇后後位に居住すると傳えられるとある。これは宋史公主傳の記すところの習古國王適嫁後のことを傳うるものであろう。繫年要錄にいう錫庫國は、宋史公主傳の習古國に相當する。

習古國はどこに在ったか。宋俘記に、

八女趙纓絡已嫁、自靑城寨七起北行、入雲中御寨、十五年（天會十五年卽ち紹興七年）、歿於五國習古國王寨、

とあり、呻吟語に、

紹興七年九月、順德帝姫至五國城、東路都統習古國王孛董按打曷依其未奏虜、遽離粘沒喝寨、指爲私逃、要留寨中、未幾死、

とある。纓絡とは順德帝姫の名である。習古（錫庫）國王というのは、五國城東路都統であった。

習古國王に嫁したのは、二女の榮德帝姫（趙金奴）であったのか、又は十九女の趙纓絡であったのか、いずれであるかは判明しない。あるいは二つの習古國王は同一人でないかも知れない。宋俘記によれば金奴（榮德帝姫）は達賚寨に入り、天眷二年（紹興九年）沒して宮に入り、皇統二年（紹興十二年）夫人に封ぜられたとある。達賚は都元帥達懶で、天眷二年誅せられ、その寨に居た榮德帝姫は宮中に沒入されたという（呻吟語）。宋俘記・呻吟語の榮德帝姫についての所傳は、宋史公主傳・繫年要錄李心傳按語のいう所と合致しないところがある。

宋の方では、上皇・皇帝以下北方に拉致された人々の消息は全く不明であった。そこへ榮德帝姫を名乗る一人の女性が出現したのである。この女、實は易氏だったのだが、宋金交戰の折、亂兵に掠められ、しばらく劉超(8)の軍中に在ったが、やがて商人張德のもとに身を寄せていた。ここで同じく掠取されていた元宮女と知り合いになった。この元宮人からよく宋の宮廷内部の話を聞かされていた。易女はその傳聞する知識をもとにして、自分は榮德帝姫だと自稱するようになった。

宗室の成忠郎趙士倫はこの女を荊南府（今の湖南省江陵）に送りとどけ、荊南鎭撫使解潛は、通判苟敦夫のむすめが前に宮廷に居たことがあるので、この女を驗視させると、疑なく榮德帝姫だと認定した。そこで解潛は官を遣わしてこの帝姫を行在に送り屆けさせた。途中の衢州では從者が帝姫の尊貴をかさに着て、地方官吏を侮辱して騷ぎを起すことなどあった後、都入りした。

高宗は崇國夫人王氏等に命じて驗認させたところ、まっかな詐りとわかった。大理寺の裁判にかけられた。易女は「我れは主上と親にして氣を同じうす。何ぞ手足の情なきや」と大聲に連呼してやまなかったが、大理寺の判決が下され、易女は杖死に、張德は黥して瓊州（海南省海口市）に配隸し、趙士倫・苟敦夫並びに除名、敦夫は漳州（福建省漳州市）に、苟敦夫の女は千里外に編管となった。

この事件の顚末は、建炎以來繫年要錄巻六一紹興二年十二月丁亥（朔）の條に記述されている。この日附は大理寺の判決の成った時であろう。これより二か月前、紹興二年十月庚寅（三日）僞徐王事件の斷罪が行なわれている。これは富順監（四川省富順縣）の人李勃が、徐王を僞稱した案件である。徐王は徽宗の第十二番目の男子で名は棣、二帝に從って北遷していた。李勃は都で斬罪で處斷された。（建炎以來繫年要錄巻五九）

僞徐王李勃、僞榮德帝姫易氏の二つの場合、謀僞忽ち馬脚を露出して失敗に終わった。しかし一時の成功を収めた事例もあった。次に述べる柔福帝姫の僞せものの場合である。

三　柔福帝姫の場合

柔福帝姫は王貴妃の生むところ。徽宗の第二十番目の女であることは前に述べた。政和三年四月柔福公主に封ぜられ、同年閏七月柔福帝姫となった。

開封府狀によれば、その名は多富又は嬛嬛、十七歳（恐らく靖康二年現在か）である。宋俘記によれば、十女趙嬛嬛は天會十三年（紹興五年）蓋天大王の寨に入り、徐還に嫁したが皇統元年（紹興十一年）死亡したという。建炎元年二月北行第二起中の一人であり、北行後の消息は宋側には全く不明のままであった。

建炎三年十一月戊午、匪賊劉忠が蘄州（今の湖北省蘄春縣）を犯し、蘄黄都巡檢使韓世清がこれと戰った。劉忠敗れて湖南に轉入した。是より先、開封出身の李氏という婦人、試驗を受けて開封府乾明寺の尼となり法靜（宋史公主傳、靜善）と名のっていたが、金軍南侵に遇い、金人に掠められた。捕掠された仲間に内人（宮女）の張喜兒という者があり、「あなたは柔福帝姫さまそっくりです」と云った。そこで李氏は「われは柔福帝姫、徽宗の女《むすめ》、母は小王婕妤、小字は環環なり」と自稱した。脱走して河陽に走り、三たび身を賣り轉々放浪した。檢校少保保順軍節度使同知大宗正事趙仲的は職掌がらこれを迎え入れた。たまたま仲的は旨を受けて大宗正の役所を移し、宿州に至って劉忠と出會って戰死した。僞帝姫法靜は劉忠軍に收容されてその軍中に在った。今や劉忠敗走して僞帝姫は、韓世清の手に入ったという次第である。

韓世清はこの婦人が帝姫であることに疑を抱き、これを堂上に坐せしめ、守臣の甄采等と朝服して伺候し、簾を隔てて質問した。法靜は金軍の手から逃れ出たいきさつを語り、むかしの宋の宮廷の模様などを縷々述べ立てた。陳述を聞いた世靜は、これは本物に違いないと信じこんで朝廷に報告した。劉忠の再襲來を惧れた甄采は、世清とともに部下を率いて帝姫を守護し、江西から行在に赴いた。

この時、高宗皇帝は金軍の南進を避けて溫州・台州方面に在った（建炎四年正月から三月にかけてのころ）。帝は入内内侍省押班馮益（宦官）と宗婦吳心兒[9]とを越州（今の浙江省紹興市）に派遣して驗視させた。疑なしとの判定でこれを宮中に納れ、福國長公主[10]に封じ、兵部侍郎兼直學士院汪藻が制《みことのり》を草した。

福國長公主はすでに二十歳に達した年ごろであろう。結婚を急がねばならぬ。建炎四年八月辛巳（十一日）には、戶部に命じて黃金百兩・白金（銀）四千兩・錦一萬緡を結婚化粧料として國庫から支出させた。

汪藻の作った、公主に封ずる制[11]には、

彭城方に急なり、魯元、南馳に困しむに當たる。江左復た興る、益壽、宜しく禁臠に充つべし。

という對句があった。魯元とは漢の高祖劉邦の女魯元公主のこと、彭城は西楚の覇王項羽の根據地で、劉邦一旦ここに入ったが、項羽軍に襲われて逃げ出し、沛に居た劉邦の家族も魯元を含めて脱走し、九死に一生を得た。魯元公主

の脱出を柔福公主の復歸にたとえたものである。益壽は東晉の謝安の孫である混の幼名、東晉孝武帝の女晉陵公主に侚した。禁臠は天子の召し上がる上等な切り肉で、公主の婿にたとえる故事がある（晉書巻七九謝混傳）。益壽を結婚の相手の高世榮に擬したものである。

福國長公主の結婚相手は、宣仁太后の從姪に當たる高公繪（敦武郎監湖州都酒務）の子高士轟が選ばれた。高士轟は進士の資格所有者で、右監門衞將軍駙馬都尉を特授され、世榮[12]という名を賜わった。建炎四年十月癸巳（二十四日）のことである。翌日皇帝は高世榮を召對し、仍お襲衣・金帶・鞍馬を賜わること故事の如くであった。

十一月乙巳（六日）福國長公主は高世榮に嫁した。世榮を貴州刺吏に任じ、公主に銀三千兩・帛三千匹・錢五千緡を賜わった。時に金軍との戰爭に忙殺され、國庫は窮乏して、戶部は巨額の支出に應じ切れない。故事にくらべて五の四を損ぜざるを得なかったという。その結果の數字がなおこれであった。

紹興十二年七月丙甲（五日）には、榮州防禦使提擧醴泉觀駙馬都尉高世榮を常德軍承宣使に進めた。

永年續いた宋金戰爭に終幕が訪れた。秦檜の主持する和約が成立したのである。紹興十二年八月には父帝徽宗などの梓宮が故國に還り、高宗の生母太后や從者も再び宋都に歸って來ると、法靜の詐僞はもろくも馬脚を露呈することとなる。皇太后が歸還すると、內人の楊氏がその詐妄を告發したので、殿中侍御史江邈・大理卿周三畏に命じて取調べさせた。

內侍（宦官）右武大夫相州觀察使李愱[13]が金國から還って來て「柔福は五國城において徐還に嫁したが、紹興十一年五月死去した」と申し立て、還の父の武功大夫榮州團練使徐中立も朝廷に訴え出た。こうなっては法靜も如何ともなし難い。自白伏罪した。法靜の姓名は李善靜と言ったようである。建炎以來繫年要錄巻一四六紹興十二年九月甲寅（五日）

に、

詔僞福國長公主李善靜決重杖處死、

とあり、決重杖、死に處された。得るところの俸賜四十八萬緡に及ぶ贓で、法は絞に當たるとの判決であり、詔して死に處した。

關係者の處分も行なわれた。宣政使明州觀察使提擧亳州明道宮馮益と宗婦吳心兒とは、驗視失實の罪で、益は除名、昭州送りとなり、心兒は千里の外州編管となった。夫の駙馬都尉常德軍承宣使高世榮は所授の官を追奪された。しかし益は皇太后の姻戚であり、心兒は宗婦であることから、編管を免ぜられた。鑑定錯誤の過失は免れなかったにせよ、本物の柔福帝姫を識っていたはずの二人がまんまとごまかされたのは、法靜が帝姫と瓜二つの相貌であったからでもあろう。(14)

世榮の父公繪は武經大夫達州刺史閤門宣贊舍人になっていたので、のちに世榮は父の任をもって承信郎となり、乾道中、閤門祗候江南兵馬都監となった。(15)拙いた貧乏くじをいささか回復した觀がある。これは後日の譚である。

帝姫僞稱という突飛奇妙な事件が起こり、しかも僞計が一時成功するというのも、宋金交戰、國家滅亡という天地顚覆の非常事態の時だからこそ起こったことであろう。法靜は福國長公主として、豪邸を漾沙坑坡下に賜わり、榮耀をつくしわがままの仕放題、しきりに婢妾を殺し、死骸は地中に埋めていたといわれる。天網漏らさず、ついに法に服さざるを得なかったのである。

注

（1）公主（郡主・縣主）の稱號には國號（または地名）がつけられていたのを、美名二字でこれに易える。二つの國名をもつものは美名四字に易える旨も記されている。

（2）南宋でいつ公主號に戻ったかはっきりは判らないが、北行を免れた恭福公主は、建炎三年に病死すると、隋國公主に封ぜられている（宋史卷二四八、公主傳）から、高宗の早いころすでに公主號に戻っていたのであろう。また紹興十二年、柔福公主の遺骨が、父の梓宮に從って歸って來ると、これを葬って和國長公主に追封している（宋史公主傳）のもその例となろう。

（3）宋令要稿　帝系八之四三公主、宋大詔令集卷三九・同卷四〇皇女。

靖康稗史に收められた開封府狀によると柔福帝姬十七歳とある。開封府狀は、內侍鄧述が諸王孫の名を靖康二年二月に金軍に報告した（宋史卷二三欽宗紀）もののようであるから、假に十七歳を靖康二年現在とすると、柔福帝姬は政和元年の出生ということになる。

（4）建炎以來繫年要錄卷二建炎元年二月丁卯の條に北去の人名が見える。

（5）宋俘記に載せられた捕虜の帝姬の數は二十一人だが、その內、趙香雲（仁福帝姬）・趙金兒（賢福帝姬）は靖康二年二月・三月に劉家寺寨で薨じた。趙仙郎（保福帝姬）も劉家寺寨で薨じた。いずれも行年十六。北行出發直前である。從って捕囚として實際に北去した帝姬は十八名となる。

（6）建炎以來繫年要錄卷六一の註に、李心傳の按文として、道君皇帝長女とあって徽宗の長女としているが、これは誤で第二皇女とすべきである。宋史卷二四八公主傳には、徽宗の女として第一に嘉德帝姬を擧げ、次に榮德帝姬をおき、宋大詔令集卷二八皇女には「皇第二女特封承慶公主」とあって承慶公主（のちの榮德帝姬）を第二皇女と明記している。李心傳の誤であること明らかである。

（7）宋會要稿　帝系　公主、宋大詔令集卷三八・三九皇女　封拜。

（8）劉超は南宋初期、荊湖地方の劇賊として名あり、宋の招撫を受けて紹興元年十月丙戌知光州となり、同二年甲申知眞州と

なっている。（建炎以來繫年要錄）

（9）宗婦は宗族の妻。

（10）長公主は皇帝の姉妹に與えられる稱號。

（11）建炎以來繫年要錄卷三六建炎四年八月戊寅の條の記事による。汪藻にはまた「代公主奉迎隆祐皇太后起居表」の作があったと繫年要錄の李心傳註にいう。隆祐皇太后が金軍の侵攻を避けて江西方面に巡幸して後、都へ歸還したのを奉迎する上表である。公主封冊の制と奉迎起居の表ともに汪藻の龍溪集に載せてあると李心傳註に云っている。今日われわれの見る汪藻の文集である浮溪集三十二卷及同拾遺には、この兩文は載せられていない。

（12）世榮という二文字のうち上の世字は、宋の太祖趙匡胤の五世の子孫の名の二文字のうちの上の一字で、この文字を共通して命名に用いている。

（13）宋史卷二四八公主傳に「內侍李愱」とあり、建炎以來繫年要錄卷一四六紹興十二年九月甲寅の條には、內侍右武大夫相州觀察使李愣とある。

（14）以上、僞柔福帝姬李善靜の話は主として建炎以來繫年要錄の記事、卷二九建炎三年十一月戊午や、卷三六建炎四年八月戊寅、卷三八建炎四年十月癸巳、卷三九建炎四年十一月乙巳、卷一四六紹興十二年九月甲寅などに據っている。

（15）建炎以來朝野雜記　甲集卷一　僞親王公主。

（本稿は、平成二年度・三年度文部省科學研究費補助金事業による「宋より明清に至る科擧・官僚制とその社會的基盤の研究」の成果の一部である。）

（大東文化大學東洋研究所　東洋研究　第一〇三號　平成四年三月）

南宋建炎對金使節について
——宇文虚中のことなど——

一　建炎對金遣使濫觴
　　—王倫と傅雱
二　使節募詔—應募の四人
　　宇文虚中
　　劉誨
三　金における宇文虚中
四　虚中終焉
五　楊應誠の場合
六　對金通問使諸相

一　建炎對金遣使濫觴

靖康二年（一一二七）三月二十七日、金軍の宗望（女眞名、斡离不《オリブ》、建炎以來繫年要錄—以下要錄と略稱—の宗傑）は徽宗上皇を脅かして北行せしめ、同年四月一日には金の宗翰（女眞名、粘罕《ネメガ》、要錄の宗維）が欽宗皇帝以下多數を拉して北去した。徽宗は燕京（現今の北京）に、欽宗は雲中（現今の山西省大同市）につれ行かれた。

同年五月一日、欽宗皇帝の弟、康王構は應天府（現今の河南省商邱市）において皇帝の位に卽き、改元して建炎という。宋の太祖と康王とはともに丁亥の年の生まれで、宋朝の火德の祥に應じており、太祖が宋朝を開いた時の紀年たる建隆を紹繼する意味をこめて建炎と名づけたのである（續資治通鑑長編紀事本末巻一五〇欽宗、高宗渡江、靖康二年四月丙戌耿南仲等の議による）。

高宗は、金軍の侵攻に對して防禦して戰う一方、父徽宗・兄欽宗らの返還を乞うために、金に對して使者を送った（1）。使者の主な行先は、當時金の對宋關係において最有力の地位を占める宗室の左副元帥宗翰の居る金の西京大同府であった。

建炎元年（一一二七）五月戊戌（九日）金國へ派遣する使者の任命があった。修職郎王倫を特に朝奉郎に昇せ刑部侍郎を假し、大金通問使に充て、進士朱辨を修武郎としてこれに副とした。また別に從事郎傅雱《ふほう》を特に宣義郎に遷し、工部侍郎を假し、大金通和使に充て、武功大夫趙哲をこれに副とした。（要録巻五）

王倫と傅雱

王倫は眞宗朝の宰相王旦の族孫であるという。要録は次のような話を載せている。（要録巻五建炎元年五月戊戌）

王倫は家が貧しく無賴で、好んで牛を椎し酒を沽《か》い、京洛の間に往來して自ら俠を以って任じ、しばしば法を犯したが巧みに免れていた。金軍が京城を陷れた時、欽宗皇帝が、大内の正門である宣德門に出御された時、都人はやかましく騷ぎ立ててやまない。皇帝一行が立往生しているところへ、群衆の中から王倫がつかつかと御前にまかり出て「臣がうまくとり靜めます」と申し上げた。救いの神と感激した皇帝は卽座に佩びるところの夏國の寶劍を與えた。

王倫はすかさず言う「臣はまだ官位がありません。これでは取り鎮めができません。臣に官を與えて下さればうまく行きます」と。そこで皇帝は紙片を取り出して、

王倫尚書兵部侍郎に除す可し

と書いて渡した。倫は宣德門樓を下って、手下の數人とともに天子の旨を傳えて群衆を鎮撫し、都人の騒ぎは靜まった。

宰相何㮚《かりつ》は、「王倫は小人で何の功もない。兵部侍郎などとんでもない」と反對したので、修職郎を與えただけで任用はしなかった。

胡銓がその上高宗封事のうちに一狎邪の小人にすぎぬと評した王倫の出世譚には種々の所傳があるが、要錄の記すところは右の如くである。

王倫は上書して、自分が沙漠に使して二聖（徽宗・欽宗二帝）の起居を問わんことを請い、容れられて前記のように大金通問使に任命されることとなったのである。傅雱は清江（今の江西省清江縣）の人、贓罪のため改官（高等官への昇進）できぬという事情があり、出使の功によってこの障害をとり去ろうとしたのだといわれる。

然るに宰相黄潛善・汪伯彥の意見で、傅雱を改めて祈請使とし、閤門宣贊舍人馬識遠を同副使とすることとなった。祈請使とは二帝の返還を願う使節の意味である。さきに通問使・同副使に任命された王倫・朱辨の派遣は中止となり、通和副使趙哲は行かぬこととなり、傅雱の使職名は通和使から祈請使にと改められたのである。

ところが傅雱では身分地位が輕すぎる。重臣を遣わして金國の信を取る必要があるとの朝議がおこり、尚書戸部侍郎邵溥《しょうほ》に白羽の矢が立てられたが、辭退して引き受けない。よって太常少卿周望に給事中を假して大金通問使に充て、武功大夫趙哲を達州刺史として副使にする任命となった。建炎元年五月二十九日（戊午）のことである（要錄巻五）。

周望は河北軍前通問使で燕京へ赴くことになっており、[2] 大同の宗翰のもとへ赴く使者の任命はまだなされていなかった。

右僕射李綱は上言して「今日の事は、内を修めて國勢を強くし、積極的に外に當たれば二聖は迎請を俟たずして歸國できるであろう。國勢を強くしないで、いくら辭を卑しくし禮を厚くしても何の益もない。今の遣使は表を兩宮に奉じ思慕の情を致せばそれでよいのです」とした。そして傅雱に會って話し合ってみると傅雱も贊成して行かんことを願った。そこで上奏して雱を用いることとなった。前に反對した黃潛善も了承したので二帝に上る表を持たせ、大金通問使とし、馬識遠を副としてともに行かせた。（要録巻六建炎元年六月戊寅、宋史本紀同年六月二十日）[3]

七月丁巳（二十九日）雱等一行は鞏縣に到着し、黃河對岸の河陽（今の河南省孟縣）の金の守臣張巨との間に入國の交渉を行なった。張巨は急使を雲中の宗翰のもとに遣わして指令を乞うた。河陰より雲中まで一千八百里の道程である。急使は四日で雲中に達し、入國認可の回答を携えて五日で歸來した。一行は八月己巳（十二日）黃河を渡って河陽に達した。金は接伴使王景彝《い》が來り迎え、隨行者を五人と限り、一日八十里の行程で雲中に向かった。（要録巻七建炎元年七月丁巳・同巻八同年八月己巳）

傅雱等が雲中に到着した月日は傳えられていないが、再び汴京に歸着した記事は、要録巻六建炎元年十一月辛卯（五日）の條に記されている。[4] 傅・馬兩人の歸國は十一月早々のことであったであろう。八月十二日河陽に至り、雲中に赴いて金側と接觸交渉し、十一月に入って歸國したこととなる。金國に在ること約八十日である。一日行程八十里で計算すると往復の旅行に四十四日を要し、雲中に在ること約三十數日という計算である。

傅雱・馬識遠は雲中に至ったが、左副元帥宗翰（要録、宗維）は草地に在って不在である。左監軍完顏希尹が事に當たった。雱は二帝[5]への表と金國への宋の國書とを呈出し、六日たって希尹と元帥府右監軍耶律伊都とに會見した。

希尹は、宋が三鎮（河間・中山・太原三府）を割壊せぬことを責め、「通問の初めから二帝の返還の事に及ぶ可からず。どうしても返せというなら兵を以って取るがよかろう」と言って取りつくしまもない。雱は遜謝再三、空しく宿舎に歸らざるを得なかった。（要錄巻八建炎元年八月是月の記事）

要錄巻九建炎元年九月の記事（是の月）によると、雱は雲中に留まること彌月、希尹はこれに國書を授けて歸國させた。九月末のことであろう。國書には、河東・河北の人の宋に在る者を歸せと求め、且つ熙寧元豐以來宋が侵した西夏の地を夏國に返還せよと要求し、又河陽に榷場を置いて南方の物資を通ぜんことを求めた。歸國に當たって金國からの贈り物は何も無かった。館伴使李侗は自腹で乳香・白金等を贐としたという（要錄巻九建炎元年九月）。宋から宗翰への贈り物としては錦十匹・玳瑁器三事が贈られていた（要錄巻六建炎元年六月戊寅）のに、宗翰からは何の返禮品もなかったのである。

歸國した傅雱は十一月辛亥（二十五日）朝請郎尚書考功員外郎に擢でられた。（要錄巻一〇建炎元年十一月辛卯の條注）雱は開封を通った時、東都留守宗澤が金からの使節を拘留しているのを、宗澤に會って釋放せんことを勸めたが、澤は從わなかったという。揚州に歸って上言して兩國の隣好を旨とすべきことを述べ、これが嘉納されて前記の進擢となったものである。

傅雱が歸來して金と友好關係を進めようとの氣運が宋廷に強まった。朝奉郎王倫が大金通問使に再び任ぜられて出行することになったのもこれと關係がある。王倫はさきに五月戊戌一たん大金通問使に任命されていたが取止められていた。ここに再び起用されて雲中に赴くこととなり、朱辨が副使となった。時に建炎元年十一月辛卯（五日）である。ところが翌二年五月癸卯（二十日）始めて江を渡った。（要錄巻一五）この六か月餘の間何をしていたのかは判明しない。雲中へ赴いた王倫はここに抑留された。歸國したのは、四年餘後の紹興二年八月癸卯（十六日）で、[6]宋との議和を圖った宗翰が王倫を歸國させたのである。その間、通問使として雲中に來った洪皓と謀って商人陳忠に金を與え、黃龍府に在る徽宗・欽宋二帝に連絡し、宋が王倫等を金國に遣わして通問させたことをひそかに傳えさせた。二帝はこの時、建炎中興のことを始めて知ったという。（要錄卷四〇建炎四年末の記事、宋史卷三七一王倫傳）

二　使節募詔——應募の四人

傅雱・馬識遠の歸國と前後して、建炎元年十一月庚寅（四日）詔が發せられた。要錄卷一〇に曰く、

二聖母后未歸、有忠信宏博可使絕域、及智謀勇毅能將萬衆者、詣檢鼓院自陳、

と。絕域即ち金國に使して二帝母后の歸國を圖る外交折衝に當たる者と、智謀すぐれ勇毅にて萬衆に將たるべき者とを募ったのである。詔に應じて名乘り出た四名があった。

宇文虛中　建炎二年二月壬戌（二日）
劉誨　同　年二月丁丑（二十三日）
楊應誠　同　年三月丁未（二十三日）
劉正彥　同　年二月戊寅（二十四日）

年月日はそれぞれの擢用の日附である。四人のうち劉正彥は、政和年間、熙河經略使として事に死した劉法の子で、閤門祇候から文資に換え、朝奉大夫として河東宣撫司官屬であって虔州通判であった。御營都統制王淵はもと劉法の部曲で法に重用されていた。正彥は父劉法の舊恩を援いて陸進に力を貸さんことを王淵に依賴していた。十一月庚寅の詔に應じたのを機緣として、王淵の推擧がみのって武德大夫威州刺史知濠州に任ぜられた。即ち再び武資に轉じた

のである。まもなく御營右軍副統制に任じ、王淵率いる精兵三千を與えられることとなった。建炎三年三月明受の亂の立役者となった劉正彦の軍指揮官第一歩がここに始まったのである。しかしこれは對金通問を對象とする本稿の範圍外に在ることである。

宇文虚中

宇文虚中、宋史巻三七一・金史巻七九に傳がある。虚中字は叔達、成都華陽の人、大觀三年の進士、初名黄中、州縣の官を歴任、入って起居舍人・國史編修官・同知貢擧を勤め、中書舍人に遷る。宣和年間、蔡攸・童貫が女直（金）と連合して契丹を攻める燕雲の役を興さんとして、黄中を參議官に任じたが、かれはこの擧を、廟議の失策で、主帥に人なく、納侮自焚の禍を招來するものとし、上書して言う。

「用兵の策は必ず先ず强弱を計り、虚實を策し、彼を知り己を知り、當に萬全を圖るべし。今、邊圉は敵に應ずるの具え無く、府庫は數月の儲わえ無し。安危存亡、茲の一擧に係る。豈に輕々しく議すべけんや。且つ中國が契丹と和を講ずること今百年を踰ゆ。女眞の侵削に遭いてより以來、本朝を嚮慕し、一切恭順す。今、恭順の契丹を捨て、羈縻封殖、我が藩籬と爲さずして、遠く海外に踰ゆる强悍の女眞を引いて以って鄰域と爲す。女眞は百勝の勢を藉りて虚喝驕矜す。禮儀を以って服すべからず、言説を以って誘うべからず。卞莊兩鬪の計を持して兵を引き境を踰えん。百年怠惰の兵を以って、新鋭抗し難きの敵に當たり、寡謀安逸の將を以って血肉の林に角逐するは、臣恐る、中國の禍、未だ寧息の期有らざるを」と。

太宰王黼大いに怒り、かれを集英殿修撰に降し、督戰いよいよ急である。

宣和七年（一一二五）金の斡离不《オリブ》（宗望）は河北路を、粘罕《ネメガ》（宗翰）は河東路を、兩道に分かれて南進した。これに對抗すべき河東河北宣撫使童貫は爲す所を知らず、九月開封に退いてその軍は壞滅した。そこで熙河路司令官姚古と秦鳳路司令官种師道を都によびよせてそれぞれの路の兵で都を防衛させようとした。帝は、虛中がこの兩將軍とかねて親密で兄弟同樣の間柄であるので、虛中を資政殿大學士軍前宣諭使に任じ、兩將軍をして直ちに開封に赴いて防衛に當たらせんとした。金軍は鄭州で宋の馬忠軍に破られ兩路軍が一つに合體し、西方の路が開けたのに乘じて師道・姚古の率いる西北軍が開封に達することができ、東南の兵二萬餘人も虛中の掌握下に入り、宋都は一時の安きを得た。然るに姚古の養子姚平仲の軍が不用意に金軍を襲って敗北を喫し、金軍は一擧に開封城下に迫り包圍した。欽宗皇帝は、人を金軍陣營に派遣して、姚平仲の行動は宋の朝廷の意志ではなく平仲の獨斷だと辯解して和を講じようとしたが、大臣たち誰も行く者がない。尙書右丞虛中は命を受けると直ちに都亭驛に赴いて金の使節に面會し、金の軍中に留置されていた康王構とともに金の主將宗翰・宗望と面會した。金側は三鎭の境界畫定を強く要求した。第二回の遣使では虛中の要請によって康王の歸還が實現した。宣和七年三月虛中は簽書樞密院事に除せられた。第三回遣使では金側は强硬に三鎭の引渡しを要求し、虛中はこれを謝絕したが、遂に三鎭以北二十州の地の割壞の餘儀なきに至った。かくて金軍は北に引き揚げた。すると對金强硬論が勢を增し、和議を進め割地にふみ切った罪を彈劾された虛中は、簽書樞密院事を罷められて知靑州となり、ついで提擧亳州明道宮に退けられ、高宗卽位するや、建炎元年五月庚子（五日）には韶州安置とされた。

建炎元年十月四日、金國への奉使者募集の詔が出ると、虛中はこれに應じた。朝廷はこれを嘉納し、虛中を中大夫に復し、驛に乘じて行在に赴かしめた（要錄巻一三 建炎二年二月壬戌八日）。さらに五月丙申（十三日）資政殿大學士に復し、提擧萬壽觀をもって大金通問使に充て、武臣楊可輔をこれに副たらしめた。ついで虛中を祈請使に、可輔を祈請副使に改めた。これは次項に述べるように、すでに二月丁丑（二十三日）に劉誨が大金軍前通問使に任ぜられているので虚中の方を祈請使と改め、二帝の歸國を請願する目的を明示したものであろう。

建炎二年七月癸未（一日）東京留守開封尹宗澤が薨じた。これより先、虚中は金國へ向かう途中開封に着いていた。時に宗澤は病すでに篤かった。虚中は留守の事を攝し、かねて、宗澤が欽宗の命令に服せず抑留していた金國の使節を釋放歸國させた。虚中の對金交渉の姿勢はすでにここにうち出されていたのである。

かくて虚中は十月二十六日黄河を渡り金國に入った。二聖歸ること必ず期あらんと宋朝廷は期待した。（要錄巻一八）このころ、ほぼ時を同うじて雲中に赴いたものに通問使劉誨があった。

劉誨

劉誨も建炎元年十一月の對金使節募詔に應じた一人である。劉誨の前名は劉廷といった。開封の人である。かつて張懷素に從って左道を唱えていたという經歴の持ち主である。張懷素は崇寧年間、京師・眞州・蘇州等の地で一種の宗教活動を行ない、時の權力者蔡京・蔡卞等に近づき、密謀して事を起こし、大觀元年殺された人物である。懷素敗れて劉廷は、名を誨と改めて逃亡生活を送っていたが、使節募集の詔に應じたのである。朝廷は召對して宣教郎を授け、戸部尙書を假し、大金軍前通問使に充てた。これが建炎二年二月丁丑であろう。王貺《きょう》が朝奉郎に特補され、通問副使に充てられた。貺はもと醫工であった。頌を進めて從事郎に補せられ、累遷して今日に至ったものである。（要錄巻一三の條）

誨貺兩人は遣使にきまっても、開封に留まってなかなか腰を上げない。宰相黄潛善の上奏で出立督促の命令が下り、重い腰を上げて金國に向けて出發し、雲中に在る宗翰のもとに赴いたのである。

要錄巻一九によれば、建炎三年正月乙酉（六日）劉誨・王貺が河東を經て行在（揚州）に歸って來た。雲中で何をしたか。史書の記載は缺けて明らかではない。恐らく何ら爲すところなく歸されたものであろう。かれらの報告するところによれば、祈請使宇文虚中・同副使楊可輔も同時に歸國を命ぜられた。しかし虚中のみは「わたくしは命を受けて二帝を迎請に參ったものである。二帝が還らぬのに自分だけ歸る譯には參らぬ」と歸國を辭退してひとり金國に留まり、誨・睍・可輔は歸國して行在に至ったのだと言う。誨はその勞を嘉みされて朝奉郎に補され、七月丁酉（二十一日）知楚州に任ぜられている。

三　金における宇文虚中

宇文虚中が金國に留まったことについては、要錄本文（巻一九 建炎三年正月乙酉）は虚中の自發的意思によるものとしているが、そうではなくて金國側の意向によるものとする説もある。それは要錄巻一九の本文に註記された紹興講和錄に載せられた鳥珠第六書に傳えられるもので、李心傳はこれをも捨ててはいないようである。宋史宇文虚中傳は自發意思説を採り、金史宇文虚中傳は、

是時、興兵伐宋、已留王倫・朱辨不遣、虚中亦被留、

とあって、王倫らと同樣、虚中も金側の意思で留置されたとしている。これは微妙な問題で、どちらとも言える事かも知れない。

當時宋から金へ使いした人々とくらべて、宇文虚中は遙かに身分官位が高く、大臣クラスの高級官僚で學識にも秀でていたから、金政府の方でも國政運營上欲しい人物であった。これに官爵を與え、制度づくりなど政治面で働かせようとした。虚中の方でも金の官爵を受けて詳定禮儀使となって官制づくりに參畫し政治上の詞章の面でも勤めた

（要錄巻八四紹興五年正月）。累官して翰林學士知制誥兼太常卿に至り、河内郡開國公に封ぜられ、金太祖の睿德神道碑を書き、金紫光祿大夫に進んだ。金人はかれを「國師」と呼んで尊んだという。皇統四年（宋、紹興十四年）には承旨に轉じ、特進を加え、禮部尙書に遷った。

宇文虛中の金國に對する觀念と態度とは單純には律し切れぬものがある。それも時の經過による變化もあったと思われる。外交を通じての穩和な折衝を對金關係の基調としていたことは、靖康時代の對金交涉の場面以來のことで、建炎元年の遣使募詔に應じたのもこのためであった。二帝の返還を求める交涉であるからには、對手の氣嫌を損じてはならぬ。しかし心は宋のために圖ることに在った。金側は虛中の才能文學を自國の政治のために利用しようとして抑留し仕官させようとする。これを無下に斷るわけには行かない。二帝返還のためには忍ぶべからざる屈辱をも忍ばねばならない。表裏一貫できぬ苦境に惱むこともあったに違いない。

女眞・金初の有様を物語る貴重な資料を提供する松漠記聞を著わした洪皓は、金の上京で虛中に會い、その所感として甚だこれを鄙しんでいる。（宋史宇文虛中傳）秀州司錄洪皓は、建炎三年五月、大金通問使に任ぜられて金國に入り、太原に留まること一年の後、四年十二月雲中に到った。この年九月に宗翰の主張で成立した劉豫の齊國に仕えるよう命ぜられた洪皓は、これを潔しとせず拒否したので、冷山（今日の吉林省舒蘭縣小城子東北）に配流された。この苦寒の地に艱難の生活を送ること十年、紹興十二年の宋金和議成立後、同十三年八月歸朝することができた。前後十五年間、宋朝への忠誠の節義を一貫したのである。そのような洪皓からみれば、金國の官位を受け官界に安住するかに見える宇文虛中の生き方は正に唾棄すべきものであったに違いない。

高宗は父上皇（徽宗）が延福宮におられるので拜謁に赴いた夢を見、翌日大臣たちに、何時になったら上皇の歸國は實現するのだろうかと嘆かれた。宰相の黃潛善は「半月程前の十月二十六日、宇文虛中が黃河を渡って金國に赴いております。金人に交涉しますので、二聖の御歸還もやがて實現しましょう」とお慰めしたこと、要錄巻一八（建炎二年十一月辛卯十日）にみえる。對金交涉に經驗を積んだ虛中ほどの大官が、折角二帝返還交涉に赴いたのだからとその效果への期待を皇帝も宰臣も抱いていたであろう。しかし事は期待通りには運ばなかった。虛中は金國に留まって交涉に努めたが成果をあげることはできなかった。

雲中に滯在中、虛中は本國と祕密の連絡を取っていた。その連絡先は張浚であった。張浚は虛中の弟の成都府路轉運判官時中の女の夫で兩者は姻戚の間柄に在る。建炎より紹興年間にかけて、川陝宣撫處置使として、また都督諸路軍馬として、對金戰爭における宋側の大立物の名臣である(7)。

要錄には、虛中・張浚間の祕密連絡として二回の事件が記錄されている。張浚はその部下の武臣楊安をして、雲中に潛行して虛中と連絡せしめた。その時、楊安は、虛中の家からの通信をも携行した。建炎四年十一月壬寅（三日）雲中の南驛において虛中との會見に成功し、翌日虛中からの礬書(8)（明礬水で書いたあぶり出しの手紙）を受け取って歸途についた。その書にいう、

緩頰不效、被囚累年、歸望永絕、待死而已、家有艱勤、但告君父、勉思忠孝、勿負吾心、繼此勿用嗣音、有損無益、

と。恐らく子息師瑗《しえん》に宛てたものであろう。また、「江左人錢釗・傅昇勿令近行在、此乃勾引者」というのは、張浚宛の文言であろう。

楊安は汾州（今の山西省汾縣）まで來て金の官憲に捕えられた。文引がないので拘禁されること半年、脫走して嵐州發行の公據を入手し、紹興四年六月再び雲中に潛入し、虛中との連絡會見に成功し、七月甲子（十七日）虛中が雲中

を發して上京へ向かうのを見屆け、同日楊安も雲中を離れ歸國の途に上り、十一月十四日閬州（今の四川省閬中縣）に着き、宣撫處置司に報告ができた。齎し歸った礬書の中には、達錫林牙卽ち故遼の耶律大石の勢がいよいよ盛なることを張浚から帝に言上して欲しいとの旨も記されてあったという。（要錄巻三九建炎四年十一月壬寅・同巻七八紹興四年七月甲子）

他の一回は、要錄巻五八紹興二年九月のできごととして記されているものである。金軍が四川に侵攻するらしいとの情報を、使臣相偁を遣わして宣撫處置使張浚に告げたというものである。虛中が行在を出發する際、皇帝から賜わった御筆押字を信憑として添えた隱語の文信で、文中に虛叜忠言との一句があり、虛中の名を隱示してあった。家人への書信もあり、一行百人、今存する者十二三人と言い、上皇の茗藥を用意するために數千緡の物を、何らかの便によって送ってほしいとの旨も述べられていたという。

高宗皇帝は雲中に在る虛中の忠節を思い、その家族のための配慮を忘れなかった。虛中の子、朝奉郎添差通判福州宇文師瑗は提擧福建路市舶に任ぜられた。（要錄巻四〇建炎四年十二月庚午二日）

建炎四年九月戊申（九日）劉豫が北京（大名）で齊國皇帝の位に卽いた。これは金の宗翰の企畫である。宗翰は、虛中を河北に行き冊立を行なわせようとしたが、虛中は劉豫の齊國を建てるなら、黃河以外の陝西五路と二帝を宋に還すべきことを主張したので、虛中を派遣することを止め、張孝純をもってこれに代えることとした。この探報が宋廷に屆くと、高宗は、奉使年久しき虛中の忠節を嘉みして、福州に在るその家屬に錢千緡を賜わるのことがあった。（要錄巻四九紹興元年十一月丁酉四日）

師瑗は尙書駕部員外郞となり、福建路提點刑獄公事に任ぜられた。年少で資淺く、この人事は不當なりと論ずる者があり、師瑗自ら願って主管台州崇道觀に遷った。帝は虚中の忠節を思い、その家に錢千緡を賜わった。（要録巻七五紹興四年四月癸未・同巻七八同年七月甲寅）師瑗は父の忠節により特別の恩遇を受けていたのである。

紹興四年九月乙丑（十九日）、金國軍前通問使魏良臣・副使王繪が出發するに際し、帝はかれらに、「卿等は、宇文虚中が久しく金國に在り、その父母共に老いて日々その歸るを待つを以って、一日も早く歸國せしめるよう金人に對し交渉せよ」と指令を與えている。（要録巻八一）

師瑗は紹興五年三月丁丑に知漳州、同七年七月丙寅に知建州に遷っている。知建州に遷ったのは母黎氏の請いを容れたものだという。紹興九年二月巳丑には行度支員外郎となっている。

紹興四年七月甲子（十七日）宇文虚中は、雲中を發し上京に赴いた。虚中が金の官を受けたのはこれからのことであろう。一方宋の方では、紹興五年七月十六日丁亥には虚中の家に田十頃を福建に賜わっている。虚中の妻安定郡夫人黎氏の請によるもので、建炎末虚中が楊安に托した家書がこのころ始めて家に届き、朝廷は虚中の勞を思ってこれを許したのである。（要録巻九一）さらに紹興七年四月辛酉には中書省の言により、宇文虚中と朱辨（王倫通問使の副使）は奉使在金年久しいので、その忠勤を賞して、虚中に黄金五十兩・綾絹各五十匹・龍鳳茶十斤を、朱辨には金三十兩・綾・帛各三十匹・茶六斤が支賜されている。（要録巻一一〇）

四　虚中終焉

紹興五年（一一三五）四月甲子（二十一日）徽宗上皇は、金の五國城において崩去した。虚中が金の官を受け金の爲に働くに至るのもこれからのことではなかったか。[9] 上皇の歸國を第一の目的とした虚中の活動の姿が、上皇の死によって變わったとしてもやむを得ないものがあろう。虚中は金國政府にとって有用不可缺の人物となった。一方、金と宋との間に和平の氣運が動きつつあった。紹興七年四月、命を奉じて金に使した王倫が、同年十二月癸未（二十六日）歸國して和平は具體化されて行った。この時、虚中は、自分の家屬を金に送れとの要求が金からあっても、家屬はすでに金側に沒入していると斷わるようにと倫に依賴したということである。（要錄卷一四六紹興十二年八月戊辰の記事）すでにこのころ、虚中の家族を金へよび寄せるという議が金側にあったのであろう。虚中の歸國を沮むための事前工作である。

宋金講和成立後の紹興十二年八月戊辰（八日）の要錄卷一四六の記事に「右朝散大夫宇文師瑗を直顯謨閣に、右奉議郎張汲を直祕閣とし、並びに主管萬壽觀とす。將に北行せんとするを以ってなり。」とあり、宇文師瑗の金國行きがすでに決定していることがわかる。これより先、五月乙卯（二十三日）の記事には、金の都元帥宗弼が書をよこして、張中孚・中彥と杜充・宇文虚中・張孝純・王進の家屬を金側に送致せんことを要求しているが、金の要求を容れるに急な秦檜の方針で、これが實現したものである。秦檜の立場からすれば、金の國內事情に自分以上に通じ、金の政界に知人も多い宇文虚中や張孝純が歸國することは全く好ましいことではない。自分の在金時代の經歷が宋の政界で明らかになることは避けねばならぬことである。虚中等の歸國の實現は極力阻止せねばならない。その家屬を金側へ送りつけることは歸國阻止の妙策という一面があった。張汲は劉豫の齊國の左丞相張孝純の子である。

金は虚中等の家屬を要求すること急である。要錄卷一四六（紹興十二年八月戊辰八日）の記述によると、高宗は內侍（宦官）許公彥を遣わして閩中（福州）に行き、家屬を迎えしめた。（これはもちろん秦檜の方針によるものである。）虚中の女婿に趙恬という者があり、恬が中心となって一族と謀り、師瑗の一子を宋に留めて後嗣を存せんと謀った。守臣（知福州）程邁はこれを不可としたので、師瑗は恬をして家屬を舟に載せ、海を航して溫陵に行かせ、師瑗自身は行在に行かんとした。程邁は朝命に違反せんことを懼れ、通判州事二人を海路追跡せしめ朝廷に報告した。師瑗は行在に至り、宋に留まりたいと上疏したが、秦檜はこれを拒否した。虚中の母安定郡夫人黎氏も金國行やむなしと観念し、先に賜わった田を賣って銭に易えんことを請うた。高宗皇帝これを憐れみ黄金百兩を賜與したという。福建路提點刑獄司幹辦公事であった趙恬は勤停の處分を受けた。これが紹興十二年八月戊辰のことである。虚中の家屬のみならず、士大夫の金國に留まる者の家屬は、金の要求通り悉く宋から金に移されたのである。

宋史本傳によれば、虚中は金朝に仕え國政に參加していたが、宋への忠節の志は棄てなかった。金に在留する東北の人士が金を恨んで宋に復歸したいとの志を抱いていることを知り、ひそかに信義をもって盟約を結んで時を待っていた。金國が南進して宋を侵そうとする時、虚中は、「それは財と人とを浪費するだけだ。江南の荒野を征服しても、國を富ますのには、何の役にも立たない」と反對した。

虚中は才を恃み、輕はずみなところがあった。女眞人を見ると「礦鹵」[10]と呼んで悪口を言ったので、金朝の貴人達官たちには虚中を憎む者が多かった。虚中が撰した宮殿の牓署《かんばん》の文字を取り上げて、金朝謗訕の語なりとこじつけて、虚中謀反の罪をでっち上げて告發した。取り調べても無實である。檢察當局は虚中の藏書をとり上げ謀反のしるしなりと主張した。虚中は、

「死ぬのは覺悟の前だ。圖籍のこと、これくらいのものは南から來た人たちは誰でも有っておる。翰林直學士高士談の家の圖書など、自分の家の圖書よりずっと多いのだ。高士談も謀反とするというのか。」

と反論して屈しない。役人は上官の旨に順い、高士談をも殺し、虚中とその一族老幼百人を同日に焚殺した。天爲めに晝晦しとは宋史宇文虚中傳の言うところである。

金史（巻七九）宇文虚中傳によると、虚中を告發したのは、唐括酬斡の家奴杜天佛留で、皇統六年（宋、紹興十六年）二月

のことであるという。「今に至りて之を冤とす」とあって、金史は虚中謀反は無實だとしている。

宇文虚中の謀反を具體的に述べるのは、建炎以來繫年要錄である。その巻一五四紹興十五年九月壬子の條にその記事がある。

　虚中は翰林學士高士譚等とともに謀り、亶（金の熙宗）が天を祀る行事に乗じてこれを殺すことを計畫した。まずこのことを蠟書をもって宋朝に告げ、相應じて起たんことを求めた。しかし秦檜は拒んで賛成せず、陰謀は暴露した。虚中とその子師瑗皆な坐して誅せられ、闔門噍類無し。虚中死する年六十八。

という。虚中の行狀とその家の訴理狀とを參修したとの原註があり、蓋し虚中の節に死せること疑なしとも言っている。

虚中の最期を金史本傳に卽してさらに詳にしてみよう。

　虚中、方を恃み輕肆にして譏訕を好む。凡そ女眞人を見れば輒ち「礦鹵」を以って之を目す。貴人達官往往積みて平らかなる能わず。虚中嘗つて宮殿の牓署を撰す。本と皆な嘉美の名なり。虚中を悪《にく》む者、其の字を摘して以って朝廷を謗訕すと爲す。是れに由りて媒蘖して以って其の罪を成せり。（皇統）六年二月唐括酬斡の家奴杜天佛留、虚中の謀反を告ぐ。有司に詔して鞠治せしむるも狀無し。乃ち羅織して虚中の家の圖書を反具と爲す。虚中曰く「死は自《お》ら吾が分なり。圖籍に至りては、南來の士大夫家家之れ有り。高士談は圖書尤も我が家より多し。豈に亦た反せんや」と。有司、風旨を承順し、并せて士談をも殺す。今に至りて之を冤とす。

とある。大金國志巻二八宇文虚中傳には、

　皇統の初の時、南人多く上京に在り。虚中を奉じて帥と爲し、兵杖を奪いて南奔せんことを謀る。事覺われ、詔獄に繫く。[11] 是れより先、虚中、朝に在りて語言諧謔なり。諸貴族大臣久しく之に平らかならず。乃ち藏する所の圖書を鍛錬して反具と爲す。虚中嘆じて曰く「死は自《お》ら吾が分なり。圖籍に至りては、南來の士大夫の家、例として之れ有り。高待制士談の如きは圖書尤も多し。豈に亦た反せんや」と。有司風旨を承け、并せて士談を極刑に置く。人、今に至りて之を冤とす。

とあって、金の上京在住宋人の結社の長となっての反亂を虚中謀反としてあげている。金史本傳は宋人結社の事をあげず虚中の死を冤とする。宋史本傳は、

東北の士皆な北に陷りしを憤恨し、遂に密かに信義を以って約を結ぶ。金人覺らざるなり。

とあるが、この結社で反亂を起こしたとは述べておらぬ。また才を恃み輕肆にして譏訕を好み、女眞人を「礦鹵」とさげすみ、貴人達官の恨みを買い、宮殿の牓署の文字で難癖をつけられ、朝廷譏訕謀反を羅織されたことを言うのは、宋史本傳と金史本傳とは文字の末まで一致している。しかし宋史本傳は虚中の金に對する謀反の實情を否定してはいないようである。大金國志は虚中の謀反參與を一段と明言するものであるが、それを一層確言するのが前述の要錄巻一五四の記事なのである。

この記事は原注によれば、宇文虚中行狀及びその家の訴理狀に據るもので、行狀には「秦檜、姦を懷くこと無狀、且つ公の功、己の上に在るを忌み、蠟書を繳還す」と言うとある。原注にはさらに李大諒の征蒙記には宇文國相が中外の官守七十餘員を連らね反を謀ったが、幸に萬戶司寇沃赫先の告發で捕獲されたと述べ、王大觀の行程錄も同じことを述べている。兩書の記事からみても、虚中の死節の事は疑なしと李心傳注は言っている。虚中の謀反死節には異說があったのであろう。だからこそ死節疑なしと李心傳は注したのであろう。

施德操の北窗炙輠《せきか》（學海類編所收）には、

紹興十五年謀反挾淵聖南歸、爲人告發、虚中急發兵、直至金主帳下、金主幾不能脫、事不成而誅、兩史皆不載其

事、

とあって、宇文虚中擧兵の事が甚だ具體化した事件となって敍せられるに至っている。

虚中の死は冤である、謀反の事實は無かったという說は秦檜にとっては都合がよく、虚中の死節は秦檜には好ましくない。宋において虚中のねうちの上ることは秦檜にとって避けたいところである。アンチ秦檜側からすれば虚中評價の上昇が好ましいところである。祖國宋への忠節のために命を捨てたとなれば、虚中の評價は上がり、秦檜の評價は相對的に低下する。秦檜の權勢去って後は、虚中の評價は、對金民族意識昂揚のタイミングをもって上昇することとなる。(12)

虚中は淳熙六年十月戊午、開府儀同三司を贈られ、謚號肅愍、廟號仁勇を賜わり、族子紹節を後嗣とされた。開禧の初め、少保を加贈され、姓趙氏を賜わる。紹節は嘉定二年、官は簽書樞密院事に至っている。

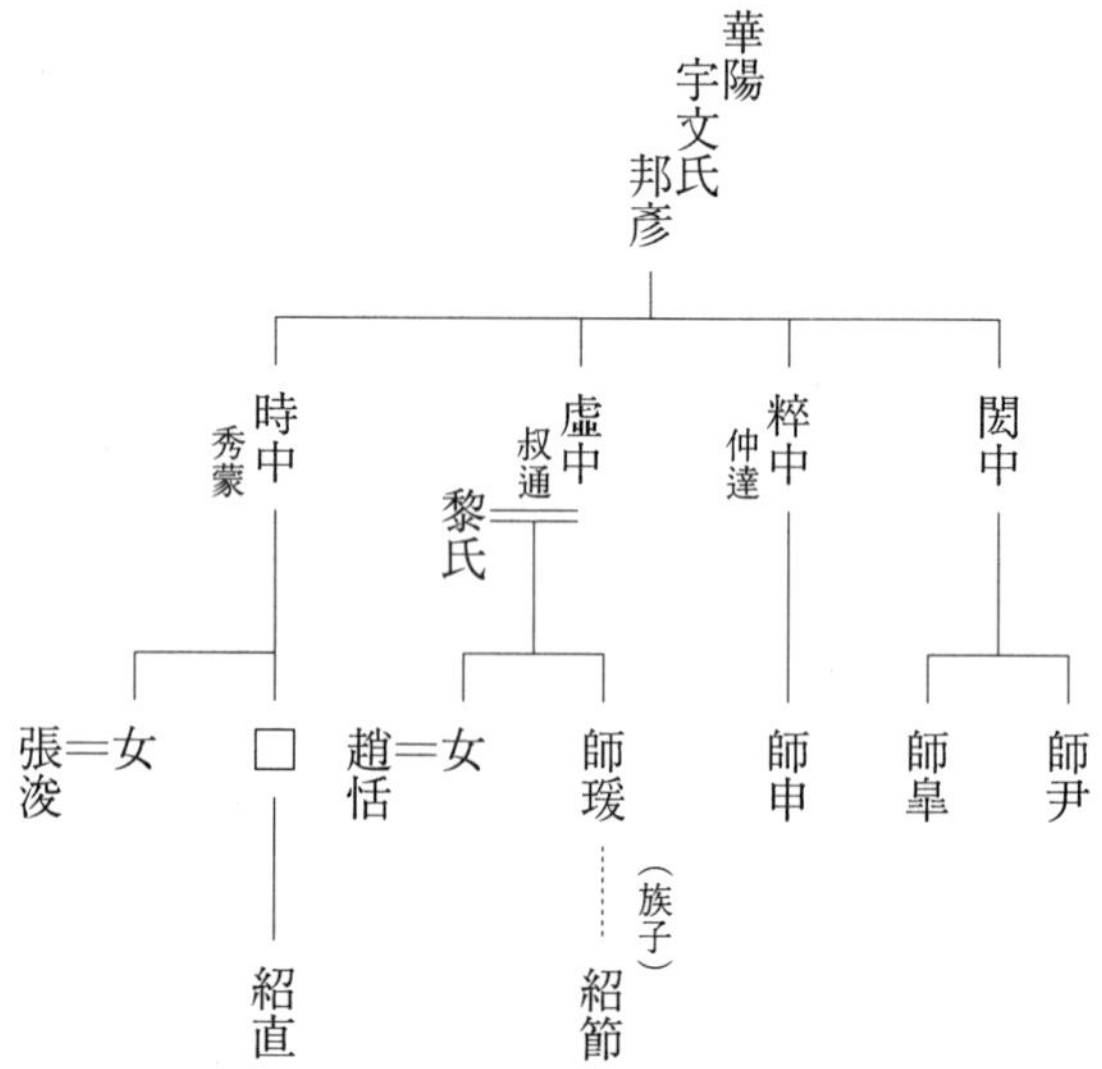

參考文獻
全蜀秇文志卷五四　氏族譜（元、費著）　三朝北盟會編卷一一五宇文虛中行狀
宇文虛中年譜（毛汶）（國學論衡、第二・第三期）　宋人傳記資料索引（昌彼得・王德毅等編）

五　楊應誠の場合

建炎元年十一月庚寅の遣使募詔に應じた楊應誠は、益州郫縣（今の四川省郫縣）の人で、眞宗皇帝の楊淑妃の從父弟景宗の曾孫である。兩浙東路馬歩軍副總管となったが、上官の翟汝文に抑壓されて、現在の地位にいや氣がさし、金國への遣使の詔に應じたものである。かれはかつて父に隨って金との國境地方のしごとに從事していたことがあり、金國との陸路交通の事情に通じていたので、直接の陸路からの交渉ではうまく行かぬと考え、海路高麗に赴き、高麗の協力を得て金國に赴き、二帝の歸還を圖ろうとのユニークの案を考え出して申し出た。朝廷は應誠を假りに刑部尙書とし、大金高麗國信使に任命した。翟汝文はこれに反對し、高麗を經由して燕雲に至る路を開いたら、金が直接に宋の心臟部の呉越を窺うことになるおそれありとしたが、取り上げられなかった。そこで汝文は、出船港である明州（今の浙江省寧波市）の役人に、應誠の出港を差し抑えることを命じた。これを知った應誠は、副使韓衍・書狀官孟健（太學博士）一行と杭州で乘船し、直接高麗に赴いた。

楊應誠の高麗における動靜と交渉の有り樣は、高麗史卷一五仁宗戊申（六年）六月丁卯（十四日）・己巳（十六日）・八月庚午（十八日）の條に述べられている。すでに二年前高麗は金に藩屬している。永年仕えて來た宋よりも、現實の壓力としては、金國の力をまず顧慮しなくてはならない現狀がある。高麗經由で金國に入り、高麗の力添えで二帝の返還を實現しようという楊應誠の申し出に、高麗は應ずることができなかった。楊應誠の申し出を拒否する高麗史の記事は婉曲にして文飾に滿ちた文言で綴られて理解し難い。むしろ要錄卷一六建炎二年六月丁卯（十四日）の記事の方が理解し易い。これは應誠が歸國後上った語錄に據ったものである。

國信使楊應誠等と高麗國王楷（仁宗）との對話に、楷曰く、「大朝（宋）は金國へ行くのに、山東よりの路があるのに、何故登州から行かぬのか。」應誠曰く「貴國（高麗）は金國まで最も近いので、金國へ傳達して頂きたいのです。」楷は承引せず、ついで門下侍郎傅佾を遣わして言わしめた。

「金人は今船を造っている。これで兩浙へ往こうとしている。もしあなたを案内して金國へ行ったなら、いつか高麗を經て兩浙へ行こうと申し入れて來るかも知れない。そうしたらどうしますか。」

應誠曰く「女眞は水戰が不得手だから、海路を來ても心配あるまい。」

佾曰く「女眞は以前から海路を往來しています。女眞は前にはわが國の臣下でしたが、今はわが國を臣事させています。今は大へん強くなっているのです。」

と。二十日ばかりして中書侍郎崔洪宰と知樞密院事金富軾とが來て前論をくり返し、

「二聖（徽宗・欽宗）は今燕雲に在り、金本國には居ない。高麗からは近くありません。」

と。洪宰は戯談めかして言う、

「金國は土地を割いても二聖を返しませんよ。お國はなぜ兵を練り金國と戰わないのですか。」

高麗側はしきりに應誠等の歸國を促した。高麗に留まること六十餘日、應誠はやむを得ず歸國した。高宗皇帝は高麗王が宋の申し出を拒絶したとの報告に接して、その背恩に大に怒った。右僕射黃潛善は巨舟に精兵數萬を乘せて高麗に至ったら恐れ入るだろうといきまいたが、尚書右丞朱勝非は「高麗は金國と地續きの隣國だ。中國とは海を隔てている。遠近利害を異にする。今まで厚い待遇をしてやったが、その恩を今返す譯にも行くまい。越海征伐というが、燕山の役に金に敗れたことを戒めとしなければならぬ」と冷靜な判斷の言である。高宗も怒を收めざるを得なかった。

（要錄巻一八　建炎二年十月甲寅〔三日〕）

楊應誠はその後、館伴使として金からの使節の接待に當たり（要錄卷七〇紹興三年十一月甲子の條）、樞密副都承旨と爲り、紹興九年には京城四壁節制軍馬司參議官を勤めている（要錄卷七四・同卷一二六）。

六　對金通問使諸相

南宋の初め、宋金交戰期に宋から金へ派遣された通問使又はこれに準ずる祈請使・奉表使などの名目の使節は、徽宗・欽宗二帝返還を主目的としていた。これら使節については、外山軍治氏が「松漠紀聞の著者洪皓について」（『金朝史研究』所收）で取扱われ、建炎元年六月任命の傅雱・馬識遠より、紹興五年五月の何蘚・范寧之まで十七回の遣使をあげている。

洪皓は十七回中の八番目の遣使に當たるが、「それ以前の使臣の銓衡事情を考えると、それらは、何かの失策があったために否應なしにこれを引き受けなければならなかったか、あるいは、自ら失策を償って官歴上の黑星を消そうと考えて引き受けたか、そのいずれかに歸するようである」と外山氏は指摘されている。當を得た見解であろう。建炎元年の募詔に應じた四人は自ら志望した者であることは言うまでもない。王倫や洪皓もさようである。すべて自分の經歴上の黑星を消そうとしたり、現在の地位に不滿で、ここから拔け出るための苦肉の策としての志願であったのである。

金國への遣使は二帝返還を主目的としていた。これは容易に實現できぬ目標であった。いわゆる絕域へ使いし、生命の保證はない。抑留の危險は當然豫想される。誰しも就くを欲せぬ任務である。このような任務に當たる者は容易に得られるものではない。

政府はこのような任務に當たるべき人物を必要としていた。適當な人物に目をつけて任命すると、辭退して受けない場合もある。その場合は當然處罰が結果としておこる。外山氏は建炎元年六月辛酉の徐秉哲の場合をあげている。徽猷殿直學士提擧江州太平観の徐秉哲は、資政殿學士領開封尹として大金通問使に充てられたが、辭退して行かなかったので、昭信軍節度副使を責授し、梅州安置とされたのである。この秉哲は、さきに試開封尹であった時、金軍の爲を計る賣國行爲があったとして降黜されていたのを、通問使に充ててその罪を兗ぜんとしたものであるのに、これを辭退した結果の處分であったのである。なおこの直前同年五月甲寅には、戶部侍郎邵溥は通問使に任じようとする宰相黃潛善らの意向に反して辭退したので、知單州に黜けられるということもあった。

朝廷は遣使に人を得るに苦しんでいた。建炎元年十一月甲寅の志望者募集の詔もこのような狀況の下に出されたものであった。應募の四人いずれも現在の不遇の境涯脫却のチャンスとして遣使立功をねらったものであったことは前に述べた。

建炎三年三月、苗傅と共に明受の變を起こし叛臣の列に入った劉正彥は姑く措き、應募の他の三人はそれぞれ二帝返還を求める使命を帶びて出立した。その內、楊應誠の方策は獨特のもので、直接金國へ行くのではなく、まず高麗へ赴き、これを仲介として金國に入らんとするものであった。宇文虛中は最も高位の官人で、大臣クラスの高官である。しかもその政治的手腕と學問とは、斷然他の使節に挺でていた。華北を新たに手に入れ、これに中國風の政治を行なわねばならぬという狀況にある金國政府が是非とも手に入れたい人材であった。そこで虛中を抑留して金國政府に仕えしめんとした。虛中も二帝殊に徽宗返還未實現のまま歸國はできない。虛中のみは金國に留まらざるを得なかった。劉誨などはとにかく金國へ行って來ればよい。金の方で歸國させると言うのだから喜んで歸って來た。

宇文虛中は二帝特に徽宗の歸國を第一目標として進退行動していたであろう。紹興四年七月には約六年間滯在した雲中を去って金國に赴いたという（要録巻七八）。國都上京に行ったものであろう。都に赴いて二帝の返還を圖らんとしたものと思われる。しかし翌五年四月、徽宗は五國城の配所で崩去した。虛中の進退の中核が消滅したのである。今後の進退如何にあるべきか。心裡の波瀾察するに餘りがある。

金帥宗翰から劉豫の齊國への仕官を求められた洪皓はこれを峻拒して邊陬の冷山に追放されつつも、宋への忠節を守り、宋金和議成立後、十五年の抑留生活を脫して歸國することを得た。洪皓の人生行路と、宇文虛中の屈折しながらの宋への忠誠と死節とを比較するとき、正に對照の妙に心をうたれるものあるを覺えざるを得ない。

宋の政界には秦檜の權力が確立され、その主持の下に金との和平交渉が進められた。秦檜にとって虛中は、年齢上からも官歴上からも先輩である。虛中は秦檜より十年年長の一〇八〇年生まれであり、大觀三年（一一〇九）進士であり、政和五年（一一二八）登第の秦檜に先だっている。在金期間の永く、金の官界に身を置いて金國政界や社會に精通する虛中は、秦檜の對金交渉上、無視できぬ存在であったであろう。秦檜にとって虛中の歸國は最も忌避すべき事態であったであろう。

要録巻一四五紹興十二年五月乙卯（二十三日）の記事に、簽書樞密院事何鑄が金への遣使から歸って來て宗弼の書翰を傳えた。それは、鄭億年及び張中孚・中彥、杜充、宇文虛中、張孝純、王進の家屬を索めるものであった。これより先、紹興七年十二月金に使した王倫が歸國する際に、虛中が倫に「敵人が宋に家屬の引渡しを要求しても、すでに賊に沒して行方知れずと言って斷わって頂きたい」との朝廷への傳言を賴んだというから、家屬を取るという議は紹興七年のころからすでにあったもので、十二年和議の進展とともに具體化したものであろう。これは秦檜にとってもっけの幸いの申し出である。家屬を金國に送ってやれば、虛中等の歸國の實現は遠くなるであろう。大體、金の申し出をすべて許容するのが秦檜の行き方である。家屬送致はことわる譯がない。すべて實現した。宋史宇文虛中傳は、「檜は、虚中が和議を沮まんことを慮り、悉く其の家屬を遣わして金國に往かしめ、以ってこれを牽制せり」と表現している。
虚中の謀反について、宋史本傳は虚中が在金宋人の有志を糾合して祕密結社をつくったことは述べるが、謀反の具體的事實は述べない。金史本傳は結社のことを述べず、謀反は無實で今に至りて之を冤とすと言う。大金國志本傳は結社謀反の事を述べる。さらに明確にこれを具體的に言うものは要錄である。虚中の謀反死節についても所傳の色あいは様々であった。

紹興三十一年五月戊戌（二十六日）、太學生程宏圖等上書して秦檜の罪を彈劾し、その沮めるところの忠臣義士を宣揚すべきことを唱え、宇文虚中の爵を追賜し、之がために祠を立て、趙鼎・岳飛の冤を雪がんことを主張した。（要錄卷一九〇）すでに秦檜死し、その黨の威炎消滅し、かつ金は廸古乃が南侵の勢を強めつつあった時で、民族ナショナリズム昂揚は、宇文虚中の忠節顯彰を願ったのである。

宇文虚中の評價は、秦檜の勢力の消長、宋の對外ナショナリズムの昂揚と關連して動くのである。

注

（1）このことについては、外山軍治氏が「松漠紀聞の著者洪皓について」（同氏『金史研究』所收）において論究するところあり、啓發されることが多い。

（2）たまたま燕京に居た金の司令官宗望が死去したので、周望の遣使は中止となった。（要錄卷一五 建炎二年五月戊申）

（3）要錄卷六建炎元年六月庚申（二日）の條の原注に、六月乙亥遣溥雱奉表兩宮とある。六月乙亥は十七日である。この日任命があり、戊寅二十日は行在（當時帝揚州に在り）出發の日であろう。七月戊戌十日東京（開封）を發している。（要錄卷七）

（4）この日附は王倫が大金通問使に任ぜられた日附である。傅雱・馬識遠の歸國はその直前で、兩人の復命により宗翰の意を知った宋廷が、王倫をさらに派遣することになったのである。

（5）この時、欽宗は雲中には居なかった。七月十日燕京に到着している。二帝ともに燕京に在った。

（6）王倫と同行した朱辨は抑留のままであり、洪皓の抑留も續いた。兩人の歸國は紹興十三年六月にきまった（要録巻一四九同年六月庚戌二十五日）。洪皓が行在に歸って皇帝に謁見したのは八月十四日、朱辨が行在に着いたのは八月二十一日であった。（要録巻一四九同年八月戊戌・乙巳）

洪皓の遣使のことは、外山軍治氏の「松漠紀聞の著者洪皓について」を見られたし。

（7）加藤繁「都督張浚」（同博士『支那學雜草』所收）。

（8）礬書については、周必大、題宇文虚中礬書（周文忠公集省齋文稾巻一一）あり。

（9）毛汶、天會十三宇文虚中始受金人官爵辨（國學論衡第三期五十二頁—五十七頁）參看。

（10）礦、漢語大字典第四冊（二四六二頁）用同獷、粗獷、强悍

鹵、漢語大詞典、第七冊（四六〇九頁）

　鹽鹹地、粗率・魯莽、虜に通ず（說文通訓定聲、豫部、鹵假借爲虜）

類篇皇朝大事記講義の巻二十二・二十三・二十四など北宋末の記事には鹵字が虜字として頻出する。すべて女眞・金を指している。眞宗・神宗の部分にも鹵字が虜字の意味で出て來る。契丹乃至西夏を指している。全書を通じて虜字が全く見えぬわけではなく、二三散見してはいる。

（11）大金國志校證（崔文印）が、中州集甲集宇文大學虚中傳によって、詔繫獄を繫詔獄に改めたのに據った。

（12）銭士升の南宋書巻二九宇文虚中傳に至っては、秦檜死する後の太學生程宏圖の言なりとして、「虚中に反金の謀有り、秦檜之れを忌み、私かに人を遣わして金人に告げ、遂に族誅を致し、忠臣をして望みを本朝に絶たしむ」と言っている。

（大東文化大學東洋研究所　東洋研究　第一〇六號　平成五年一月）

近ごろ、劉浦江氏が「金代的一桩文字獄—宇文虚中案發覆」と題する論文を發表されている。（《慶祝鄧廣銘教授九十華誕論文集》一九九七年・《遼金史論》一九九九年）參看せられよ。（平成十四年四月補注）

南宋海將李寶事蹟

序　中興戰功錄について
一　李寶の前歴
二　李寶の對金活動―唐島海戰
三　唐島戰捷以後
四　宋金對立における海州

序　中興戰功錄について

本稿は、金軍に對する南宋の十數回の戰勝のうち、唯一の海上戰の勝者李寶の事蹟について若干の追究を試み、李寶の活動據點となった海州の、宋金對立局面における位置について言及しようとするものである。この海上戰は山東半島南岸に近い唐島沖で起こった。唐島海戰については、李壁撰の中興十三處戰功錄の中の李寶唐島の條、建炎以來朝野雜記甲集巻二〇李寶膠西之捷、宋史巻三六八魏勝傳・同巻三七〇李寶傳、三朝北盟會編巻二三七紹興三十一年十月二十七日丙寅の條などに詳記されている。

中興戰功錄はいま藕香零拾の中に収められる。永樂大典からの輯本である。繆荃孫の跋によると、乾道二年、蔣芾《ふつ》（士禮）が參知政事となり、明州城下・和尙原・殺金平・大儀鎭・順昌・皁角林・胥浦橋・唐島・采石・蔡州・茨湖・確山・海州の十三處の宋の勝ち戰さを記述した。その後、開禧元年、李壁（季章）が手を加えて加除し、胥浦橋・茨湖・確山三處を削り（確山の事は蔡州に加え）、太湖・饒風嶺關・柘皋の三處を加え、現在の中興十三處戰功錄が成ったと言う。（繆荃孫跋）(1)

李壁(2)、字は季章、韓侂胄の同志で、開禧二年七月參知政事となり、侂胄に協力して對金戰爭を起こした。宋軍の對金勝利の戰績を宣揚して將帥を激勵する目的でこの書を撰修したものである。

文獻通考巻一九七經籍考二四史傳記には、「開禧乙丑、北事將に作らんとして其の書成る」とある(3)。蔣芾參政の乾道初期も、紹興末完顏亮の南侵擊退を受けついで對金强硬の意識の昂揚する時期に當たっていた。中興戰功錄は金に對する强硬策、宋の民族意識强化の産物であった。

藕香零拾所收「中興十三處戰功錄」の十三處戰功とは、次の如くである。

張俊高橋屬明州　　陳思恭太湖屬平江
吳玠和尙原屬鳳翔　　吳玠饒風嶺關屬金州
吳玠殺金平屬鳳州　　韓世忠大儀鎭屬揚州
劉錡順昌府屬京北路　　張俊柘皋屬鎭巢軍
劉錡皁角林屬揚州　　李寶唐島屬膠州
虞允文采石磯屬太平　　趙樽蔡州屬京北路
張子蓋海州屬淮東路

一　李寶の前歴

李寶の傳は、宋史巻三七〇に收められている。「李寶は河北の人、嘗つて金に陷る。身を拔いて海道從り來歸す」とあり、續けて金主亮渝盟によって對金關係が緊張し、李寶が浙西馬歩軍副總管に擧用され、平江に駐劄して海舟を督することになったとある。金の支配を脱出した年時や經緯については觸れられていない。

建炎以來繫年要錄をみると李寶という名は時々現われる。唐島戰勝の李寶と同一人物か否か必ずしも判然としない。同名異人と思われるものもある。同一人物と思われるものを抽出して檢討してみよう。

繫年要錄巻一九建炎三年正月乙未の條に、京城留守杜充支配下の別將に岳飛・桑仲・李寶があり、京城（開封）の西部地域に屯していたが、杜充が張用と戰って敗れ、李寶は張用の捕虜となったが、まもなく京師に送り歸されたとの記事がある。岳飛の同僚の軍將に李寶なる者があったのである。

繫年要錄巻一三二紹興九年十月に次の要旨の記事がある。

湖北京西宣撫使岳飛が都の臨安に來朝した。初め乘氏（今の山東省荷澤縣）の人李寶は無賴で節氣を尙んだ。鄕人は潑李三と綽名した。山東が金軍に陷ると、寶は衆數百人を聚めて濮州（山東省鄄城縣）の金人の知州を襲擊せんと謀ったが失敗し、脱出して宋の都に在ったが不遇であった。そこへ岳飛が都へやって來たので、寶は「鄕曲の故を以って」飛の軍に歸屬することを願い出た。岳飛は寶を馬軍に入れたが、格別重用することもなかったので李寶は面白くない。部下四十餘人と謀って江を渡って北に歸らんと計畫した。これを探知した岳飛はなかまを捕え斬った。寶も捕えられたが、この逃亡計畫は自分が謀ったことで、部衆に責任はないと主張した。飛はその心意氣に感じて獄に繫ぐこと三十九日。たまたま金との關係緊張の報あり、飛は寶を釋放しその希望を問うと、故郷の山東に歸り忠義の人をあつめて功を立てたいとのことなので、これを許した。寶は金の占領地に還り八百人の部下を得て岳飛軍に赴いた。飛はこれに閤門宣贊舍人を假し、統領忠義軍馬として龔城（今の山東省寧陽縣治）に屯せしめた。

と言うのである。（中興兩朝聖政巻三五にも同記事あり、少しく略す。）翌十年五月辛卯の繫年要錄の記事によると、「是の日統領忠義軍馬李寶が金人と興仁府（山東省曹縣西北六十里）に戰い、數百人を殺し、その馬を獲ること甚だ多し」とある。(4)

繫年要錄の文中、寶は「鄉曲の故を以って」岳飛の軍中に歸せんことを願ったというのはどういう意味なのかを考えてみるに、岳飛の出自は相州湯陰（河南省湯陰縣）だが、さらに遡れば世々聊城（山東省聊城縣）に居り、飛の高祖渙の時湯陰に遷ったという（金佗稡編四鄂王行實編年）から、李寶の出身地乘氏と比較的近い地域の出身で、建炎のころ杜充麾下の同僚であったので、鄉曲の故と言ったのではないかと推測する。杜充の下に在った李寶は、紹興九年・十年ころ岳飛軍に屬し、興仁で戰功を建てた李寶と同一人だと考える。(5)

繫年要錄巻一三八紹興十年十月丙戌の記事によれば、これより先、李寶は興仁より舟に乘って徐州を過ぎ、金の戍卒七十餘人を捕え、淮陽軍（江蘇省邳縣附近）で守將と戰い、この日楚州（江蘇省淮安縣）に至り、ここに駐屯する韓世忠の歡迎を受けている。世忠は寶をして海州（江蘇省連雲港市）を戍らしめた。（三朝北盟會編巻二〇六紹興十一年六月十六日癸未の條）

時に秦檜による軍閥對策が進められていた。軍閥の巨頭たる韓世忠・張俊・岳飛・劉光世みな來朝して握兵の實權を離れることとなり、世忠・俊は樞密使に、飛は同副使となった。俊と飛は楚州に派遣され、ここを根據とするもと韓世忠所部の鎮撫に當たった。岳飛は海州から李寶を呼んで楚州に至らしめてその勞をねぎらい、さらに寶を登州（山東省蓬萊縣）方面に海上を機動させた。寶は登州及び文登縣（山東半島東端）を焚いて歸った。

張俊は「海州は淮北に在り、金人の攻勢に對抗できぬ」と判斷し、城を毀ってその民を鎮江府に遷し、楚州の軍馬・銭糧も鎮江に移動させて、淮水戰線を放棄する態勢を採ることとなった。（三朝北盟會編巻二〇六紹興十一年六月十六日・十七日、繫年要録巻一四〇紹興十一年六月癸未）

同年八月九日岳飛は官を罷められ、十月十三日入獄、十二月二十九日死す。秦檜の策謀である。

宋史巻一二四岳飛傳末に次の記事があって飛の人柄を記している。

李寶自楚來歸、韓世忠留之、寶痛哭願歸飛、世忠以書來諗、飛復曰「均爲國家、何分彼此」、世忠嘆服、

楚は楚州で韓世忠の駐屯地である。楚州に來た李寶を自分の配下に留めようとしたが、寶は岳飛との關係を重んじて飛に歸屬せんことを痛哭して願い、都へ趨いて岳飛の許に歸ったのであろう。この話は何時のことか。繫年要録紹興九年十月の記事のことか、紹興十年十月丙戌の記事に關連するものか、いずれかは判然とはしないが、李寶の岳飛に對する親信の誠を物語るものである。

岳飛死して李寶の名はしばらく史籍の上に現われない。

二　李寶の對金戰闘－唐島海戰

李寶の名が次に史籍に現われるのは、紹興二十九年閏六月癸亥である（繫年要録巻一八二）。鎮江府駐劄御前後軍副統制李寶に兩浙西路兵馬副都監を添差し、臨安府駐劄不釐務とした。統制劉寶と意見が合わないので行在に赴かせ、從軍

を罷めさせたのである。同年十二月乙亥には中書舍人洪遵等の推薦によって帯御機械となった。刑部侍郎侍講黄祖舜の推擧もあった（宋史巻三八六黄祖舜傳）。翌三十年九月丁亥には淮南西路馬歩軍副總管兼知黄州となり、翌々日の九月乙丑には兩浙西路副總管平江府駐劄兼副提督海船となった。時に兵部侍郎陳俊卿は詔を受けて浙西水軍を整備した（宋史巻三八三陳俊卿傳）。浙西及び淮東の通州（江蘇省南通市）には多くの海舟があり、一萬人の兵が居った。平江府の長官朱翌をしてこれら海船水手を提督させたが、朱翌は無能で頼りにならなかった。武臣にして勇略あり、且つ海道を熟知する者をこれに副として、備えに遺憾なからしめることが必要であった。そこで李寶が提督朱翌の副としてその任に充てられることになったのである。

時に金主亮が宋に對し侵寇を謀り、舟師を山東高密卽ち膠州灣方面に用意し、海路から浙江を襲わんとするの情報あり、これに對する防衛措置であった。李寶の請によって水軍兵三百と器甲弓矢との增加があり、前々からの部下の將曹洋等五十人を鎭江の軍中から呼び寄せて軍勢を固めた。（繋年要録巻一八六紹興三十年九月己丑）

李寶は副提督海船でその上に知平江府の朱翌がいた。朱翌は治績にみるべきものなく、軍事上も李寶の措置に協力をしなかった。朱翌は却けられ、かねて李寶を推していた洪遵が知平江府に任じられた。洪遵の援助協力によって李寶の對金準備は着々と進められた。

金の完顏亮は宋を攻めるのに水軍をも用いんとした。宋の人倪詢・梁簡等から造船の技術を得、かれらを教導として南進せんとした。工部尚書蘇保衡をして潞河・白河、河北省通縣のあたりに舟を造らしめ、この舟隊を率いて海路浙江を襲わしめる計畫であった。これに對して宋側の李寶は、風濤を渉り海洋を航行することの可能な舟百二十艘と閩浙の弓弩手（非正規兵）三千人を保持していた。平江府から海洋に乘出すに便利な江陰に集結し、その子公佐と將官邊士寧を偵察のため先發させた。（宋史巻三七〇李寶傳）

邊士寧が密州（山東省諸城縣）から歸って、魏勝が海州を取ったという報告があった。魏勝はもと無賴で、淮水を渡って密貿易に從事していたが、數百人の部下を率いて海州に至り、制置司前軍と自稱し、宋の大軍がまもなくやって來ると宣傳し、海州を降した。紹興三十一年八月一日のことである。ところが宋の官軍はやって來ない。海州の人々は魏勝の欺言を知ったが、一旦金に叛いたのだから今さら魏勝に楯つくことも簡單にはできぬ。しかし勝の人氣は衰えた。そこへ李寶の子公佐が海州に現われたのでこれに州事を讓り、募兵數千人を率いて海州の西隣の沂州（山東省臨沂縣）を攻めた。女眞の萬戸の妻王夫人なる者、陽に兵を引いてこれを避け、勝の入城に對し伏兵を設けてこれを破った。魏勝は身を以って逃れ海州に還った。金兵は海州を圍んで攻めたてた。ちょうどそこへ李寶率いる本隊がやって來た。[6]

浙西馬步軍副總管李寶は、八月甲寅（十四日）舟師三千人を率いて江陰を發して海に乘り出した。向かい風の西北風が激しく舟は散りぢりになって明州（浙江省鎭海縣・鄞縣）關澳に再集結し、九月壬辰（二十三日）出港したが、再び風浪に妨げられて遲滯し、十月一日やっと海州東海縣に到達したものである。

海州城が金軍に圍まれ、旌麾數十里にわたる大軍に攻められているのを見、李寶は兵をひきつれて上陸し、槊を握って先頭に驅け、士卒一以って十に當たる奮擊であった。金軍退き圍みが解け、魏勝は城を出で寶を迎えた。寶は四方に辯者を出して降附を呼びかけ、これに應じて山東の豪傑たちは義旗をかかげて衆を集めた。宋軍の勢は日照・莒縣の方面に伸びた。

金側は工部尙書蘇保衡をして船隊を率いて南征せしめ、十月十八日海門山に至り錢塘江に入り、宋の都を襲う計畫である。これに對して李寶は子の公佐とともに出船し、密州膠西に諸部を集結して金軍を海上に討たんとした。金軍は唐島[7]に碇泊し、李寶の率いる宋軍は石臼山（山東省日照縣東十五里石臼島）に在った。兩軍相距ること僅かに三十餘里。金の大漢軍の水手數百が來り宋側に降った。大漢軍とは金が漢人の上等戶（富豪）の子弟を徵發して編成した部隊である。李寶はかれらから金側の事情をいろいろ訊ね出した。女眞人は舟に不馴れで、船中では匍匐し睡るばかりで、人數は多くても使いものにならぬとの話である。李寶は思うに、金軍は強力だが、ここまで深入りしたからには、今さら退くわけには行かぬ、死を覺悟して突進しようと。幸い金側は宋軍の至るのをまだ覺っていない。急に擊ちかかって破ろうと決意し、十月丙寅（二十七日）ちょうど吹き始めた南風に乘って帆を引き、刀を握って突進した。鼓聲を聞いて金軍は震驚した。金船の帆はみな油纈で作ってあったという。油で染めてあったのだろう。火がつけば燃える材質の帆で張ったり卷いたりの構造であった。風波のために帆が一隅に卷き聚まり、行動の自由を失って隊列が亂れた。李寶は火箭をもって射させた。油帆に火が着いて數百の船に燃えひろがった。兩軍突擊、舷々相摩し、短兵をもって格鬪した。金軍中には中原の舊民（簽軍）も多く、甲を脫いで宋側に降る者も三千餘人に達した。金軍敗れ、蘇保衡に副となっていた副都統驃騎大將軍益都府完顏鄭家奴等五人を捕えて之を斬り、倪詢等三人の金に加擔した技術者を虜とし、敵の詔書・印記・征南行程厤と武器・糧食多量を獲得した。都統蘇保衡はまだ出發していなかったので引き歸ったという。

續史方輿紀要卷三六山東膠州に、

石臼島　州南百里海中云々

とあり、唐島と一山を距つるのみという。唐島とともに山東省諸城縣・日照縣沿岸の諸島のうちである。(7)

三　唐島戰捷以後

李寶は戰捷に乘じ更に進擊しようとしたが、金帝亮が軍を率いて淮水を渡り、通州・泰州もすでに陷って腹背に敵を受ける憂いのある狀態なので、軍を海州に還し、緩急の形勢を觀ることとし、曹洋を輕舟で都に派遣し、膠西の戰捷を上聞した（十一月二十一日）。高宗皇帝大に喜び、詔書を賜わって奬諭し、金合茶藥、金酒器等數十の下賜品あり、忠勇李寶の四字を書いた旗幟を賜わり、靖海軍節度使兩浙西路通泰海州沿海制置使京東東路招討使に任ぜられた（十二月三日）。[8][9]

これより先、十一月八日、金帝亮は揚子江畔采石の戰に、宋の虞允文軍に敗れて江北に在ったが、李寶のために唐島で大敗を喫し戰船を焚失し、一方宋の成閔軍が揚子江を下って來攻するとの報を聞いて大に怒り、揚州に諸將を召集し、三日を約して江を渡り終わらんことを命じ、期日を過ぎたら盡く殺すと宣言した。諸將は宋軍と戰っても負けるは必至と考え、謀って、宋と和を講ぜんとし、十一月二十七日亮を弑殺した。金軍の敗北はかくして決定的となった。李寶の歸京入見は十二月十六日であった。高宗皇帝これを慰勞すること篤きものがあった。「唐島の捷なかりせば亮の死未だ期すべからず、錢唐の危きこと憂う可かりし。寶の功も亦た大なるかな」というのが宋史李寶傳の評語である。

李寶の戰具は精利であった。宰相陳俊卿はその長槍・克敵弓弩を取り、所司に命じて式を作り、實物を製作せしめて部隊に使用させた。卒して檢校少保を贈られた。宋史李寶傳の記すところはこれで終わる。紹興以後の事蹟も卒年も記されていない。

宋史巻三二高宗本紀によると紹興三十二年四月に李寶の部將王世隆が張安國を破り、安國を捕らえてこれを獻じたとあり、同巻三三孝宗本紀紹興三十二年七月丁巳には李寶の措置海道を罷めたことがみえる。著作佐郎程大昌が上奏して「對金戰爭に勝利を收めた李寶が今兵を罷めている」と言っている（宋史巻四三三儒林傳程大昌）のはこの時のことであろうか。

隆興元年六月辛巳、浙西副都統李寶に命じ御營統制官を兼ね措置浙西海道とした。同二年十月庚辰には靖海軍節度使李寶を沿海駐劄御前水軍都統制としたこと、宋史巻三三孝宗本紀にみえる。

宋史巻三七四胡銓傳によると、「隆興二年十一月、高郵の守臣陳敏が金軍を射陽湖に拒いで苦戰しているのに、大將李寶が坐視して救わない」と胡銓が劾奏し、李寶懼れて出征して金人を退けたことが記されている。

中興禦侮錄巻下（粵雅堂叢書）によると、隆興二年閏十一月初四日に、賊（金軍）は海州より船を連ね、兵二千を載せて通州・泰州に進攻して來た。李寶はこれを草湖口に破った。官軍は湖水の淺い處に暗柵を樹え、長堤を築いてこれを圍んでおいた。賊至るやその堤水を決すると、賊船みな柵上に著き行動ができなくなった。李寶はこれに乘じて攻めかけ、殆ど全員を俘獲したと記している。この草湖口の捷戰は、胡銓傳にみえる勝利の時のことであろう。

中興禦侮錄巻下によると、紹興三十二年六月十一日の孝宗卽位の後、七月二十四日李寶は海州が孤城で金軍の攻勢に對應し難く糧食輸送に困しむため、城を壞して平らにし、居民を移し、淮河を渡って南に退き楚州に屯したという。

海州が屢次金軍の攻擊にさらされていたことは、宋史高宗本紀にも記事がある。紹興三十二年閏二月庚寅（二十三日）には王剛が海州に金人を破ったことがあり、四月戊寅（十二日）には金人が海州を圍むとあり、鎭江府都統制張子蓋（張俊の從子）が、楚州を發して海州を包圍する金軍を海州南方の石湫堰[12]に急襲し、力鬪擊破して海州の圍みを解いた（五月辛亥十五日）（中興十三處戰功の一つの張子蓋海州の捷）ことなどがある。

張子蓋は淮東招撫使となった。一方、孤立した海州を棄て、獨斷で楚州に退いた李寶は罷めさせられて浙西副總管に轉じ、その兵は張子蓋指揮下に入り、子蓋は海州に屯し城壘を增繕してこれを守ることとなった。（中興禦侮錄巻下）（宋史本紀の紹興三十二年七月丁巳の李寶の措置海道を罷むの記事は、この浙西副總管への轉任のことを指すものであろうか。）
中興禦侮錄巻下によると、隆興元年（紹興三十二年の翌年）正月九日張子蓋卒去し、その兵は李寶が統率することとなった。

四　宋金對立と海州

「閩越（福建・浙江地方）の商賈が常に重貨を舟に載せて山東に往って販賣している。沿海諸州をして禁止させよう」という詔が、建炎四年（一一三〇）七月丙午（六日）に出されている。また同月己未（十九日）には、明・越州（浙江省寧波・紹興）に山東の遊手（無賴者）が來って米を買入れるのを禁止させるよう詔が出ている。當時、海・密州（江蘇省連雲港市・山東省諸城縣）は劉豫の齊國内に在ったが、大饑饉で米麥騰貴し人相食む狀況であった。明・越州地方の積粟の家はその高價をねらって倉廩を傾けて賣出した。これは金や齊という敵國に中國の機密を漏らし姦事をなすもととなり、わが國の資產を削って敵に糧を資することとなるとの意見があったので、このような禁止の詔が出されたのである。

福建や溫・台・明・越など浙江の沿海州や通・泰・蘇・秀など江蘇の沿海諸州の海船をもつ民戶や嘗つて水手たりし人の籍を作り、五家を保として互に監視せしめて京東卽ち山東半島方面に船で往來することなからしめた。（繫年要錄巻三六建炎四年八月壬申）[10]

このように江蘇・浙江・福建地方の港と山東方面との間の交通貿易を禁止したのは、山東方面が金國の領土となったための對抗的・國防的の措置であったこと言うまでもない。

紹興十一年（一一四一）十一月、宋金兩國間に和議が成立し、抗戰は終止した。淮水の流れの中央線（中流）をもって兩國の境を分かち、上源は唐・鄧二州を金國領とする國境線が畫定された。海州はこの境界線の北に在り、金國領土となった。

海州は東海の良港で、南方の江南諸海港との間に航路がもたれ、相互の貿易も活潑であり、交通關係も密接であった。北宋末には山東・海州方面と揚子江江口・浙江・福建方面との間は、日常頻繁な海上交通と密接な貿易經濟關係によって結ばれていたのである。

元祐三年（一〇八八）密州板橋鎭（山東省膠縣）に市舶務を置いたのは[11]、ここが高麗や遼方面との貿易とともに南海方面に對する貿易もあって、海外貿易港として有力な地位をもっていたからである。海外諸國との貿易と並んで華中・華南の海港との間にも活潑な商取引が營まれていた。これは北宋後期の商稅收入の上からも窺うことができる。板橋鎭の屬する密州（山東省諸城縣）の熙寧十年（一〇七七）の商稅收入額は全國府州の第十位に在り、管内には板橋鎭（膠西縣）・信陽鎭の港市を含んでいた。（中嶋敏「客商と湯餅と」東洋史學論集所收）

紹興十一年（一一四一）秦檜による宋金和約が成立して兩國々境に榷場が設置された時、金國の榷場の一つが密州膠西縣に置かれたのも、當時密州膠西が對宋海路貿易に重要な位置を占めていたからである。

北宋後半において密州板橋鎭は山東における有力の海港として發展し、華中・華南方面の港市との間に頻繁な交通があり、海州はその中繼地であった。航路は熟知されていた。この航路の知識によって李寶は船隊を海州に向けたのである。

紹興十一年の秦檜の主持する宋金和約によって、兩國の境界は淮水をもって畫定された。海州はこの國境線に近接して金國領となった。密州より南下して南宋の心臟部たる江南・兩浙に至る航路に沿っている。このような位置に在る海州は兩國抗戰に當たっては、第一の必爭地となるのである。李寶船隊はまず海州を取り、金の船隊は膠西を發して外洋に出擊し、唐島海戰となった。

紹興三十一年八月一日、海州は魏勝によって宋の支配下に入り、李寶海軍の根據地となり、ここから李寶は出擊して唐島の海戰に勝利を收めたのである。寶の子公佐も魏勝とともに海州保持に協力した。

前にも一言したが、紹興三十二年四月、金軍數萬が來襲、海州を圍んだ。朝廷は張俊の從子の張子蓋を鎭江府都統制とし海州を援けしめ、張浚の節制を聽かしめた。子蓋は長江を渡り、軍を整えて楚州に至った。金軍の兵數は子蓋軍に比して十倍である。子蓋は兵が少ないことを覺られる前に速戰速決すべく、海州管內の漣水（江蘇省漣水縣）に進出し、近道を取って海州南部の石湫堰に次った。[12]金軍萬騎は河の東に陣している。五月十四日、子蓋は精鋭數千騎を率いて馬を馳せ、金軍陣中に突入、將士もここを先途と死闘した。金軍大敗し、河に溺れ死ぬ者幾んど半、餘は遁去し、海州の圍みは解けた。金軍は軍伍を整えて再來したが、子蓋はこれをも破り、車馬鎧杖萬計を虜獲し、退いて泗州（江蘇省盱眙縣洪澤湖中）に屯した。これが中興十三處戰功の一に數えられる張子蓋海州の經過である。（中興戰功錄）

紹興三十一年十一月、金帝完顏亮は弑殺されて金軍敗退、宋軍は江北・淮南を恢復し、さらに淮水を越えて海・泗・唐・鄧の四州も宋の支配下に入っていた。金は新帝世宗の世、宋は高宗の禪を受けた孝宗の世になった。世宗は宋と和を成さんとし、領土では海・泗・唐・鄧四州の返還を條件とした。舊領回復を唱えたものである。しかし宋側からみれば、中原悉く宋の舊領である。四州返還要求を呑むわけには行かぬとの議論が强かった。金は左副元師紇石烈志寧・僕散忠義の兵、八十萬と號する大軍を動かして宋を脅やかした。秦檜の亞流とされる右僕射湯思退の意見が皇帝の心を動かし、四州は遂に金に割與された。[13]（宋史巻三三孝宗本紀・同巻三六一張浚傳、同巻三七一湯思退傳・同巻三七四胡銓傳・同巻三八七陳良翰傳）

海州は宋金對抗狀勢下において必爭の地であった。紹興三十一年八月以降隆興元年までの二年餘の宋領有期以前にも、紹興十年閏六月丁酉二十五日韓世忠派遣の統制王勝・王權が海州を占領して、その守王山を捕らえ（宋史本紀巻二九）、宋は海州を淮東路に編入したことがあった（宋會要稿方域六　紹興十年八月一日）。金末期には李全・李壇の獨立の根據地となるなど、[14]海州は宋金對抗史上特異な位置を占めるものであった。

宋史巻八八地理志淮南東路には、

海州…建炎間入于金、紹興七年復、[15]隆興初割以畀金、隸山東路、以漣水縣來屬、嘉定十二年復、寶慶末、李全據之、紹定四年全死又復、端平二年徙治東海縣、淳祐十二年全子壇又據之、治朐山、景定二年壇降、置西海州、

と、海州の支配者の變遷を述べている。

注

（1）

建炎以來朝野雜記所載十三處戰功*					文獻通考
年月	宋將	敵將	戰場	蔣芾所定**	李壁所定
建炎三年十二月	張俊	烏珠	明州城下	○	○
〃　四年二月	陳思恭	烏珠	太湖		○
紹興元年十月	吳玠	烏珠	和尚原	○	○
					○吳玠饒風嶺關（紹興三年十二月（本紀））

紹興四年三月	呉玠	薩里罕	殺金平	○	○
〃　四年十月	韓世忠	烏珠	大儀鎭	○	○
〃　六年十月	楊沂中	齊、劉倪	藕塘		
〃　十年七月	劉錡	烏珠	順昌	○	○
〃　十一年二月	張俊・楊沂中・劉錡	烏珠	柘皐		○
〃　三十一年十月	劉錡	高景山	皁角林	○	○
〃　三十一年十月	李寶	完顔正嘉努（鄭家奴）	唐島	○	○
〃　三十一年十月	邵宏淵		胥浦橋（眞州）	○	
〃　三十一年十一月	虞允文	金主亮	釆石	○	○
〃　三十一年	趙樽		蔡州	○	○
〃　三十一年	呉拱		茨湖	○	
〃　三十二年	王宣		確山	○	蔡州附
〃　三十二年	張子蓋		海州	○	○

＊　建炎以來朝野雜記甲集巻一九邊防一
＊＊乾道二年八月二十四日甲午降旨

（2）李壁、壁は璧とも傳えられる。宋史巻三九八に傳あり。百衲本壁、殿本璧とする。

（3）文獻通考巻一七九經籍考二四史傳記
中興十三處戰功錄一巻
參政眉山李壁季章撰、中興以來禦冠立功、惟此十三處、編爲一書、所謂司勳藏其貳者也、開禧乙丑北事將作、其書成、

（4）宋史巻二九高宗本紀、紹興十年五月辛卯（十八日）の條には、「京湖忠義統領李寶敗金人于興仁府境上」とある。

（5）宋史李寶傳には「寶は河北の人」とある。大づかみに言ったものと解する。

（6）樓鑰の攻媿集巻七一に跋魏忠莊侯勝行實の一文あり。

（7）大淸一統志巻二三八萊州府山川に、

　唐島　在膠州南一百里、（中略）紹興三十年金主亮分遣一軍、由海道襲海州、舟泊唐島、宋將李寶擊敗之、

とある。

（8）繫年要錄巻一九五には靖海軍とあり、宋史李寶傳には靜海軍とある。輿地紀勝巻四一通州、沿革に皇朝…爲靜海郡國朝會要在政和七年…とあり、宋史巻八八地理志淮南東路通州には、政和七年賜郡名曰靜海とあって、靜海とすべきであろう。

（9）沿海制置使については、曾我部靜雄、「南宋の水軍」注（10）を見よ。（『宋代政經史の研究』二七一頁）

（10）外山軍治、劉豫の齊國を中心としてみた金宋交涉　注（34）（『金朝史研究』三〇六頁―三〇九頁）參看。

（11）藤田豐八、宋代の市船司及び市舶條例（『東西交涉史の研究　南海編』三三九頁以下）參看。

（12）讀史方輿紀要巻二二江南、海州の條に次のように記されている。

　石湫鎭、州南二十里、舊有石湫堰、宋紹興三十一年、金人圍海州、張子蓋自鎭江赴援至楚州、先趨漣水、擇便道以進、至石湫堰、擊敗敵兵、是也、今鎭東有九洪橋、卽舊時堰水處、

（13）朱子語類大全巻一三三に

　泗・海・唐・鄧四州…逆亮（○完顏亮）來時、用兵僅取得此四州、而湯思退無故與之、惜哉、揚

とあって、四州割讓を惜しんでいる。

（14）池內功、李全論（「社會文化史學」一四號、昭和五二年二月）參看。

（15）紹興七年は十年の誤りか。

（大東文化大學東洋研究所　東洋研究　第一一三號　平成六年十一月）

宋金交戰における陳遘の死

——史傳變遷試論——

宋史巻四四七忠義傳に陳遘《こう》の傳が載せられている。それによると、陳遘字は亨伯。[1]その先、江寧より永州（今、湖南省永州市、もと零陵）に遷る。進士登第。知莘縣（山東省莘縣）（中略）知雍丘縣（河南省杞縣）となる。徽宗の世、（中略）廣西轉運判官となり、蔡京に惡まれて罷め、ついで商州（陝西省商州市）・興元府（陝西省漢中市）に知となる。入りて駕部・金部員外郎、左司員外郎、給事中に歴任し、出でて河北轉運使となり、さらに陝西轉運使に遷る。京師に召還され、蔡京復た相となるや、再び河北轉運使に還り、さらに淮南轉運使に徙る。（中略）發運副使となり發運使に進み[2]、漕運の事に功があった。宣和二年冬十月、方臘の亂が起こるや、詔してその對策を遘に諮問した。遘答えて言う「東南は兵弱く勢は單、士は戰に習わず、賊を滅ぼす能わず、願わくは京畿の兵や鼎・澧の槍盾手を兼程派遣して蜂起聚黨の蔓延を防止すべきである」と。帝悉くその言を行ない、遘に龍圖閣直學士を加え、七路を經制し、杭州に治せしめた（宣和三年六月十一日）。[11]時に方臘の亂によって用度百出。財政は窮迫して居る。遘は公私の出納を計り、其の贏を量增して經制錢と號し、必要用度に充當した。（中略）また杭州の河渠を修め、州民の利を圖った。河北都轉運使に徙り、延康殿學士に進み、中山・眞定・河間三府[3]の長官を歴任した。欽宗立って資政殿學士を加え、官は光祿大夫に至った。（以下、後文に見ゆ）金軍と交戰中、部將沙振に殺された。建炎の初め、特進を贈られた。遘は性孝友、人と爲り寛厚の長者で、部刺史に任ぜられること二十年。嘗つて王安中・呂頤浩・張愨・謝克家・何鑄ら後ち皆な宰輔に至る人材を薦めたので、遘は人を知ると世人は評判した。

陳遘（亨伯）は中山府路安撫使知中山府として對金交戰の裡に死ぬのであるが、その間の經緯として傳えられるところはさまざまである。いま筆者の目睹する資料は次のA～Gの七種である。(4)

A　東都事略
B　中興遺史
C　建炎以來繫年要錄
D　三朝北盟會編
E　續宋編年資治通鑑
F　宋史陳遘傳
G　呻吟語

以下、右七書の記述について述べる。

A　王偁　東都事略　忠義列傳ニ陳遘

陳遘、字は亨伯、零陵の人なり。名、太上の嫌名〔高宗の諱の構〕を犯す。止だ字を稱す。秦州司法參軍に調せらる。（中略）河北都轉運使と爲り、改めて中山府に知たり。眞定・河間に徙る。宣和の末、金人來攻し兵を盛んにして河間を攻む。亨伯、力を悉くして城守す。欽宗卽位して金と和を約し、圍み解くを得たり。資政殿學士を加え、官を積み光祿大夫に至る。靖康元年復た眞定と爲り、又た中山に徙る。時に京師再び兵を被り、中山は敵衝に當たる。亨伯、圍みを冒して城に入り堅守の計を爲す。欽宗、康王に命じて天下兵馬大元帥と爲し、亨伯を擢んでて兵馬大元帥と爲す。欽宗、兩河を割きて以って金に賂う。亨伯の弟光祿卿適に命じて旨を諭せしむ。適、城に臨んで未だ言わざるに、亨伯遙かに語りて曰く「主辱かしめらるれば臣死す。吾が兄弟は平居、名節を以って自《みずか》ら期す。寧《なん》ぞ能く國家を賣りて囚虜と爲らんや」と。適、感泣して對えて曰く、「兄但だ力を盡くせ。弟を以って念と爲す勿かれ」と。

亨伯、總管使を呼び、盡く城中の兵を括して敵を討たしむるに、衆寡敵せざるを以って辭す。斬りて以って徇う。復た部將沙振なる者を呼びて往かしむ。振は素と勇名有りしも復た固辭す。亨伯、固く之れを遣《や》る。振、罪を懼れ、潛かに刃して府に入りて亨伯を堂中に殺す。振、旣に出づるや、帳下の卒、譟いで前《すす》みて曰く「大敵、城に臨むに、汝、安んぞ吾が人を殺すを得んや」と。執えて之れを捽《そつ》裂し、身首、餘す無し。城中、主無し。乃ち門を開いて出で降る。金人其の尸を見て曰く「南朝の忠臣なり」と。殮して之れを葬る。特進を贈らる。

亨伯、性は孝友、人と爲り寬厚の長者なり。部刺史に任ずること幾ど三十年。出でて部に行く每に、必ず香を焚き、天に祈り、貪濁の吏に逢わざらんことを願えり。嘗つて王安中・呂頤浩・張慤・謝克家・何鑄らを薦む。後ち皆な公輔に至る。世以って人を知ると爲す。

適、字は至叔。開封少尹・衞尉少卿由り光祿卿に遷る。是の役や、金は之れを執らえて北す。後ち雲中に死せり。

B

趙甡之《しんし》　中興遺史（以下、遺史と略稱する。）

（建炎以來繫年要錄二建炎元年二月丁亥の條に引く）

C

金人、上皇〔徽宗〕を以《い》て北狩して中山府に至る。其の帥陳遘、城に登る。上皇、遘を呼ぶ。遘曰く「道君皇帝なり」と。遂に慟哭して曰く「陛下何すれぞ此に至り得たるや」と。提轄沙振曰く「此の中、豈に道君皇帝有らんや。必ず金人の詐ならん」と。箭を以って之れを射る。遂に衆を鼓して喧鬧して遘を殺す。其の子錫、旁に在り。身を側して遘を護る。乃ち并せて之れを殺す。是に於いて振自ら中山を守る。（〔　〕内は筆者の注。以下同じ。）

〔収録せる建炎以來繫年要錄の按語〕案ずるに、此の時、道君〔徽宗〕未だ城下〔開封〕を離れず。安んぞ中山を過《よ》ぎることを得んや。若し然らば、亨伯の死するは此の時〔靖康二年二月丁亥〕に在らざらん。史と甡之と必ず一誤あらん。臣〔李心傳〕此の錄〔建炎以來繫年要錄〕を修むるに、凡そ年月に繫くるは、必ず國史を以って斷と爲す。但し此の時、河北は已に隔絶し、史臣も亦た是れ此れを傳聞に得たるものにして、差誤有るを容れん。未だ他書の考證する有らざるを以って姑く此〔靖康二年二月丁亥〕に附見す。

中興遺史は、陳樂素氏の研究(5)によれば、三朝北盟會編が引くこと凡そ一百四十餘段で、他書に突出する數であるという。直齋書錄解題四編年類によれば、中興遺史六十卷、從義郎趙甡之撰、慶元中上進其書、云々とある。

建炎以來繫年要錄二建炎元〔靖康二〕年二月丁亥〔二十七日〕（以下、繫年要錄と略稱）

資政殿大學士知中山府陳亨伯、步將沙振の爲めに殺さる。初め、金の左監軍完顏昌〔撻懶《ダラン》〕中山府を圍む。亨伯、圍を冒して城に入る。固守すること半年を踰ゆるも、敵は下すこと能わず。是に至りて〔遘は〕總管(6)を呼び、盡く城中の兵を括して賊を撃たしむるに、衆寡敵せざるを以って〔總管は〕辭す。〔遘は總管を〕斬りて以って徇《とな》え、復た〔沙〕振を呼びて往かしむ。振は素とより勇名有るも亦た固辭す。亨伯固く之れを遣《や》る。振、懼れ、潛かに刃を衷にして府に入る。遘の妾に好定なる者有り、其の報を待たざるを責む。振、立ちどころに之れを斬る。遂に亨伯を堂中に害す。次子錫と僕妾十七人と皆な禍を被る。振出づ。帳下の卒、噪ぎ前《すゝ》みて曰く「大敵城に臨む。安んぞ我が父を殺すを得んや」と。執らえて之れを捽裂し、身首餘す無し。後、城破る。敵、其〔亨伯〕の尸を見て曰く「南朝の忠臣なり」と。斂してこれを鐵柱寺に葬る。中興して特進を贈り、諡《おくりな》して愍節と曰う。[7]

D
三朝北盟會編　靖康中帙七〇靖康二年四月二十八日丁亥の最後尾（以下會編と略稱）

中山府提轄使臣　沙貞、安撫使陳遘を殺す

金人、太上皇を以《い》て北狩す。其の帥陳遘、城に登る。金人、太上皇を以《い》て城下に至り、諭して門を開かしむ。太上、遘を呼びて曰く、「〔我は〕道君皇帝なり」…〔中略―遺史と略同じ、但し沙振を沙貞とす〕…是に於いて貞自ら中山を守る。金人、太上皇に逼りて以《い》て歸る。

右、會編の一字格下げの文章は、明記されていないが、遺史の文章そのものであることは疑を容れない。この事件、遺史は繫年月日不記であるが、太上皇が開封を出て北行した靖康二年三月末から四月一日（崔文印、靖康稗史箋證前言注一九頁）より後のことであるから、北盟會編はこれに合わせて靖康中帙七〇靖康二年四月の記事の最後に置いたものであろう。靖康中帙七十一～七十五は諸錄雜記で、中帙の記事そのものは七十で終わる。太上皇が中山城で陳遘によびかけ、遘が沙貞に殺された正確な日附は北盟會編も判らなかったのであろう。

E
劉時擧　續宋編年資治通鑑一建炎二年二月（以下、劉時擧通鑑と略稱）

中山府は靖康末より圍みを受けしが是に至って三年、乃ち陷る。陳亨伯、圍を冒して城に入り固守せり。總管を呼び、城中の兵を括して賊を撃たしめしが、部將沙振、衆寡敵せざるを以って乃ち亨伯を害したり。後、忠節と諡せらる。（叢書集成、學津討源本に據る。東方學會影印本やや不通個所あり）

F
宋史四四七忠義傳陳遘（以下、宋史本傳と略稱）

（前略）欽宗立ちて資政殿學士を加え、官を積みて光祿大夫に至る。復《ふたたび》眞定と爲り、又た中山に徙る。金人再び至る。遘、圍を冒して城に入り、壁を厚くして拒守す。詔して康王が天下大元帥を領するや、遘に命じて兵馬元帥と爲す。圍を受くること半年。外に援師無く、京都既に陥り、兩河を割きて和を求む。遘の弟光祿卿適、中山に至り、城に臨みて諭旨す。遘、遙かに之れに語りて曰く「主辱かしめらるれば臣死す。吾が兄弟、平居、名義を以って自ら處《お》る。寧《なん》ぞ當に國家を賣りて囚孥と爲るべけんや」と。適、泣いて曰く「兄よ、但だ力を盡くせ。弟を以って念を爲す勿かれ」と。

遘、總管を呼び、盡く城中の兵を括して賊を撃たしむるに、總管は辭す。遂に斬りて以って徇う。又た歩將沙振を呼びて往かしむ。振は素と勇名有るも亦た固辭す。遘、固く之れを遣る。振、怒り且つ懼れ、潛かに刃を衷にして府に入る。遘の妾定奴、其の輒《みだり》に入るを責む。立ちどころに之れを殺す。遂に遘を堂に害し、其の子錫并びに僕妾十七人に及ぶ。長子鉅は淮南に官たるを以って免がるるを得たり。

振出づ。帳下の卒譟いで前《すす》みて曰く「大敵、城に臨む。汝安《いずく》んぞ吾が父を殺すを得んや」と。執らえて之れを捽裂し、身首餘す無し。城中、主無し。乃ち出で降る。金人入りて其の屍を見て曰く「南朝の忠臣なり」と。斂してこれを鐵柱寺に葬る。建炎の初め、特進を贈る。[7]（中略）適は開封少尹・衞尉少卿より光祿卿に至る。是の役や金人之れを執らえて以って北し、後十年、雲中に死せり。

宋史陳遘傳の記述は、東都事略陳遘傳の記述に合致する所が多く、陳遘の死と中山府の運命とについては、ほとんど一致する。宋史と東都事略との關係・對比については、四庫全書總目提要（史部別史類）に記述がある。東都事略冒頭の洪邁の劄子によれば「其の國史載する所に非ずして、之れを旁捜に得る者、十の一に居る云々」とあり、東都事略は國史から九を、其の他から一を採ると云う。（宋史翼二九陳遘傳參照）宋史本傳も多く國史に据っている。それ故、両書（東都事略と宋史）列傳に一致が多いこととなったのであろう。但し宋史本傳には、東都事略一〇九陳遘傳にみえない記事も相當に存する。明の柯維騏の宋史新編一七二忠義、王洙の宋史質六五忠義傳三金難に、それぞれ陳遘傳を載せるが、全く宋史本傳に據っている。（但し史質は、沙振が「城を以って降らんとして遘等を殺した」と明記する）

G

呻吟語　靖康二年四月二十八日、太上、中山に抵る。守將を呼びて曰く「我は道君皇帝なり。今、往きて金帝に朝す。汝出でて降る可し」と。守將、痛哭して詔を奉ぜず。提轄沙貞、之れを殺し、城を以って降る。

以上七書の所傳について、次の三事項を考察しよう。

㈠　中山府の開城降服を陳遘に説いたのは誰か。

1、弟適…東都事略・宋史本傳

2、太上皇（徽宗）…遺史→北盟會編→呻吟語

繋年要錄・劉時擧通鑑はこの事を云わず。

㈡　陳遘が沙振（沙貞）に殺された年月日

1、建炎元年二月丁亥（十七日）…國史→繋年要錄

2、靖康二年四月丁亥（二十八日）…北盟會編→呻吟語

3、年月不記…東都事略・宋史本傳・劉時擧通鑑・遺史

㈢　陳遘を殺した後、沙振（沙貞）はどうなったか。

1、帳下の卒に殺された。後、城破る。…繋年要錄

帳下の卒に殺された。城中、主無し。乃ち出で降る。…東都事略・宋史本傳

2、振自ら中山を守る。…遺史

北盟會編これに同じ（靖康二年四月二十八日）

3、沙貞、城を以って降る（右と同年月日）…呻吟語

(一)の太上皇説は、遺史→北盟會編→呻吟語の系列で傳えられる。弟適説は東都事略・宋史本傳であるが、必ずや據る所有るものであろう。弟適でも甚だ劇的な話で興趣は充分にあるが、弟適を太上皇に變換すれば、話は正に劇的となり興趣津々である。弟適がどこかで太上皇に轉換されたものではなかろうか。

(二)の年月日は國史に發し、繫年要錄これを承受する。ただし李心傳ここに注してこの年月日に疑を殘している。太上皇が中山府城に向かって守臣陳遘を説くとする遺史（年月日不記）の説を採る北盟會編は、太上皇の北行時期（靖康二年三月末東京發）に合わせて、(二)の年月を靖康二年四月末に設定し、呻吟語はこれに据った。（北宋經撫年表靖康二年二月丁亥は據る所を記さず。）

(三)の3、靖康二年四月、沙貞は遘を殺し、城を以って降るという呻吟語の説は非である。建炎元年（靖康二年五月一日建炎と改元）七月乙未（七日）、河北西路招撫使張所の言によれば、この時、中山府は金軍に包圍されており、まだ降ってはいない（北盟會編炎興下帙一一）。中山府が陷落したのは、建炎二年三月辛卯（七日）である。（繫年要錄一四・北盟會編炎興下帙一六・宋史全文一六下。劉時擧通鑑一が建炎二年二月とするのは、恐らく三月の誤）靖康二年四月、沙貞、城を以って降るということはあり得ない。

(三)の1について言えば、宋史本傳に乃ちとあるのは、時間的に繼續してという意味に採らないで、振自ら守ったが、やがて部下に殺され、主無くして中山府は降るに至ったと解したい。

史傳の變遷は、

中山府城頭、守臣陳遘に開城降服を勸めた話

陳遘が歩將沙振（沙貞）に殺される話

右事件のあった年月日

中山府城陷落の話

右の諸事項を統合あるいは分離し、年月日を特定したりなどして、多様に推移し變異したものであろう。

諸說を考察し、史實として筆者がかりに設定するところは次の如くである。

徽宗宣和末から欽宗靖康元年にかけての金軍の南進に對し、宋は河北路前線において、東から西へ、河間府・中山府・眞定府の三路を北流黄河の線以北に置き、それらの背後に大名府路を設置し、四路それぞれの知府に安撫使・本路馬步軍都總管を兼ねて、守禦に任ぜしめていた(3)（地圖參照）。陳遘は宣和五・六年・靖康元年にかけて、中山・眞定・河間三府の知を歷任した。靖康元年四月六日高陽關路安撫使（知河間府）陳遘の上奏に「虜寇殺獲、金人已に保州（中山府路管內、今の河北省保定市）を過ぎて出塞すとある（靖康要錄三）ように、金軍は塞を出で保州を攻め、さらに中山府を攻めて克たず、轉じて眞定府を攻めた（大平寶訓政事紀年、靖康元年九月）。このころ、陳遘は、知河間府より知眞定府に轉じ、さらに中山府に遷ることとなり、包圍を冒して中山府城に入り、知中山府・中山府路安撫使・馬步軍都總管としてここを拒守すること半年を超えた(8)。すでに國都は陷落し（靖康元年末）、宋は河北・河東兩路の割讓を以って和を求めていた。遘の弟光祿卿適は命を承けて、中山府城外に至り、城頭の兄遘に開城のことを諭旨した。遘はこれを拒否し、配下の都統に對し、全軍を擧って金軍を擊てと命じたが、衆寡敵せずとして都統は應じない。遘は都統を斬り、さらに步將沙振に出擊を命じたが、勇名ある振も固辭して應じない。振は遘に殺されることを惧れ、嚴命す

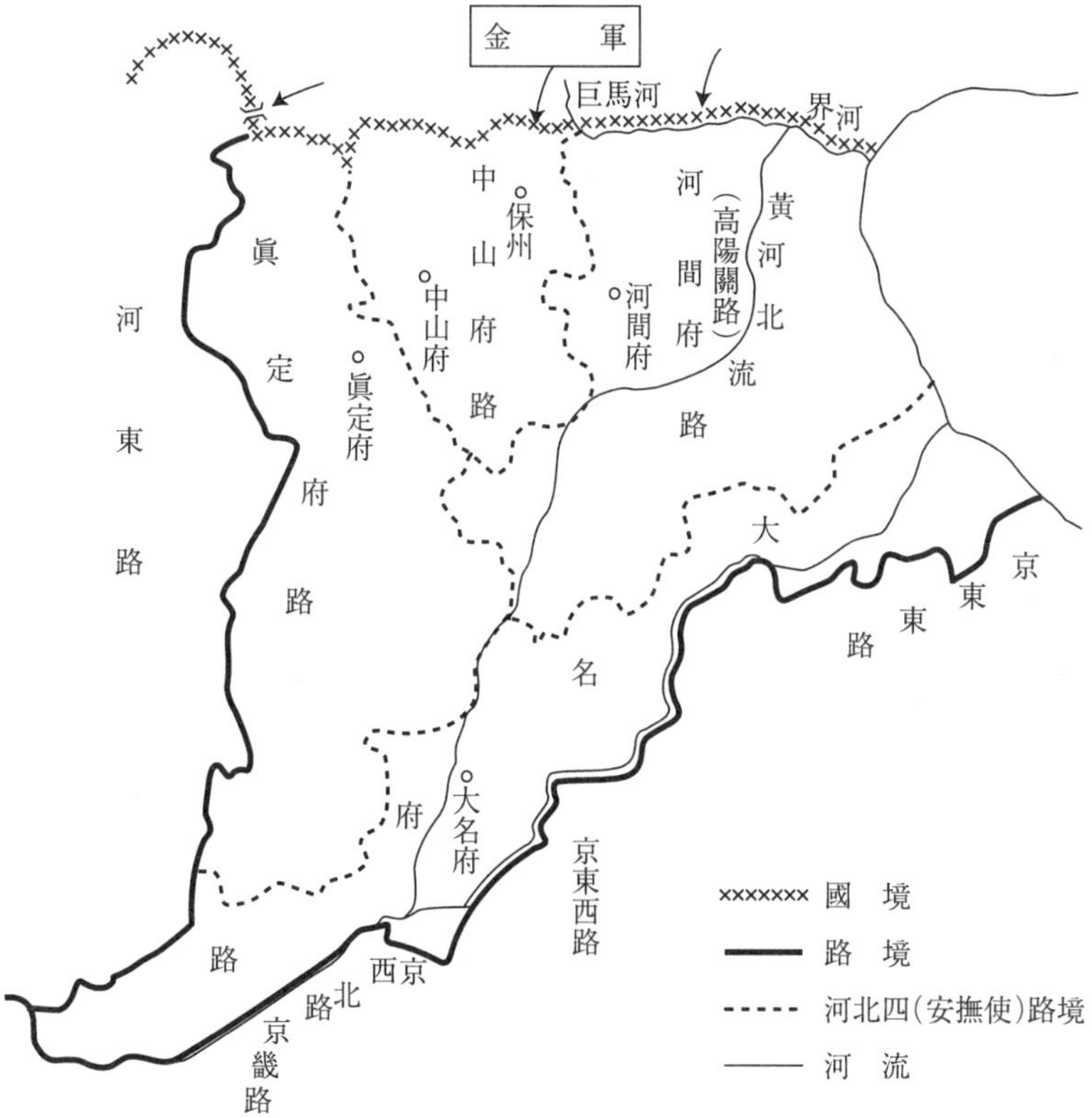

金　　軍
巨馬河
界河
中山府路
保州
中山府
眞定府路
眞定府
河間府
河間府（高陽關路）
黃河北流
路
河東路
大名府路
大名府
京東東路
京東西路
西京
京畿路
北路
×××××××　國　境
路　境
河北四（安撫使）路境
河　流

河北四路地圖

る遘を殺し、自ら中山を守った。時に靖康二年二月丁亥である。[9] 同（建炎元）年七月乙未、中山府はなお包圍されている（北盟會編炎興下帙一二）。包圍されること三年（足かけ）食盡き兵疲れ、建炎二年三月辛卯（七日）中山府は遂に陷落した。[10] その間に、沙振（沙貞）はすでに部下に殺されていたと思われる。

陳遘の開城勸告を劇的興趣の上から、徽宗太皇自身の說得に改變し（遺史）、さらに年月日を靖康二年二月丁亥（二十二日）から同四月丁亥（二十八日）に改めたのは北盟會編である。呻吟語は、沙貞は陳遘を殺して金軍に降ったと改め、說話の筋をわかり易くしたものであろう。

以上は、筆者の隨意且つ恣意なる推定である。

餘說　陳亨伯と經制錢

陳遘は地方民政の面で功績を擧げたが、特に財政面での手腕に優れ、主として亨伯の呼び名で、經制錢の創始者として史上に名を殘している。經制錢は南宋の財政上、重要な收入項目である。獨立した一個の稅目ではなく、從來から存在する諸種の稅目の收率を增重した收入を寄せ集めたもので、同似の總制錢とともに、南宋の財政上、重要な收入項目となった。ここに經制錢と陳亨伯とのかかわりを一瞥しよう。

政和三年陝西轉運使となった陳遘は、酒價・稅額を增し、官賣契錢（官證明書發行手數料）と凡ゆる公家の出納千文に三十五文を增した（呂祖謙、類編皇朝大事記講義二四）。宣和二・三年方臘の亂により州郡が殘破し用度百出したので、三年六月十一日發運使陳遘に命じて江淮荊浙福建七路諸司財計を經制せしめ、司（經制司）は杭州に置かれた。[11] 七路田宅典賣契錢一貫足につき二十文を增徵し（從來四十文）、舊を通じて一百文省を過ぐるなからしめ、經制司の用に充てた。これが經制錢の始めであると云う（編年綱目備要二九宣和四年七月初收經制錢）。量添酒錢・量添賣糟錢などさきに陝西で施行した増收法と共に經制司において徴收したものである。

七路に實施された經制錢は、宣和五年亨伯が河北轉運使と爲ると、適用區域を擴大して河北・京東西諸路にも行ない、補う所細ならずと云われる（宋會要、食貨六四之八五經總制錢建炎三年十月二十三日臣僚の言）。靖康の初に前代の徽宗朝の秕政改革の一端として經制錢は罷められたが、南宋に入ると復活され、同じ性格の總制錢と並んで、國家財政上重要な收入稅目となるのである。[12]

注

（1）陳遘字は亨伯。史書には字でみえることが多い。高宗の諱構を避けたためである。中興遺史や北盟會編・宋史本傳は陳遘本名を稱す。東都事略は陳遘傳を立てるが、避諱により止だ亨伯と稱することを述べ、文中にも亨伯と記す（呻吟語には陳氏の名は不出）。陳遘の名が宋會要にみえるのは、選擧三三之二六（特恩除職）の一例のみ。亨伯と字を稱するのは、繫年要錄・劉時擧通鑑であり、宋會要には、禮・職官・食貨・兵・方域に四十餘條みえる。經制錢關係では悉く亨伯である。

（2）發運副使になったのは、宣和元年から二年にかけてのことであったようであり、宣和三年正月にはすでに發運使となっていたことは、宋會要職官、發運使の諸記事によって推定される。

（3）宋と遼との國境は、河北路方面では北流黄河下流（界河）より西し、巨馬河の線を以ってし、慶曆八年以來東から西へ、河間府・中山府・眞定府の三安撫使路が布置され、これら三路の背後に大名府路が置かれていた。知府は安撫使・馬步軍都總管を兼ね、路の行政・軍事を統轄した。四路のうち、中山府路と河間府路（高陽關路）とは、金軍侵入の正面に當たっていた。

河間府はもと瀛州である。知河間府は、河間一府、莫・雄・霸・恩・冀・滄六州、永靜・保定・乾寧・信安四軍を領し、河間府路安撫使・本路馬步軍都總管を兼ねる。河間府は今の河北省河間市。

中山府はもと定州。知中山府は、中山一府、保・深・祁三州、廣信・安肅・順安・永寧四軍を領し、中山府路安撫使・馬

歩軍都總管を兼ねる。中山府は今の河北省定州市

眞定府はもと鎭州。知眞定府は眞定一府、磁・相・邢・趙・洺五州を領し、眞定府路安撫使・馬歩軍都總管を兼ねる。眞定府は今の河北省正定縣。

大名府は北京。知大名府は、北京留守を兼ね、大名一府、澶・懷・衞・德・博・濱・棣七州、通利・保順二軍を領し、大名府路安撫使・兵馬都總管を兼ねる。大名府は今の河北省大名府。（李昌憲「宋代安撫使考」、渡邊久「北宋の經略安撫使」―東洋史研究第五十七卷第四號―參照）

金軍が河北路を南進する際に、最も強く抵抗を續けたのは中山府であった。大金國志五天會五年（建炎元年）七月の條に、「撻懶親ら中山府を圍む。中山は巨鎭にして守禦尤も他郡より堅きが故なり」とある。中山府を守るのは陳遘であったのである。

（4）A　東都事略百三十卷は王偁撰。洪邁が四朝國史（淳熙十三年十一月二十七日上進―周藤吉之「宋朝國史の編纂と國史列傳」『宋代史研究』所收）を修めるに當たり、東都事略を奏進したという。時に王偁は承議部知龍州であった。（四庫全書總目提要五〇史部別史・宋史翼三九文苑傳王偁）。なお東都事略については、獨協醫科大學教授・東洋文庫研究員渡邊紘良氏より、高教を賜わったことを記して謝意を表する。

王偁は王稱が正しい。（陳述「東都事略撰人王賞稱父子」―國立中央研究院歷史語言研究所集刊第八本、民國二十八年十月）

B　中興遺史は趙甡之撰。直齋書錄解題四編年類によれば、慶元（一一九五―一二〇〇）上進とある。

C　建炎以來繫年要錄は嘉定三年（一二一〇）以前に成る。

D　三朝北盟會編は徐夢莘撰　紹熙五年（一一九四）會編二百五十卷完成（陳樂素「三朝北盟會編考」注（5）參照）

E　劉時擧、續宋編年資治通鑑（通直郎國史院編集官劉時擧撰）建炎元年より嘉定十七年までを敍述する。理宗の世に成るべしと言うのが、四庫全書總目提要七四の推定である。

內閣文庫本（續資治通鑑後集）續宋中興編年資治通鑑

學津討原本（叢書集成本）續宋編年資治通鑑

東方學會本　續宋中興編年資治通鑑（羅振玉の校記あり）

Ｆ　宋史　元の至正五年（一三四五）成る。

Ｇ　呻吟語　成立年代不明

呻吟語は、靖康裨史七種（咸淳丁卯耐庵序）に収められている。靖康二年三月二十九日徽宗北遷より紹興十二年梓宮南歸までの期間の記事で、作者不明であるが、巻末の跋記によれば、先君子、北狩の時の親見確聞するところを錄し、諸書を參徴して傳信を期したが、定本に及ばずして世を去ったので、不肖これを承けて刊行したと云う。「靖康裨史箋證」の著者崔文印氏は呻吟語を高く評價し、陳遘の死の件についても、呻吟語の記述が最も明確であるとする。宋史史料萃編第４輯靖康裨史七種呻吟語の丁國鈞（秉衡）の按語では「此の事、宋史陳遘傳の闕を補う可し」とする。

Ｂ・Ｃ・Ｄ三書は成立時期が接近しているが、北盟會編・繫年要錄兩書は中興遺使を屢〻引用しているので三書のうち、中興遺史の成立は一歩先んじているとみてよいであろう。

（5）陳樂素「求是集」二八〇頁三朝北盟會編考九引用書雜考《中興遺史》・同一七六頁全書引用材料索引―原載、國立中央研究院《歴史語言研究所集刊第六本第二・三篇》（一九三五・一九三六年）

（6）知中山府陳遘は、中山府路安撫使・本路馬歩軍部總管を兼ねており、總管（武官）はその配下に在る。

（7）宋會要　禮五八之一〇七　資政殿學士光祿大夫中山府路安撫使贈特進陳亨伯謚愍節

（8）靖康元年十月二十三日胡舜陟劄子陳遘申狀「中山府城下の賊、攻具を作る。速やかに兵を遣わして應援せんことを望む」（呉廷燮《北宋經撫年表》巻二定州路）とあり、中山府城は、金軍の本格的攻撃の直前に在る。

（9）繫年要錄二（國史の紀年に據る）

（10）繫年要錄一四・宋史全文一六下・北盟會編炎下帙一六

（11）宋會要職官四四之四五（經制使）宣和三年六月十一日、詔發運使陳亨伯經制兩浙江東路

（12）宋會要職官四之三二（應奉司）宣和五年十一月六日御筆に「江淮荊浙福建七路收むる所の七色錢、昨、陳亨伯の起請して拘收し、經制移用に充てしもの」とあり、會要職官四二之四六（發運使）宣和（五年?）七月一日・十八日發運副使呂浣の奏

に、陳亨伯措置せる七色錢などとあり、同十一月六日の詔に、七路所收七色錢云々とあり、文獻通考六四職官考、經總制使にも「亨伯、民間の印契及び鬻糟醋の類を收め、錢を爲すこと凡そ七色」とある。陳亨伯の經制錢は七つの種目によって構成されていたことが知られる。然らば七色とは何と何であったか。

山堂群書考索後集六三財用門經總制は、宣和間陳亨伯の經制錢の名目として、賣酒・鬻糟・商稅・田宅貿易牙稅・頭子錢・樓店錢の諸目を擧げている。

宋會要食貨六四之八四經總制錢建炎二年十月十二日の條に、葉夢得の言を記し、宣和の初、經制司を設け、

量添酒錢

增收一分稅錢

頭子・賣契錢等

を取ったと言い、同じく呂頤浩の言として、

增收典賣稅錢

增收添酒錢

の稅目を擧げ、前者は、有力の家に出で、則ち下戶を害せず、後者は、之れを衆に斂め人情に合し以って苦と爲さずと評價している。また知徐州沛縣事李膺の言に、河北京東路財用司の收むる所として、

添酒・糟粰〔酵?〕

契稅・頭子等錢

を擧げ、靖康元年節次已罷の項目として

鈔旁定帖錢

增添酒錢

增添糟錢

增收牙・契稅錢

の五目を掲げている。
同じく宋會要食貨六四之八五經總制錢建炎三年十月二十三日の臣僚の言に、陳亨伯の經制錢の名目として

添酒・賣糟錢

官吏俸錢除頭子錢（百分取一）

印契錢

の四目を擧げている。

建炎以來朝野雜記甲集一五經制錢の條には、宣和末陳亨伯は經制使となり、比較酒務及び頭子錢を創め、公家の出納毎千に二十三文を收めたことを記す。

類編皇朝大事記講義二四建炎二年冬十月の記述によれば、是より先、政和の間、陳亨伯陝西轉運と爲り、始めて議して、酒價を添し、税額と官賣契錢を增すことを剏め、凡そ公家の出納、毎千に三十五文を收む。其の後之れを東南に行ない、又た之れを京東西・河北に行なう。靖康の初、廢す云々とある。

葉夢得は陳亨伯の經制錢の一目として增收一分税錢を擧げる。增收一分税錢は商税の徵收定率を一分（一割）上乘せして徵收したものを指す。文獻通考一四征榷考征商　太祖建隆元年の條の止齋陳氏曰の文中に、

政和間、漕臣劉既濟申明、於則例外增收一分税錢、而一分增收窠名、自此起、

とある。しかし通考同巻に、

宣和三年、兩浙・淮西等路税例外增收一分者勿取

とあり、十朝綱要一八宣和三年二月丙戌に、

罷淮南兩浙等路增收一分税錢、

とあって、增收一分税錢は罷められている。陳亨伯の經制錢七色の中の一目として、商税加徵たる增收一分税錢が存在したとは考え難い。陳亨伯經制錢の一目として商税を擧げる葉夢得の言及び山堂考索の記述は誤りであろう。

以上諸資料を參考として、陳亨伯の經制錢の七色は次の諸目であったと考えたい。

量添酒錢
量添賣糟錢
增收典賣稅錢
增收契錢
鈔旁定帖錢
官員等請俸頭子錢
公家出納增收錢

經總制錢については、久富壽氏の研究「南宋の財政と經總制錢」（北大史學九、一九六四）があり、陳亨伯の經制錢についても論及されている。

（大東文化大學東洋研究所　東洋研究　第一三六號　平成十二年九月）

第二　進士及第　ハナサク

宋進士登科題名錄と同年小錄

一　同年小錄諸本について
二　同年小錄の由來
　　――金花帖子綾本小錄について
三　父・祖存故の記載
　⑴　重慶
　⑵　具慶・偏侍・嚴侍・慈侍・永感
四　第數について
五　新進士登第年齢について

一　同年小錄諸本について

靜嘉堂文庫所藏の紹興十八年同年小錄（宋、王佐榜進士題名錄）一巻は、寫本で兩淮の馬裕家藏本であった。高宗紹興戊辰（十八年）南宋第七回の科擧が施行され、進士王佐以下三百三十人が合格し、特奏名四百五十六人が決まった、この時の合格者名簿が本書である。

本書は、提要の次に試驗前年發せられた御筆手詔・策問・關係官の姓名を載せ、次に合格者の姓名と本貫とを記す。

第一甲

第一人　王佐　紹興府山陰縣禹會鄉廣陵里

以下第五甲第一百四十二人徐履に至り、さらに、

特奏名第一人　俞舜凱　徽州歙縣登瀛鄉折桂里

を加える。特奏名第二人以下四百五十六名は佚闕する。名簿の體裁は粵雅堂叢書の紹興題名錄（文海出版社、宋史資料萃編第三輯、南宋登科錄兩種中の紹興題名錄はこれに據る）・北京圖書館古籍珍本叢刊21所收宋元科擧題名錄（淸抄本影印）本に同じ。

靜嘉堂文庫本はさらに附錄として王佐第一甲第一人と決まった經緯について述べる。初奏の順位は董德元第一人、陳孺第二人、王佐第三人であったが、董・陳兩人は有官者であるので、首位は王佐に遜り、董は第二人となり、恩例の特敕が與えられた[1]。すなわち最終的には、王佐・董德元・陳孺の順位となって掲榜されたと記す。次に董德元への恩例特敕、陳孺・王佐の策言の大概を載せ、さらに莫汲・蕭燧（以上第一甲）。胡元質・陳豐・李彥頴（以上第二甲）、趙不愧・趙善屾・趙像之・趙彥文・尤袤（以上第三甲）、冷世光・王師愈・龔師旦・趙不悔・趙彥恂・趙彥齡・韓彥直・趙公懋・趙儼之・趙不敂・趙善珏・趙子修・趙伯茂・趙師孟・趙伯瑗（以上第四甲）、冷世修・朱熹・葉衡・徐履（以上第五甲）の略傳を記す。以上が附錄である[2]。この附錄の部分は粵雅堂本・古籍珍本叢刊本にはない。

次に、王佐以下徐履まで三百三十人と特奏名第一人俞舜凱との名簿があり、（粵雅堂叢書題名錄・古籍珍本叢刊本紹興十八年進士題名記にはこの部分はない。）各人の姓名・字・父祖存故・小名・小字・年歲・生日・外氏・第數・兄弟・擧數・娶氏・三代（曾祖・祖父・父の名・存故・仕・官位）・本貫・爲戶者を記載する。第五甲第九十人の朱熹に例をとる

と次のような記載である。
第九十人朱熹
　字元晦小名沈郎小字季延
年十九　九月十五日生　外氏祝　偏侍下
第五一　兄弟無　一擧　娶劉氏
曾祖絢故不仕　祖森故贈承事郎　父松故任左承議郎
　本貫建州建陽縣群玉鄕三桂里父爲戶

外氏は母の氏を記す。第數については後述する（第四節）。擧數は今までの受驗回數、娶氏は夫人の氏である。靜嘉堂藏本の前の部分に收める名簿（姓名と本貫とを記載する）は卷の後半に收める詳細な內容をもつ名簿を簡略したものである。これらの名稱の別は未詳であるが、便宜上かりに、前にあるものを進士登科題名錄、後にあるものを（進士登科）同年小錄と呼びわけることにする。

禮部貢院に立てた題名石刻（紹興題名錄）或いは題名碑石（寶祐登科錄）と呼ばれる石碑はこの進士登科題名錄の石刻であろう。

近人徐乃昌は、
　宋紹興十八年同年小錄明宏治刻本
　宋寶祐四年登科錄明嘉靖刻本
　元元統元年進士錄元元統刻本
の三書を合して「宋元科擧三錄」と命名して、民國十二年に景刊本を印行した。

宋元科擧三錄の冒頭に、編者徐乃昌による三錄の刊本の沿革が略記されている（癸亥卽ち民國十二年正月記）。それによると、紹興十八年同年小錄と寶祐四年登科錄とは、宋本は久しく佚し、明の弘治・正德・嘉靖に遞相傳刻されたが、これらも今は罕見となっている。乾隆年間に謝袞が活字本を刊出した。道光年間には伍崇曜が粤雅堂叢書に刻入したが譌謬が多い難がある。弘治四年王鑑之が紹興錄を刻し後序に晦庵先生同年錄と題し、又胥文相が嘉靖元年に寶祐錄を刻し、跋後に文山先生同年錄と題したことで判るように、この二書は、朱熹や文天祥・陸秀夫・謝疊山などの人物を出した科擧であるが故に重んぜられ、世に永く傳えられたのであると徐乃昌は言っている。

元統元年進士錄は元刻本で、黄氏士禮居の藏書、前人未見の希覯書である。そこで以上の紹興・寶祐・元統三錄を彙め、鏤版印行して世人の閲讀に供する旨が宋元科擧三錄の冒頭に述べられている。なお、元統元年進士題名錄は、北京圖書館古籍珍本叢刊21に清影元抄本影印本が収められ、また元代史料叢刊にも廟學典禮（外二種）（一九九二年刊）の中にも収められている。(11)

寶祐登科錄は理宗寶祐丙辰（四年）文天祥榜の進士合格者名簿である。その記載内容は紹興同年小錄と大差ないが、寶祐の方の例として第二甲の謝枋得をあげると次の通りである。（宋元科擧三錄本による。）

第一名(3)　字君直小名鍾　小字君和　第萬四十慈侍下

年三十三月二十四日亥時生　外氏桂

謝枋得　治賦兼易一擧　兄弟四人鎭越學生　娶李氏

曾祖彥安　祖一鶚　父應琇從政郎潯州僉判

本貫信州貴溪縣見居弋陽新政鄕儒林里父爲戶

生まれた時と受驗の經・詩賦の別が記されていることが、紹興同年小錄にない點である。紹興同年小錄にみえる曾祖・祖・父三代の存故の記載は、寶祐登科錄には見えない。（従って後述する重慶の内容を明らかにすることはできぬ。）

宋史資料萃編本の寶祐登科錄には、本文の傍に宋刻本と活字本との對校が所々に書き入れされている。資料萃編本寶祐登科錄は粤雅堂叢書本に據っているが、現在われわれが観る粤雅堂叢書本には、この對校部分は載せられていない。資料萃編本寶祐登科錄の伍紹棠の跋（光緒乙亥）の後に書き入れ「乙丑九月晦日得沈氏宋刻對校一過因記蓮華盦晩窓記華」とあるので、宋刻本寶祐登科錄との對校は伍氏の跋の後の乙丑卽ち民國十四年のものと推考される。活字本との對校も同じ時に成るものであろう。活字本というのは、乾隆年間謝衮が印行したものであろう。粤雅堂本に書き入れした對校本があって、資料萃編本はこれに據ったものであろう。

靜嘉堂文庫には、紹興十八年同年小錄と並んで、寶祐四年登科錄（宋文天祥榜題名錄）（寫本）が所藏されている。

二　同年小錄の由來

進士合格者名簿の沿革を尋ねると、唐代以來宋初まで金花帖子綾本小錄と呼ばれるものがあった。南宋洪邁（一一二三―一二〇二）の容齋續筆巻一三は金花帖子と題する一文を載せ、家藏の咸平元年（九九八）孫僅を狀元とする所謂孫僅榜において、盛京の所得の小錄について述べている。唐制を承けて素綾で軸を爲し、金花を貼り、四人の知擧（試驗官）の官名と姓名を列書し、四人の花押と甲子・年齡・生月日・祖父と父の諱と私忌の日を記している。四人とは、權知貢擧の翰林學士給事中楊礪と權同知貢擧の兵部郎中知制誥李若拙・右司諫昭文館梁灝・祕書丞直史館朱臺符である（宋會要稿、選擧貢擧眞宗咸平元年二月十九日參照）。この四人の同知擧官についての記述の後に狀元孫僅の事が記され、孫僅についての記事形式は今（洪邁の時）と同じであるとある。洪邁のこの文には他の進士の出身地についても續けて書いてあるところからみると、孫僅以下の進士合格者五十名についても、孫僅と同じ形式の記述があったものとみられる。これが後の同年小錄に當たるものであったと考えられる。ところが後世にないものが（綾本）小錄の巻首には附加されていた。洪邁の言う所によれば、高さ四寸、闊二寸の綾に合格者盛京の二字が記され、四人の試験官がその下に花書したものを巻首にはりつけてあるという。進士合格者一人一人の名を記したこの綾帖子を同年小錄の巻首にはりつけたものが、各進士合格者に授與されていたのであろう。

宮崎市定博士は、この容齋續筆の記事とともに、龔明之（一〇九〇―一一八二）の中呉紀聞巻一　先高祖の記事に着目された。明之の高祖識が端拱元年（九八八）に登第した時に得た金花帖子が明之の家に存しており、その制は塗金黄紙を用いて姓名（龔識）を大書し、その下に知貢擧兩名の花押があり、當時有名な王扶の帖子と規模全く同じであったという。（宮崎市定全集15科擧史七八頁以下）[4]

洪邁のやや後輩に當たる樓鑰（一一三七―一二一三）にも跋金花帖子綾本小錄の一文がある（攻媿集巻七三）直集賢院王扶と諫議大夫盛京との金花帖子のことが記されている。王扶のものは端拱元年（九八八）程宿榜の小錄で、權知貢擧宋白（翰林學士禮部侍郎）・權同知貢擧李沆（知制誥）が主司で（宋會要稿、選擧貢擧端拱元年三月二十三日參照）、この二人の花押が記された金花帖子がある。盛京のものは咸平元年孫僅榜のもので、洪邁の家藏本を見ているものと推考される。

樓鑰の言によれば、これら小錄は記述形式が今（樓鑰時代）とは異なるところがあるとし、鑰の先祖少師樓异元豊八年（一〇八五）焦蹈榜の小錄[5]、嘉祐二年（一〇五七）章衡榜の（蘇東坡兄弟）小錄など所見の小錄の知見を、王盛二家の金花帖子綾本小錄についての所見と綜合して、樓鑰現在のものに比較して考察している。すなわち知貢擧の年齢生月日、祖父・父の諱や私忌の記載などは、今日の同年小錄では見られない。詩の韻脚、六十字の制限、論の五百字以上の制限などの記事も今はない。今は第一人と記すのを狀元と記している。母の封を書いていたが今はない。祖・父倶に存するを今は重慶と曰うが、第四人張景は榮侍と書いているなどのことが述べられている。[6]

同年小錄の卷首に置かれた、ある合格者の名を記した金花の綾帖子は、いわば合格者に對する合格通知書とも言うべきものであった。しかるに王扶・盛京のもの以後、いつか行なわれなくなった（容齋續筆巻一三金花帖子）同年進士合格者の姓名その他を記した（綾本）同年小錄は、卷首の金花帖子を本體とすれば、むしろ附錄というべきものであったが、この附錄の方が後世に殘って同年小錄とか進士錄とか登科錄とかの名で引き續いて行なわれることになったものと考えられる。王扶・盛京の頃の小錄に重く記された、試驗官個人についての記載は、王・盛兩小錄の後にはなくなり、御試策題の文章や試驗執行關係官の官銜姓名や策題に答えた對策などの記載に重點が置かれるようになるのである。

金花帖子・綾本小錄は唐代の制度を承け繼いで、宋初太祖・太宗・眞宗の頃までは行なわれていた。それは科擧試驗擔當責任官から個々の進士合格者への合格通知書乃至合格證明書の性格をもつ金花帖子を本體とし、全合格者表とも言うべき同年小錄を伴うものであった。[7] それは試驗官を中心とする唐代科擧制を反映するものと言うべきものであった。宋代に入ると殿試制の導入に見られるように、科擧試驗は皇帝中心の制度に移行して行く。宋初には試驗官中心の唐制を承けて、なお金花帖子を行なっていたが、北宋中期に入ると金花帖子は廢絶し、[8] 皇帝の科擧施行の御筆手詔や殿試における皇帝提出の御試策や試驗執行官の官銜姓名を卷首に置いて、同年小錄が獨立して行なわれるようになったのであろう。紹興十八年同年小錄・寶祐四年登科錄・咸淳七年同年小錄[9]の如きそのような形態を採り、御試策の記載は重要な位置を占めることとなり、これに對する答案として對策の代表的なもの（狀元などの呈出した對策）が掲載[10]されるようにもなるのである。その形式は元朝でも行なわれ、元統元年進士錄[11]にその證左を見ることができる。

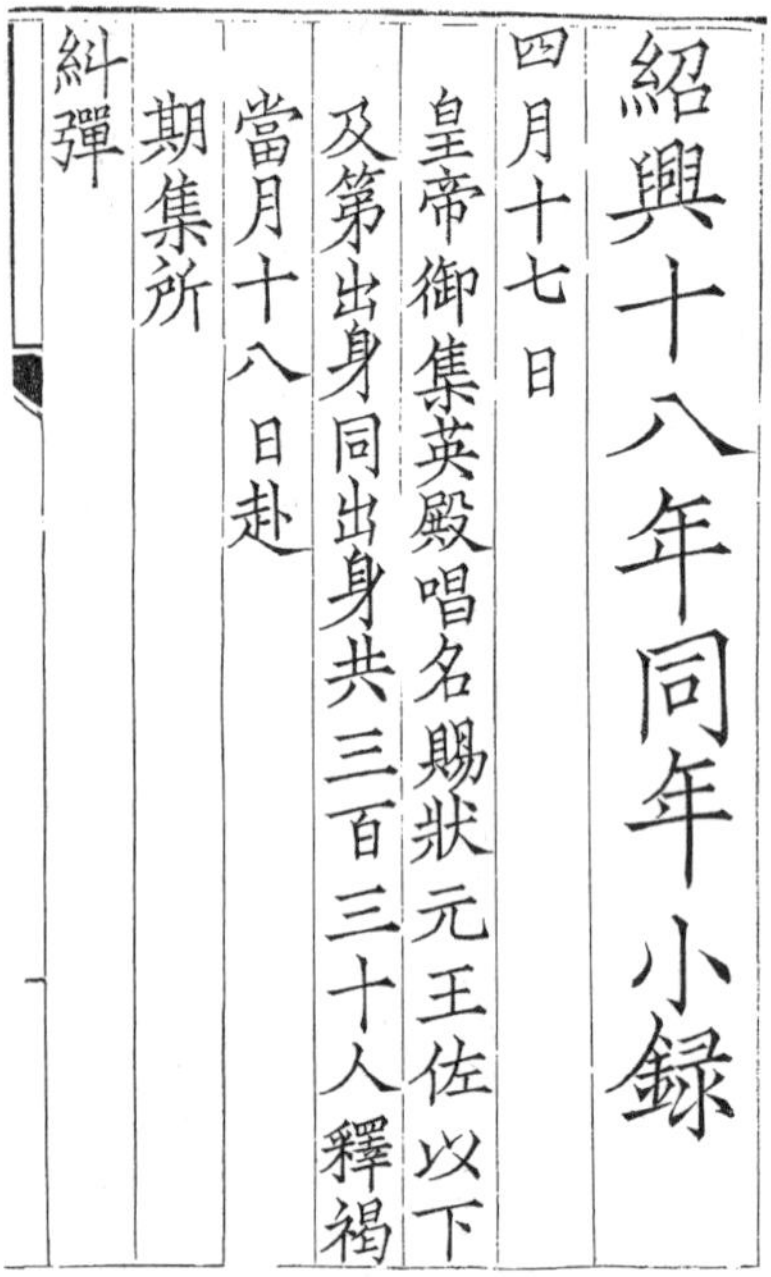
紹興十八年同年小録
四月十七日
皇帝御集英殿唱名賜狀元王佐以下
及第出身同出身共三百三十人釋褐
當月十八日赴
期集所
糾彈

宋元科擧三錄本

金花帖子綾本小錄の發行者は誰かは、はっきりせぬが、金花帖子の性格上、その科擧試驗執行の試驗官ー知擧官が政府の名において發行し、進士合格者個人に授與するものであったと考えられる。

然らば宋代の同年小錄はどうか。

紹興十八年同年小錄の冒頭には、

四月十七日　皇帝御集英殿唱名　賜狀元王佐以下及第出身同出身共三百三十人釋褐　當月十八日赴期集所

とあり、次に糾彈三名・牋表五名・主管題名小錄九名・掌儀・典客各二名・掌計・掌器・掌膳・掌酒果各一名・監門二名という事務の部門別に擔當者の姓名が記されている。進士合格者の中から擔當者を選出するのである。[12]

これら擔當者で構成される期集所は、同期の合格者を集め、試驗關係官を招いて宴會を開催し、試驗官に感謝し、同年仲間の親睦を圖るとともに題名錄、同年小錄を作成する。[13]

（紹興十八年）四月二十六日には錢一千七百貫を賜わる。これは期集所の經費をまかなうためで、題名小錄作成費も含まれるのであろう。四月二十九日朝謝し、五月二日法慧寺に就いて黃甲を拜し同年を敍し、五月五日國子監に赴いて先聖・先師・鄒國公に謁謝し、五月某日題名石刻を禮部貢院に立てる。狀元王佐等に聞喜宴を禮部貢院に賜わる。

以上が、紹興十八年同年小錄に記された行事の次第である。

建炎以來朝野雜記甲集卷一三　新進士期集[14]によると、「新及第進士は、昔は合格の順位によって醵出錢の高をきめて錢を出しあい期集の費用とした。名次高く貧しい合格者は人に借金をして苦しむこともあった。熙寧六年余中榜の時、錢三千緡を賜わって期集の經費に充てしめた。また從來、新進士は入謝に際し謝恩銀百兩を進める例であったが、この時この謝恩銀も罷められ、新進士の負擔をとり去った。期集錢下賜のことは千七百緡の額となって南宋にも例となっていたと朝野雜記は述べている。歷科狀元錄卷四　熙寧六年癸丑狀元余中の條には、余中が期集を罷め宴を廢して風俗を厚くせんことを請い、これに對して錢三千緡を賜わることになったと述べ、元祐五年には錢百萬酒五百壺を增給したという。劉壎の隱居通議卷三一雜錄には咸淳七年同年小錄の要旨を載せるが、これによると、咸淳七年六月一日進士期集錢小錄錢として一科に一千七百貫文を十八界會子で賜い、七月某日には第二次・第三次合計三千四百貫文を十八界會子で賜わり、題名碑を禮部貢院に立てたとある。卽ち題名・同年小錄は期集所卽ち新進士の團體が作成し、題名を石に刻んで禮部貢院に立て、聞喜宴が終われば期集所（南宋では團司とも呼んだ）は局を罷め解散となったのである。(15)

三　父・祖存故の記載

(1)　重慶

明の宋濂の望雲圖詩序（宋文憲公全集卷一二）に、

人之壯年有大父母・父母俱存而號重慶者矣、下此則父與母無故、而號具慶者矣、又下此則二親或一存而稱偏侍者矣、

とあり、大父母卽ち祖父母と父母と俱に存するものを重慶と言い、父母俱に故無きを具慶と號するものこれに次ぎ、そ

の下に二親のうち一を存するもの偏侍と稱するものがあるという。(16) 宋濂によれば、重慶とは祖父母・父母の四者倶に生存するものを云うのである。

しかるに宋の樓鑰の跋金花帖子綾本小録（攻媿集巻七一　題跋）には、

祖・父倶存者、今曰重慶、

とある。

紹興十八年同年小録によると、重慶と記されるものは、第一甲より第五甲に至る全合格者三三〇名中、次の十名で、その年齢と三代（曾祖父・祖父・父）の生死と仕任とを次のように記している。

	氏名	年齢	曾祖	祖父	父
第四甲第十一人	龔　尹	29	故	故	未仕
第四十人	邵　潁	22	故	未仕	未仕
第一百十人	張宗元	18	贈	見任	故
第一百二十一人	趙師孟	22	故	故	見任
第五甲第五十八人	葉元凱	25	故	故	未仕
第八十四人	林思永	25	故	贈	見任
第八十七人	王萬修	23	故	故	未仕
第九十四人	左慶延		故	見任	見任
第九十五人	楊　浚	20	｜	｜	｜
第一百三人	張永年	26	故	未仕	未仕

楊浚は三代の存故の記入を闕くので除外して、他の九名についてみると、曾祖はすべて故である。祖は五名が故（贈は故人）で、四名が見任または未仕の生存者である。

右の紹興十八年同年小録の重慶下の九名については、宋濂のいう祖父母・父母四者揃っての生存とは内容が違うものがある。即ち龔尹のように祖父故で父存の場合があり、張宗元のように祖父存で父故の場合をも含むのである。宋濂の言うところと合致する可能性のあるのは、邵顯・左慶修・張永年の三名のみである。

祖父母と父母との四者の存と故との組合わせ關係は、

Ａ	祖父存	祖母存	１	父存	母存
Ｂ	祖父存	祖母故	２	父存	母故
Ｃ	祖父故	祖母存	３	父故	母存

Ａ・Ｂ・Ｃと１・２・３との九個の組合せ、すなわち

Ａ１・Ａ２・Ａ３
Ｂ１・Ｂ２・Ｂ３
Ｃ１・Ｃ２・Ｃ３

の九つの型である。宋濂の云うところはＡ１の場合である。紹興十八年同年小録の場合は祖母と母との存故の記載がない[17]ので、個々の場合の組合わせの型は同定できないが、九個の組合わせの型はすべてあり得るであろう。[18]祖父亡故の場合、祖母は生存であったに違いなく、父故の場合は母が生存であったに違いない。重慶とは元來は宋濂の言うように、祖父母・父母四者揃って生存の場合を指すのかも知れないが、紹興十八年同年小録の場合は、祖父母・父母二代にわたって、生存者が少なくとも一人ずつは生存している場合も含んでいるものであろう。

(2)　具慶・偏侍・嚴侍・慈侍・永感

石點頭第五卷、莽書生強圖鴛侶に次の一文がある。

（上略）斯員外只得具小飯欵待。席間偶然問道、「老父母是具慶否」。大凡登科甲的、父母在堂謂之具慶。若是父在母喪、謂之嚴侍。母在父喪、謂之慈侍。父母雙亡、謂之永感。莫誰何聽見此語、流下泪來道「賦命不辰、兩親早背、至今徒懷風木之感」（下略）

「御兩親は御健在ですか」（老父母是具慶否）との問いかけの中の「具慶」という語についての解説に、「進士試驗の時、兩親健在を具慶と謂い、父在り母喪きを嚴侍と謂い、母在りて父喪きを慈侍と謂い、父母雙《なら》びに亡《な》きを永感と謂う」と述べている。石點頭は十四篇の短篇小說集で、著者は天然癡叟と稱する。明末淸初の人で、馮夢龍の友人だと上海古典文學出版社排印本の內容提要に記されている。これによって、明末の頃には、具慶・嚴侍・慈侍・永感の諸語がこのような意味をもって使われていたことが知られるのである。

兩親中父母いずれか一方が存するのが偏侍である。父存母故の場合と父故母存の場合とがある（石點頭）。寶祐題名錄にみえる嚴侍は前者であり、慈侍は後者である。偏侍は嚴侍と慈侍とを含むものである。

父母ともに生存する場合を具慶という。（二程遺書卷六・宋濂、望雲圖詩序・石點頭）[19]

父母兩者亡きは永感と云う。（石點頭）[20]

紹興同年小錄の場合は、重慶・具慶・偏侍・永感の四種に區別される。各員數は次の如くである。（宋元科擧三錄本による）

總數　三三〇

内
重慶　一〇
具慶　九一（靜嘉堂本九二）
偏侍　一〇三
永感　一二五
不明　一（靜嘉堂本なし）

寶祐登科錄によると寶祐四年登科した數は、

第一甲　二一
第二甲　四〇
第三甲　七九
第四甲　二四八
第五甲　二一三

で、總計六〇一名となる。ただし第五甲二一三名の内、82 93 94 105 106は空白、177は殆ど無記入（姓名も無し）であり、190以下は現存本には缺落している。これら計三十名を除いた第五甲の數は一八三名となる。第五甲を一八三名として、第一甲から第五甲まで重慶以下具慶・偏侍・嚴侍・慈侍・永感等、尊親の存故を記入した數は合計五七一名となる。

寶祐登科錄における存故の分類の數は次の通りである。[21]

	第一甲（21）	第二甲（40）	第三甲（79）	第四甲（248）	第五甲（183）	計（571）
重慶	1	1	1	4	1	10
重闈／重侍				重闈 1	重侍 1	
具慶	2	6	16	41	26	91
雙慶		?愛 1			4	5
雙侍	1	6	5	15	7	34
慶侍					1	1
（具慶〜慶侍 小計）						131
偏侍	3	2	7	16	10	38
嚴侍	1	3	6	13	4	27
慈侍	6	8	4	35	12	65
□侍	1			1	1	3 ?
（偏侍〜□侍 小計）						133
永感	3	12	30	90	73	208
記載缺	3	1	10	32	43	89

右表のうち、重闈は第四甲第一百三十五人何安世である。

重侍は第五甲第五十六人時夢洪である。

右二例は重慶と同じとして處理する。

慶侍は第五甲第三人朱龍である。具慶と同じとして處理する。

第二甲第七人鄧冠は雙愛とあるが、三錄本は雙慶であり、靜嘉堂本雙愛である。雙慶として處理する。雙慶、雙侍は具慶と同じであろう。
□侍

第一甲第十三人程澥（三錄本・靜嘉堂本同じ）

第四甲第一百十五人蔣科（三錄本雙侍、靜嘉堂本雙侍）

第五甲第四十六人董□（三錄本同じ、靜嘉堂本董楷）

右三例は假りに偏侍・嚴侍・慈侍のうちに入れて處理してある。

次に參考のために、元統元年進士錄（元代史料叢刊、廟學典禮外二種本による）における重慶以下の記載をみよう。注目すべきは、重慶の外に重慈というのが二例あることである。これは祖母と母と兩者が生存している（祖父と父は故）場合であろう。

	蒙古色目人			漢人南人			計
	第一甲	第二甲	第三甲	第一甲	第二甲	第三甲	
重慶			3	1	4	1	9
重慈			1			1	2
具慶		8	17		3	18	46
嚴侍		1	1		1	3	
慈侍	1	3	7	1	5	6	23
永感	1	3	1		1	1	7
不明	1		2	1	1	2	7
計	3	15	32	3	15	32	100
	50			50			

重慶下

蒙古色目人　三甲二　普達世理　年二六

〃　　　三甲六　明安達耳　年三〇
〃　　　三甲七　安〔篤刺〕　二六
漢人南人　一甲二　李祁　三五
〃　　　二甲六　杜彦禮　三一
〃　　　〃七　李炳　二九
　　　　〃九　莊文昭　二七
　　　　〃一四　李〔穀〕　三〇
　　　　三甲一四　陳毓　〔十〕六（北京圖書館叢刊本、廿）
重慈下
蒙古色目人三甲二九　□□達　二六
漢人南人　三甲三〇　許廣大　二一（北京圖書館叢刊本、廿六）

四　第數について

紹興十八年同年小錄では各人の記載五行中第三行に第いくつという記載がある。例えば第五甲第九十人朱熹の場合には偏侍下□第五十兄弟無とあり（宋元科擧三錄本）、寶祐四年登科錄では第一行に第いくつという記載がある。例えば第一甲第一名の文天祥の場合には第千一偏侍下とある。この第いくつという記載を、本稿では假りに第數と呼ぶことにする。この第數とは何を意味するのか。このことを考察してみたい。[22] 元統元年進士錄では第二行に行いくつとい

う記載があり、第數に該當するものであろう。例えば蒙古色目人第一甲第二人の余闕には、

字廷心　行四　年三十一　正月十一日

とある。行四がそれである。（正月十一日は誕生日）　假りにこれを行數と呼ぶことにする。

⑴　第數は試驗場又は建物の番號かと考えてみたが、第數・行數の數字は、紹興・寶祐・元統ともに第一・第二・第三が壓倒的に多い。次の如くである。

	第一	第二	第三	第四	第五	（以下略）	總數
紹興	19	17	18	8	7		330
寶祐	60	33	28	12	14		577＊
元統	28	23	18	6	3		100

＊外に缺失した24あり。

試驗場番號とすると、一・二・三に合格者が集中することとなり、不自然である。試驗場番號と考えることはできない。

紹興同年小錄・寶祐登科錄ではともに重慶・具慶・永感等の父・祖二代の存故の語と連なって現われ（靜嘉堂文庫本紹興同年小錄は前行の外氏某の下におかれる）、元統進士錄でも年齡・誕生月日時とともに記されているので、何か家系出生に因んだものではないかと思われるので次の⑵⑶を考えてみよう。

⑵　宗族内の支族を示す番號ではないか。

これを檢證するために、紹興十八年同年小錄にみえる進士合格者中、玉牒所を本貫とする者の系譜を、宋史卷二一六～二三八　世系表によって作製すると別表（一一九頁）のようになる。－を施した者が合格者で甲と序位を示す。例えばⅣ－一二一は第四甲第一百二十一人である。○内の數字は第數を示す。例えば③は第三である。また宋史該當

の巻數を示した。

これによって檢討するに同じ德昭系統の趙師孟は第三、趙伯衖は第二であり、德芳系統の趙伯茂は第三、趙伯瑷は第二であり、元佐系統の趙善珏は第六、趙善岫は第三である。趙不愧と趙不悔とは兄弟であるのに第一と第二と別であり、趙像之・儼之兄弟も第一・第二とわかれている。

よって支族を別かつ番號ではあり得ないと結論する。

(3)　排行を示す數字ではないか。卽ち同系内の同世代の出生順序ではないかと考えるに、元統進士錄は「行」という文字を用いていることはこの說を支持するものである。出世順序は男女を通ずるものか、男子のみの順序か。恐らく後者であろう。

數字の最大のものは紹興同年小錄は百二十七、寶祐登科錄は百二十六、元統進士錄は三十六である。排行數として妥當であるかどうか、疑問もあるが、第數は排行を示す行第のものと考えるのである。(23)

五、新進士登第年齡について

周藤吉之氏は同年小錄と登科錄によって進士登第の年齡を計算し、十九歲　二〇—二九　三〇—三九　四〇—四九　五〇歲以上　不明の六目に分類して、その勞作「宋代官僚制と大土地所有」（四六～四七頁）に記述している。一九歲とあるのは、一八—一九歲の誤であろう。十年刻みのわけ方はあまり意味はない。これらの數字は版本によって相違があり、周藤氏が何本によったかは不明であるが、多分靜嘉堂本によったものと想像される。それにしても私の計算するところとは一致せぬところがある。（ただし周藤氏の論旨に影響を及ぼすものではない。）

紹興十八年進士合格の玉牒所本貫者の系譜（宋史世系表による）

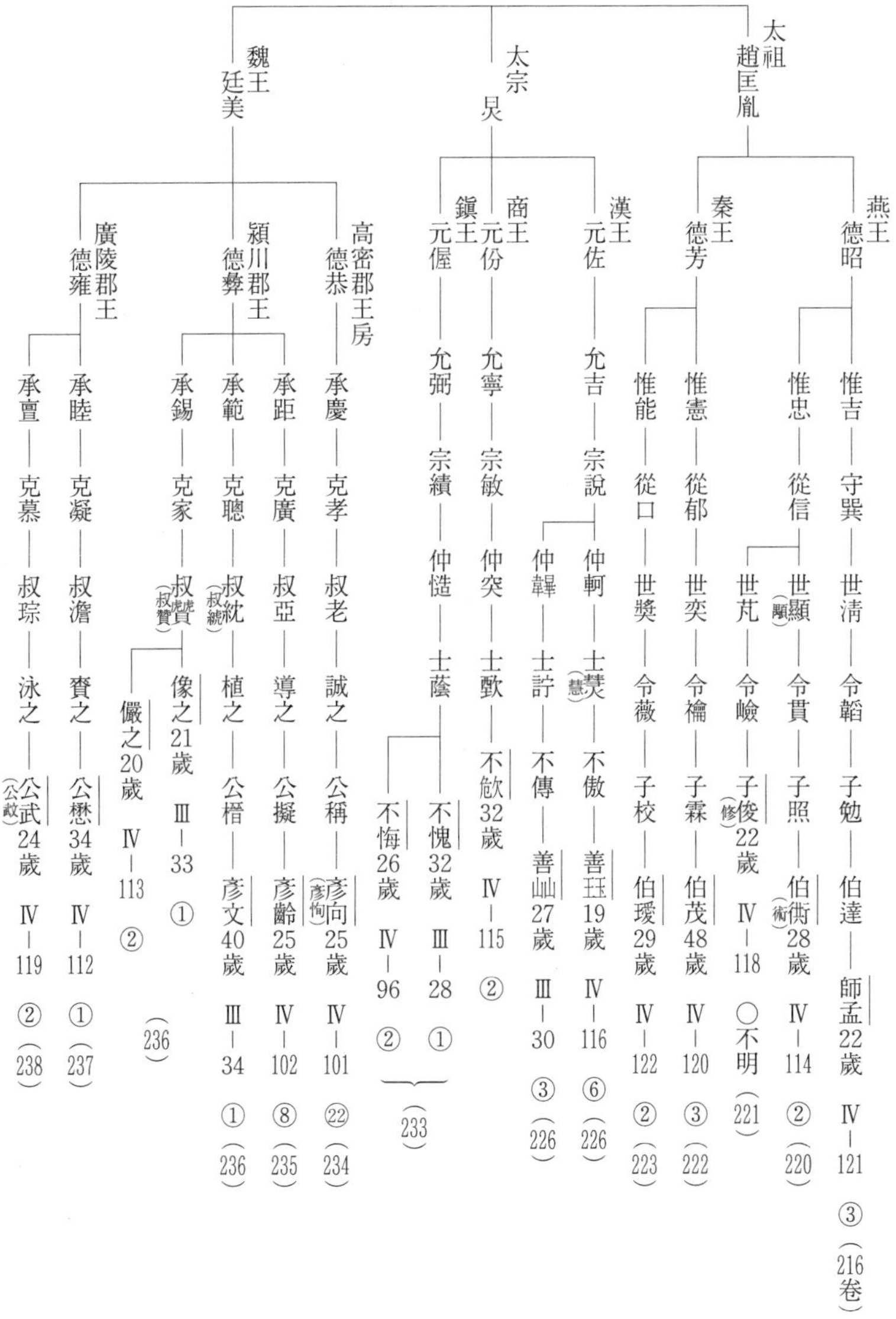

——進士合格者名　年齢　第□甲第□人　○第數　（　）宋史宗室世系表の巻數

人名の傍の（人名）は紹興十八年同年小録の文字に依る。

次に別表に筆者の計算による年齢人數を版本別に表示する。また元統元年進士錄によって元統元年進士の年齢表を附記する。

新進士年齡人數

36	35	34	33	32	31	30	29	28	27	26	25	24	23	22	21	20	19	18	17	齡	年
10	4	7	7	11	13	10	7	12	11	18	12	12	10	13	9	6	6	3		科擧三錄（徐氏）	紹興18年
6	4	7	6	13	12	10	8	13	11	22	12	12	11	12	8	6	5	3		靜嘉堂本	紹興18年
24	14	24	11	17	19	26	26	18	26	25	17	17	6	17	9	12	9			臺灣本（粤雅堂）	寶祐4年
24	15	24	11	17	20	22	26	19	25	25	17	17	6	17	9	12	9			科擧三錄本	寶祐4年
24	15	24	10	16	18	25	26	19	25	24	17	19	7	18	9	12	9			靜嘉堂本	寶祐4年
				5	3	1	5	6	3	16									1	蒙古色目人	元統元年
4	2	1	3	3	7	6	4	1	3	6					1					漢人南人	元統元年

56	55	54	53	52	51	50	49	48	47	46	45	44	43	42	41	40	39	38	37	齡	年
2	8	2	6	0	10	10	6	18	8	6	6	8	8	8	10	8	9	5	5	科擧三錄（徐氏）	紹興18年
2	8	2	6	0	11	10	6	18	8	6	6	8	8	10	8	8	9	4	5	靜嘉堂本	紹興18年
2	3	5	8	9	7	15	11	7	15	18	13	6	10	12	17	31	18	23	10	臺灣本（粤雅堂）	寶祐4年
2	3	5	8	10	7	14	11	7	15	18	13	6	11	13	17	31	19	22	12	科擧三錄本	寶祐4年
2	3	5	8	10	7	14	11	8	15	18	13	5	8	13	17	32	19	22	12	靜嘉堂本	寶祐4年
													1					1	1	蒙古色目人	元統元年
														2	1	1	1		1	漢人南人	元統元年

總計	不明	64	63	62	61	60	59	58	57	齡	年
330	2	1				1		1	1	科擧三錄（徐氏）	紹興18年
	2	1				1		1	1	靜嘉堂本	紹興18年
574	11	1				1	1	1	2	臺灣本（粤雅堂）	寶祐4年
575	10	1				1	1	1	2	科擧三錄本	寶祐4年
575	10	1				1	1	1	2	靜嘉堂本	寶祐4年
50	7									蒙古色目人	元統元年
50	3									漢人南人	元統元年

附言

紹興題名錄・同年小錄、寶祐登科錄の二書は、宋代科擧史研究上、重要な資料である。これを活用するに當たって、二書の諸版本を對校してテキストを確定することが必要である。版本としては、

靜嘉堂文庫所藏本

宋元科擧三錄本

粵雅堂叢書本

宋史資料萃編本（南宋登科錄兩種）

宋元科擧題名錄（北京圖書館古籍珍本叢刊21所收、清抄本影印）

の諸本がある。

諸版本對校の成果は、別の機會を得て發表する。(24) 諸本閲覽にあたり、靜嘉堂文庫長米山寅太郎氏・早稻田大學近藤一成氏から多大の便宜を惠與されたことに對し謝意を表したい。

注

（1）建炎以來朝野雜記甲集一三鎖廳人不爲狀元　參照。

（2）周藤吉之氏が、「宋代官僚制と大土地所有」において、この附錄の部分以後に續く「同年小錄」をも附錄の中に含める考えには服し難い。

（3）第一名と名字を用いるのは、第一甲と第二甲の場合のみで、他はすべて第□人と人字を用いるのが、粵雅堂叢書本と宋史資料萃編本とである。宋元科擧三錄本と靜嘉堂文庫本兩者は、第三甲・第四甲・第五甲も甲首者を第一名とする。

（4）宮崎博士はさらに開慶四明續志巻一科擧の記事から蜀の金花榜子に言及し、これが唐代の制を傳えるものとされたのは卓

見である。宋初の金花帖子や蜀の金花榜子を後世の捷報の濫觴として博士はとらえられたのである。
(5) 樓鑰　攻媿集巻七〇跋元豐八年進士小錄參照。
(6) 兪樾の茶香室叢鈔巻五（春在堂全書）榮侍下の條に、攻媿集のこの記述を引き、
　按重慶之名、今尚沿之、而榮侍則無此名矣、且亦未詳何義、
と言い、宋祁の景文集巻一五七言律詩、送保定張員外の自注に、君榮侍二親而行とあり、榮侍は宋人の常語たる具慶と同じと解した。二親を父母と解したからであろう。樓鑰は盛京綾本小錄の榮侍は重慶と同じとしたのであろうが、兪樾はこれを具慶と同じと解したのである。恐らく兪説が正しいであろう。（重慶・具慶については第三章をみられたい。）
(7) 宋史巻一五三選擧志科目上によれば、登科の人は、朱膠綾紙の直を納めるさだめであるという。綾とは綾本の材料で、その代價を合格者が負擔することとなっていたのである。これは知貢擧宋白等の定めた貢院故事に言う所であるようで、宋初太宗の頃の制度である。
(8) 唐末五代の人王仁裕（八八〇—九五六）の開元天寶遺事巻下天寶下に、泥金帖子の題下に、「在京の新及第進士が、下附された合格證明書たる泥金（書）帖子を手紙の中に入れて故郷の家に報告する」という記事が載せられている。そしてこの泥金帖子を下附する儀は文宗時代に罷められたという。また南宋中期の人劉昌詩の蘆浦筆記巻五には金花帖子の題の下に「主文（試驗責任官）は黃花牋にその姓名を書きその下に花押したものを、使者に持たせて新登第者のもとに送り、科擧に合格したことを知らせる。これを牓帖と謂い、當時一般に金花帖子と呼ばれた。このこと宋でも國初には行なわれたが、臨軒唱名のことが始まると廢止された」旨が記載されている。唱名のことは雍熙二年（九八五）に始まる。そこで開元天寶遺事と蘆浦筆記の兩記事を總合して考えると、泥金帖子（金花帖子）のことは唐の文宗時代（八二七—八四〇）に罷められ、北宋初期には再行されて居たが、唱名の始まった雍熙の後、端拱元年（九八八）、咸平二年（九九九）を經てやがて廢されたということとなる。
(9) 咸淳七年同年小錄は今傳わらぬが、元の劉壎の「隱居通議」には、咸淳七年同年小錄の内容の大綱が條示されて居り、その中に科擧施行の詔書や御試策題の項目も含まれている。

（10）御試策題に對する答案たる對策が同年小錄に掲載された例を擧げると、靜嘉堂文庫所藏「紹興十八年同年小錄」には附錄として、第一甲第一人王佐、同第三人陳孺の對策が略述されている。また寶祐四年登科錄には狀元文天祥の廷對策が全文（但し闕有り）掲載されている。宋元科擧三錄本の元統進士錄にも廷對策を載せている。

（11）元統進士錄は、元の順宗初年の元統元年（一三三三）施行の科擧の合格者名簿で、蒙古・色目人の枠で蒙古人二十五名・色目人二十五名、漢人・南人の部で漢人二十五名・南人二十五名、總計一百名が合格し、成績に應じてそれぞれ賜進士及第・賜進士出身・賜同進士出身となった。この書、元史資料叢刊中の廟學典禮外二種に點校活字本を收む。但し完本ではない。宋元科擧三錄本を完本とする。北京圖書館古籍珍本叢刊21に元統元年進士題名錄（清抄本影印）が收められている。

（12）（紹興題名錄）（宋元科擧三錄本による）

紹興十八年同年小錄　期集所職掌分擔氏名・甲名次・年齢

糾彈　江賓王（4甲105人）53歳　鍾離松（4−63）48歳　葛邰（1−7）35歳

牋表　俞處約（5−30）36歳　陳豐（2−15）39歳　陸升之（4−9）34歳　俞光疑（4−49）21歳　莫汲（1−4）26歳

主管題名小錄
何騰（4−57）48歳　何欽承（1−10）51歳　劉安世（4−46）49歳　程千里（4−15）36歳　田興宗（3−12）33歳　葉謙亨（1−9）34歳
柴衞（2−12）23歳　韓彥直（4−108）18歳　張宗元（4−110）18歳

掌儀　萬介（3−18）51歳　徐履（5−142）27歳

典客　余彥廣（4−86）22歳　朱登（5−74）31歳

掌計　蕭肅（4−2）30歳

掌器　潘觀國（3−19）49歳

掌膳　張頴（2−18）21歳

掌酒菓　王允功（5−5）26歳

監門　方顔(4−88)　34歳　袁富文(5−102)　46歳

なお、右のうち、韓彦直は世忠の子、張宗元は張俊の孫である。

(13) 宋史巻一五二　選擧志科目上に、宋白等の定めた「貢院故事」によって述べるところによれば、期集所は合格者各人の名氏・鄕貫・三代の類を列敍して小錄と名づけられるものをつくるとある。これを作るに當たっては、受驗者が提出した家狀（答案の冒頭に附けてある）が基礎となっているものと思われる。

(14) 宋歷科狀元錄巻四熙寧六年癸丑狀元余中の條にも朝野雜記のこの文を引く。

(15) 期集については、拙稿「宋代の科擧における期集について」（中嶋敏東洋史學論集）を參照せられたし。

(16) 漢語大詞典第一冊偏侍・第十冊重慶の條等參照。

(17) 兪樾によると、今（淸代）の制度では三代の男女の姓名を記載するが、宋では曾祖母・祖母は記載せず、淸代の場合のようには完備していないとしている。宋の場合、母は外氏某として記されている。（茶香室叢鈔巻六咸淳七年同年小錄）

(18) 第五甲第五十八人葉元凱祖故・父未仕とは、科擧三錄本紹興十八年同年小錄に依るものであるが、靜嘉堂本によると

葉元凱　祖父故　父故未仕

とある。祖母・母生存のC3型であろう。

(19) 五代王定保撰の唐摭言巻三慈恩寺題名遊賞賦詠雜記に

寶慶年中、楊嗣復相公具慶下繼放兩榜、云々

とあり、楊嗣復は具慶下で進士に合格した。

李嶢及第、在偏侍下

とあり、李嶢は偏侍下で及第したという。

(20) 唐の溫大雅の大唐創業起居注巻三に、隋煬帝が弑に遇って後、子の少帝の詔に、

天禍隋國、大行太上皇遇盜江都、酷甚望夷、釁深驪北、憫予小子、奄紹丕愆、哀號永感、五情糜潰、仰惟荼毒、仇復靡申、形影相吊、周知啓處、

とあり、煬帝と蕭皇后とが歿した後の少帝が自身を永感と稱している。

(21) 粤雅堂叢書本による。科擧三錄本・靜嘉堂文庫本によれば、重慶　第三甲2、具慶　第三甲15である。

(22) 周藤氏は第數を順序と解說する（「宋代官僚制と大土地所有」四五頁）。順序とは何の順序か。その說明は無い。

(23) 數字の上に萬・千を冠するものがある。これは實數字ではなく、大・小その他の文字と同樣に記號であって、恐らく支族グループを示すもので、その範圍內で排行を數えるのではなかろうか。

(24) 本書一五三頁以下の對校表をみよ。

（汲古　第二六號　平成六年十一月）

「宋進士題名錄と同年小錄」追論

一　同年小錄の第數について
二　宋史資料萃編本南宋登科錄兩種の依據について

一　同年小錄の第數について

筆者はさきに「汲古」第二十六號に「宋進士登科題名錄と同年小錄」を發表した。その中で紹興十八年同年小錄と寶祐四年登科錄にみえる第數について考察し、それが進士合格者それぞれの排行の第數即ち同族間における出生の順序數を示すものと推論した。いまここに紹興十八年第五甲第九十人の合格者朱熹の排行の場合について考えてみよう。

靜嘉堂文庫所藏の紹興同年小錄の記事は、「汲古」第二十六號三十四頁に載せた。それによれば、その第數は第五一と記されている。ところが徐世昌の宋元三錄本の紹興同年小錄によると第五十である。近ごろ王懋竑の朱子年譜（粤雅堂叢書所收）巻一上を覽ると、紹興四年甲寅始入小學の條に「朱熹の父韋齋が、その內弟子程復亨に宛てた書信に、『息婦、男を生む。五二と名づく。今五歳にして學に上る』とある。按ずるに先生は小名沈郎、小字季延。ここに五二と云うは行を以って稱す」との王懋竑の按語がある。また朱子年譜考異巻一に、「閩本年譜云、文公名沈郎、小字季延、皆志其地也、…行五十二、」とあり、朱熹の排行は五十二としている。同年小錄が第五十又は第五一とするのは五十二の誤寫誤傳であろう。第數が排行を示すとの推論は變えるべきではなかろう。

次に兄弟の合格者の第數について考えてみよう。

紹興同年小錄に收錄される冷世光は第四甲第七人、冷世修は第五甲第二十五人で、兩人は兄弟である。世光は年二十七で第四十一、弟の世修は年二十四歲で第四十四である。

第三甲第二十八人の趙不愧と第四甲第九十六人の趙不悔は兄弟である。不愧は年三十二で第一、不悔は年二十六で第二である。

第三甲第三十三人の趙像之と第四甲第一百十三人の趙儼之は兄弟である。像之は年二十一で第一、儼之は年二十で第二である。

冷世光・趙不愧・趙像之三兄弟の諸例にみられるように、兄弟の場合、第數は兄が先で弟が後である。これは第數が排行を示すものとする說の妥當なることを裏づけるものであろう。

以上紹興同年小錄における兄弟同榜者の第數について考察した。次に寶祐登科錄の場合について考えてみよう。寶祐登科錄における兄弟同榜を檢出して七例を得た。[1]

｛趙若琪（第四甲第一百八十八人、Ⅳ－一八八と表記、以下同じ）　年二九　第千七
　趙若琟（Ⅳ－一六三）　年二七　第千八

｛趙嗣滔（Ⅳ－二三七）年二十三　第一
　趙嗣恩（Ⅳ－二四二）年二十　第二

趙寅龍（Ⅴ－一八六）年四十　　第一
趙正元（Ⅰ－一〇）年二十四　　第三

右三例は兄弟の第數は年齢順である。

趙與棏（Ⅳ－一八二）年二十九　　第萬一
趙與樀（Ⅲ－五七）年四十二　　第萬三

右は年齢は與樀が兄であるが、與棏の記事に弟與樀同榜とあって、與樀の方が弟である。年齢の記載に誤があり、與棏が兄であるものと思われる。そうとすれば、これも兄と弟のそれぞれの第數は年齢順ということになる。

張清之（Ⅴ－一〇七）年三十八　　第□
張詠之（Ⅱ－一七）年三十　　第八

鄭必復[2]（Ⅲ－一）年四十　　第□
鄭茂大（Ⅰ－一二）年三十八　　第□

趙若玤（Ⅳ－二四七）年二十九　　第大
趙若琲（Ⅲ－六四）年二十七　　第二

右の三例は、記載に缺失があり、兄弟の第數と年齢順の關係を闡明することは、遺憾ながらできない。

以上諸例を通觀するに、紹興・寶祐兩錄において第數が排行を示すとする推論を支持あるいは許容するものだと考えられる。

次にⅣ－二三六趙若魯とⅣ－二三九趙若硂兩人の關係を系圖の上でみると次の通りである。

秦王廷美－德彝－承矩－克慶－叔藺－褒之－公廉－彦樓┬訏夫－時煒－若魯[3]

許夫―時遴―若硂

すなわち兩人は曾祖を同じくする再従兄弟の間柄に在る。

趙若魯、三十九歳、第德十一

趙若硂　二十五歳　第德二十五

兩者は排行を同じくする間柄で、第數と年齢順は合致して居る。またこの系圖上の兩人の位置は排行を同じくする範圍を示す一例ともなる。そして若魯・若硂の世代は、その排行を同じうする同族範圍の中で、德字號の排行であったということが判るのである。

二　宋史資料萃編本南宋登科錄兩種の依據について

宋史資料萃編第三輯、南宋登科錄兩種は、中華民國七十年六月、文海出版社印行で、紹興題名錄と寶祐登科錄とを載せている。何れの本に依據したのか、どこにも記されていないが、粤雅堂叢書本に依っていると推定される。粤雅堂叢書本の版心に刻された「粤雅堂叢書」の五文字は、萃編本には削去されている。削去の十分でないところが所々にあり、完全に五字を記したもの三か所（九・二十二・六十九丁）殘っていて、粤雅堂叢書本に依ったものであることを暴露している。

管見によれば粤雅堂叢書本にも伍紹棠の跋記（紹興題名錄・寶祐登科錄それぞれにあり）のあるものとないもの兩種がある。假りにないものを粤雅堂叢書Ａ本と呼び、あるものを同Ｂ本と呼ぶことにする。(4) 寶祐登科錄における文天祥・謝疊山・陸秀夫三傳の掲載位置についても相違があり、Ａ本は登科錄本體（名簿）の後に附し、Ｂ本は前に冠する。

恐らくA本が古くB本は後刊であろう。宋史資料萃編本は粤雅堂叢書B本に據っている。

萃編本寶祐登科錄についてみるに、粤雅堂叢書B本に沈氏宋刻本・活字本と對校した注を書き入れた本を底本としていることが知られる。それは萃編本寶祐登科錄の巻尾に、

乙丑九月晦日得沈氏宋刻、對校一過、因記、蓮華盦晩窓記華、

とあり、乙丑は民國十四年（一九二五）と推定される。[5] 對校者は誰であるか、いま確定することができないが、[6] この對校者が民國十四年に、粤雅堂叢書本を底本として對校して隨所に對校結果を書き入れたものが存在し、これに依據して萃編本は刊行されたものと推考される。

注

（1）文天祥（Ⅰ―一）の記事に兄弟璧同奏名とある。他の兄弟の場合の同年進士・同榜という表現とは異なる。同奏名とはどういう意味か。正奏名・特奏名を包含するものかも知れない。正奏名のみを意味するとすれば、同年進士・同榜と同じ意味となる。この場合文璧は第五甲二百一十三人中一百九十人以下缺失せる二十四人中に在ることとなり、七例は八例となるであろう。

（2）鄭茂大の項に弟必陵とあるのは、兄必復の誤で、鄭必復の項に兄茂大とあるのは弟茂大の誤であろう。必復年四十茂大年三十八とあるからである。

なお兄弟の記事には時に誤謬がみられる。たとえば、趙與溥（Ⅳ―二二七）の項に、「兄與銛・與鎮同榜」とあるが、與鎮の名は現存の寶祐登科錄にはみえない。或いは第五甲末の中に在るのかとも思われるが（四庫全書總目巻五十七傳記類一、寶祐四年登科錄參照）、これも宗室は第五甲に入らないというしきたりに反するから無理であろう。宋史巻二二一世系表によれば、與銛（Ⅳ―一九三）と與溥との關係は系圖上で次のようになる。

太祖―徳昭……（四世）子仁―┬―伯穀―師駷―希賓―與銛
　　　　　　　　　　　　　└―伯軗―師了―希倫―與溥

卽ち兩者は高祖を同じくするものであるが兄弟ではない。兄與銛・與鎭同榜という趙與溥の項の記載は後人の誤補入であろう。與銛の弟に與鎭が居たかも知れない。宋史世系表にかなりの遺漏誤謬があり、現存の登科錄同年小錄にも後人の誤傳・誤補があることを考慮すると、何とも斷定しかねる。

（3）宋史卷二三五世系表に若魯の名は記載されていない。寶祐登科錄によって補う。

（4）東洋文庫漢籍叢書分類目錄の番號でいえば、A本はV5―B―91、B本はV5―B―90で、後者は咸豐至光緒刊と記されている。B本は初編（第一集～第十集）二編（第十一集～第二十集）三編（第二十一集～第三十集）の三編三十集で、紹興題名錄と寶祐登科錄は三編第二十四集に在る。A本は第一集～第二十集に續いて續集があり、B本の第二十一集より第二十五集までを含み、他に東觀奏記・疑龍經・撼龍經・仲瞿詩餘の四書（B本になし）を收める。紹興題名錄と登科錄の二書はこの續集中に在る。A本はB本に先行する刊版と思われる。

（5）伍紹棠の跋の光緒乙亥（元年、一八七六年）の後の乙丑の年は民國十四年である。

（6）寶祐登科錄跋記の最後に置かれた伍紹棠の跋の後に附印されて次の一文がある。

乙丑九月晦日得沈氏宋刻對校一過因記蓮華盦晩窓記華

右文中の蓮華盦について考えるに、藤田正典編、現代中國人物別稱總覽（二八二頁）をみると、

姚華　（字）一鄂　（號）重光、茫夫、蓮華菴主、磚墨　　館主

とあり、蓮華菴主姚華（一八七六年生、一九三〇年卒）なる人物がある。跋記最後の華はこの姚華かも知れない。

姚華については、橋川時雄編「中國文化界人物總鑑」（三〇四頁）に「姚華、字は重光、號は茫父。貴州息峰の人。光緒甲辰の恩科進士、日本法政大學留學。革命後、參議院議員、朝陽大學教授。詩詞書畫に工みで、金石・小學を研究。弗堂類藁十數卷（上海中華書局出版）・黖語などの著書がある。文人畫・書畫・金石の嗜好があり、繪畫は花卉人物に長ず」などとされている。また中國美術家人名辭典（兪劍華編、上海美術出版社、一九八一年）には「貴州貴筑人、久居北京蓮華寺、因別

署蓮華龕主」とある。

（汲古　第二七號　平成七年六月）

寶祐登科錄における宗室

一　宗室出身合格者の人數
二　宗室出身合格者の系譜
三　宗室出身合格者の居住地
附　寶祐四年宗室出身進士合格者の系譜圖

一　宗室出身合格者の人數

南宋理宗朝の寶祐四年に施行された科擧（進士）試驗の合格者は總數六〇一名、その名簿が寶祐登科錄である。現在本（靜嘉堂文庫藏抄本・徐乃昌宋元科擧三錄本・粤雅堂叢書本・宋史資料萃編本）では、第五甲終尾が缺落し、缺落人數は三〇名である。從って記載されるのは五七一名である。

合格者各人についての記述の最後に本貫を記す。一般人は州・縣名（時には鄕・里までも）を記し、見居（現住地）又は寄居（寓居）の州・縣名を記すものである。宗室の場合（宗子）は本貫は玉牒所[1]（または宗正寺玉牒所）である。玉牒所（宗正寺玉牒所）を本貫とする宗室の合格者の數は次の如くである。（各甲別合格者數とその內の宗室者の數とを記す。）

	總數	宗室
第一甲	二一	二
第二甲	四〇	二
第三甲	七九	二一
第四甲	二四八	五一
第五甲	一八三	〇
計	五八一	七六

因みに紹興題名錄によれば、紹興十八年の合格者の場合は次の如くである。

第一甲	一〇	〇
第二甲	一九	〇
第三甲	三七	四
第四甲	一二二	一二(2)
第五甲	一四二	〇
計	三三〇	一六

寶祐登科錄は第五甲に缺落があるが、宗室は第五甲に入れず、一甲を升して第四甲とするのが例であるから、第五甲には宗室者は居ないはずである。故に寶祐四年合格者總數の六〇一名に對する宗室の合格率は〇・一二六である。紹興十八年の場合は〇・〇四八であるから、宗室合格者の全合格者數に占める割合は、寶祐四年の方が遙かに高くなっているのである。

二　宗室出身合格者の系譜

次に寶祐四年宗室合格者を、宋史巻二一五～巻二四一宗室世系表と寶祐登科錄を賴りにして、系譜の上で追跡してみよう。紹興十八年進士の場合は宗室合格者十七名全員（趙公敵を含めて）の系譜上の位置を確定することができた。（「汲古」第二六號所載拙稿「宋進士登科題名錄と同年小錄」四二頁）しかし寶祐四年進士合格者七十六名の場合は、遺憾ながら全員について明らかにすることはできなかった。宋史宗室世系表は完備したものでなく、[3]また現存の寶祐登科錄必ずしも十全でないからである。また筆者の檢索も必ずしも十分なものとは保し難い。檢索は隨分根氣を要する作業である。

寶祐四年進士合格の宗室七十六名のうち、宋史世系表に本人の名は記載されないが、父や祖父の名が記載されておって系譜を推定できるものもあり、ようやく六十八名の系統關係が判明した。その外、第三甲第五十九人の趙君𡊹につい て考究すると、君は若の誤傳と推考されるが、趙君𡊹は寶祐登科錄によるとその曾祖に彦曨とあり、その彦曨を宋史宗室世系表に求めると、巻二三六（中華書局本宋史八〇七四頁）に潁川郡王房の承範―克思の系譜に彦曨があるが、子の記載はない。また巻二四一（中華書局本宋史八五二八頁）申王房に、德文―承顯―克柔―叔雉―受之―公琬―彦曨―㠑夫の記載があり、彦曨の名とその子㠑夫の名が見える。寶祐登科錄では趙君𡊹の祖父は峴夫とあり、㠑夫と峴夫は緣がありそうである。同一人を誤り傳えるものか及至は兄弟であるかも知れない。趙君𡊹は恐らく申王房德文の後であろう。然りとすれば系譜判明宗室合格者は六十九名となる。七十六名中の六十九名で九十パーセント强の判明率である。

その系譜は後掲（附、寶祐四年宗室出身進士合格者の系譜圖）の通りであるが、これを系統別の數字で見ると次のようになる。寶祐四年の數字を紹興十八年のそれと對比してみよう。

	（寶祐四年）	（紹興十八年）
太祖系		
燕王房	一六	三
秦王房	三	二
太宗系		
漢王房	一二	二
商王房	一八	一
鎭王房	一	二
魏王（廷美）系		
高密郡王房	三	一
廣平郡王房	二	○
潁川郡王房	三	四
廣陵郡王房	三	二
鄖國公房	四	○
江國公房	一	○
申王房	二	○

紀國公房	一	〇

右の外、寶祐登科録に合格者として登載される趙與种（第一甲第二十一人）・趙崇澔（第四甲第二百四十三人）[4]と趙若玤（第四甲第二百四十八人）・趙若琲（第四甲第六十四人）兄弟の四者の名は、宋史宗室世系表（中華書局本宋史六四六八頁・六五九九頁及び七七九三頁）にみえ、與种は秦王房系で崇澔は漢王房系、若玤・若琲兄弟は高密郡王系に屬する。しかし登科録記載の本貫は、與种は台州臨海縣であり、崇澔は婺州東陽縣であり、若玤・若琲は興化軍莆田縣である。ともに玉牒所本貫ではない。よって右の表には載せてはいない。

三　宗室出身合格者の居住地

宗室合格者七十六名のうち、寄居（寓居）地名が記されている者は四十八名あり、その府州別は次の如くである。

兩浙路					
紹興府	3	婺州	3	慶元府（明州）	1
常州	1	溫州	1	處州	3
衢州	5	嚴州	2	嘉興府	1
江南東路					
徽州	1	饒州	3	信州	1
南康軍	2				
江南西路					

吉州	2	撫州	1	臨江軍	1
福建路					
福州	3	建寧府（建州）	1	泉州	2
南劍州	1	漳州	2	興化軍	2
成都府路					
成都府	1	眉州	2		
潼川府路					
資州	1	合州	2		
廣南東路					
潮州	1				

四十八名の外の二十八名は記入がない。この二十八名は臨安府居住であろう。（但し寄居地の記載漏れの者があるかも知れない）合格宗子中、寄居者は六十三パーセントを越える。寄居地としては兩浙と福建・江南東路が多い。これは宗室の地方居住地の分布の大勢に對應するものとみてよかろう。

徽宗崇寧元年、蔡京の言により西京（洛陽）に西外宗正院、南京（商丘）に南外宗正院が置かれ、地方在住の宗族に關する事務を扱うこととなった。從來から東京（開封）に置かれた大宗正司とは別に外宗正司が設けられることととなったのである。（宋會要輯稿職官二〇外宗正司・宋朝事實卷八玉牒）中興南渡後、宋正司も遷移し、紹興元年十月（建災以來繫年要錄卷四八、十月壬申）大宗正司は行在（臨安府）に、紹興三年西外宗正司は福州に（淳熙三山志卷三公廨）、南外宗正司は泉州に置かれることとなった。また紹興府に宗正司が置かれたこともあり、乾道七年にはこれを四川に移そうとしたが、結局行在に合併された（宋史巻一一七職官志大宗正司）。中興兩朝聖政巻十紹興元年十月壬申の記事によれば、廣・潮・泉三郡に内外宗正司が分寓したという。

福州・泉州・紹興府・蜀・潮州・廣州などに外宗正司が置かれ、又は置くの議があったのは、これらの地に宗室居住者が多かったからである。寶祐四年進士の宗室在外者の居住地の大勢と正に對應するものである。

宗室合格者七十六名中四十八名が地方寄居者である。その他寶祐登科録における本貫は宗室でないが、宋史宗室世系表には載っている趙與种・趙崇湁・趙若玤・若琲四名がいずれも地方本籍であることを併せ考えれば、宗子合格者のうちに地方居住者が如何に多かったかが了解されるであろう。それは又南宋において宗室の地方居住者が多かったことを示すものであるとも言えよう。

注

（1）宗正寺は唐制の九寺の一つで卿を長官とし、皇族の屬籍を掌る（唐六典巻一六）。宋もこれを承け、玉牒や屬籍・系圖などを修纂した。玉牒所がその仕事に當たった。屬籍は同姓の親を序し、其の服紀の戚疏遠近を第するもの。（宋史巻一六四職官志宗正寺）

（2）趙公敢（第四甲第一百十九人）は、趙公武として宋史宗室世系表に記載されるが、同年小録での本貫は開封府祥符縣であって玉牒所ではないので、この數字には入れていない。

（3）宋史宗室世系表は完備したものではない。

事林廣記（元祿和刻本）甲集巻十宋朝世系に濮安懿王の後、英宗の子呉王・潤王・益王以後（親賢宅）の訓名の共通字は、孝・安・居・多・自・甫（－甫）であり、神宗の子楚王の後（華宅）は、有・卿・茂・中・孫であることが記されている。

また太祖の父宣祖（弘殷）の弟の系統（翼祖系）の名は威・信・文・可・脩・景・遵・端・廣であることも見える。

また宋會要輯稿補編六一頁訓名、淳熙元年（一一七四）四月八日の條に宗正丞陳豐の言として、紹興七年（一一三七）逐祖の下の訓名を定めた前回につづいて、次のように訓名を制定したいと提案して許可された。

翼祖系　廣の次は繼（繼―）
太祖系　與〃孟（孟―）
太宗系　必〃良（良―）
親賢宅系　多〃自（自―）
魏王系　時〃若（若―）
華宅系　茂〃中（―中）

これら諸系統の宗室は宗正寺玉牒所に所屬していたのである。しかるに宋史宗室世系表は太祖系・太宗系・魏王系・親賢宅系を記載し、華宅の系統については多く缺いており、翼祖系は全く缺いている。

寶祐四年登科錄中の宗室合格者で、宗室世系表中に系譜を追跡できぬ者七人（趙時湊・若琪・孟鑄・必鑛・若珏・璆夫・孟奎）のうち、孟鑄以外の六人は悉く地方寄居である。地方寄居の宗族は世系表記載もれになりやすかったと想像される。

（4）　趙崇湁の曾祖父は寶祐登科錄では不群であるが、宋史宗室世系表では不壁で一致しない。漢王（元佐）房の系統である。

附　寶祐四年宗室出身進士合格者の系譜圖

（宋史宗室世系表・寶祐登科錄などによって作製、ゴシック字體の名は宗室出身合格者、傍線の四人は世系表に記載されるが、本貫は州縣の者）（下段は第何甲第何人・第數・年齢・宋史世系表卷數）

惟吉―従節―世永―令朔―子挺―伯祈―師偁―希懋―與俊―**孟定**　Ⅳ 231 第季五 29歳（215巻）
　　　　　　└世延―令續―子經―伯況―師㥩―希㝠―與諮―**孟瀾**　Ⅲ 49 第二 29歳（215）
　　　└守約―世綿―令虛―子雋―伯玉―師必―希得―與佩―**孟渾**　Ⅳ 240 第三 25歳（215）
　　　└守巽―世茂―令潛―子飄―伯起―師尚―希呂―與調―**孟儼**　Ⅱ 26 第八 39歳（216）
惟忠―従藹―世宣―令櫛―子奎―伯還―師勛―希起―與宂―**孟鑽**　Ⅳ 176 第一 25歳（217）

太祖

燕王房 德昭

令禱—子敦—伯仁—師操—希帙—**與東**　Ⅲ 47 第一 35（25）歲（217）

世準—令昔—子漸—伯長—師正—希沅—與移—**孟熩**　Ⅳ 210 第百六 42歲（217）

世枚—令譼—子黠—伯攄—師珈—希溟—**與楉**　Ⅲ 78 第一 27歲（218）

從謹—世恬—令萃—子鉉—伯璿—師忕—希浹—與攸—**孟纘**　Ⅳ 235 第□ 38歲（218）

從信—世淵—令扁—子珍—伯達—師孟—希厦—**與槝**　Ⅳ 182 第萬一 29歲（220）

與樆　Ⅲ 57 第萬三 42歲（220）

世爽—令憲—子游—伯寀—師瑞—希杒—與壁—**孟佡**　Ⅲ 54 第七 29歲（220）

世闡—令話—子儼—伯順—師有—希汪—與瑚—**孟鐇**　Ⅲ 70 第三 22歲（221）

世蕃—令珠—子奭—伯俊—師喬—希茵—**與鍝**　Ⅲ 41 第三 23歲（221）

惟和—從審—世鄕—令謜—子仁—伯穀—師騋—希賔—**與銛**　Ⅳ 193 第三 30歲（221）

伯彀—師了—希愉—**與溥**　Ⅳ 227 第萬七 26歲（221）

秦王房 德芳

惟敍—從晛—世逸—令豫—子膚—伯燾—師誥—希庲—與倣—**孟涔**　Ⅲ 76 第三 28歲（222）

惟憲—從郁—世奕—令禴—子噩—伯逵—師范—希衡—**與諰**　Ⅲ 18 第六一 □歲（222）

從貴—世只—令湋—子俊—伯褀—師琩—希柜—**與遴**　Ⅲ 75 第□ 40歲（222）

惟能—從古—世儔—令檜—子宏—伯庥—師蒕—希淵—**與种**　Ⅰ 21 第得四 30歲（223）

允升—宗回—仲洽—士悾—不壁（群）—善示—汝敷—**崇洽**　Ⅳ 243 第七一 54歲（224）

宗惠—仲眞—士灟—不倚—善計—汝渾—崇蒕—**必烇**　Ⅳ 223 第五二 34歲（225）

仲企—士慮—不求—善應—汝愚—崇要—**必揆**　Ⅳ 230 第百二十三 51歲（225）

士焆—不溢—善時—汝懿—**崇墀**　Ⅳ 162 第萬一 32歲（225）

仲央—士澎—不儒—善得—汝訓—**崇回**①　Ⅳ 201 第千六 24歲（225）

太宗

漢王房 元佐

宗本—仲閴—士琛—不傲—善瑛—汝瀑　IV 194 第十四 27（37）歳②（225）
宗辯—仲尋—士獲—不敏—善晦—汝銓—崇潛—必棍　IV 196 第二 35 歳（225）
仲尋—士陸—不惑—善履—汝點—崇朵—必曨　IV 196 第（三）三③ 28 歳（225）
宗厚—仲葩—士珖—不悄—善糾—汝荷—崇蘩—必聰　IV 226 第再四 29 歳（226）
允言—宗說—仲全—士琫—不磷—善仁—汝直—崇毫—必坩　IV 174 第十五 34 歳（226）
仲夔—士壚—不譟—善淵—汝斈（勞）—崇忕—必偁　III 72 第元四 52 歳（226）
仲謙—士奄—不忮—善夷—汝賢（寅）—崇達—必掎—良玞　IV 179 第萬二 32 歳（226）
允成—宗仁—仲弓—士區—不誣—善剛—汝卓—崇瑙—必灉　IV 161 第小六六 26 歳（226）

許王房 元僖……

眞宗……

商王房 元份

允寧—宗諤—仲營—士詠—不武—善恩—汝琭—崇銘　IV 69 第九六 46 歳（228）
宗敏—仲伋—士倞—不愓—善嘉—汝尙—崇信—必棨—良苣　IV 187 第萬四 32（22）歳（228）
不愓—善穀—汝櫁—崇忠—必翥—良銓④　IV 241 第艮七 29 歳（228）
仲突—士譏—不將—善俗（傛）—汝皓—崇琇（誘）—必遷　IV 211 第十六 25（35）歳（228）
仲暹—士頎—不易—善椁—汝沇—崇汧—必錚　III 63 第□ 19 歳（228）
士儉（憸）—不瑑—善誠—汝便—崇遒—必寰　IV 225 第□ 34 歳（228）
士儉—不坫—善積—汝翌—崇鋒—必浍⑤（淦）　IV 232 題六一 30 歳（228）
宗翰—仲馨—士多—不訕—善與（輿）—汝珽⑥（琔）　III 45 第四八 48 歳（229）
允讓—宗懿—仲隗—士洞—不寧—善承—汝宣—崇奎—必朕　IV 245 第三九 32 歳（229）
宗樸—仲佺—士根—不艾—善蘊—汝泄—崇懋—必沂　IV 199 第四 32 歳（229）

越王房
元傑…
鎮王房
元偓―允玢（弼）―宗喬―仲沃―士琚―不詔―善俊―汝臬―崇姚―必祿―良洪―友煥⑨　Ⅳ 214 第一 23歳（233）
楚王房
元偁…
周王房
元儼…
崇王
元億

宗師―仲廩―士淃―不積―善言―汝羿―崇彪―必邇　Ⅰ 19 第四七 43歳（230）
宗暉―仲沈―士园―不隔―善宥―汝澍―崇禳―必戚　Ⅳ 192 第季一 30歳（230）
宗輔―仲譙―士愼―不塞―善讙―汝翹―崇鋌　Ⅳ 180 第十二 39歳（230）
宗晟―仲御―士樽―不居―善擴（攄）―汝憮―崇珆　Ⅳ 215 第□ 30歳（231）
宗治―仲忽―士說―不柔―善待―汝逵―崇袞―必常―良垵⑦　Ⅳ 207 第一 24歳（231）
　　―仲臻（溱）―士儆（儆）―不緇―善竦―汝沮（珇）―崇淵―必樘（棠）　Ⅲ 91 第四 26歳（231）
宗蓋（蓋）―仲的―士㻞（慷）―不皦―善淙（漴）―汝朴―崇逸（逸）―必璂　Ⅳ 244 第萬一 29歳（232）
宗漢―仲彩―士鑣―不咈―善慥―汝璽―崇璥―必畊⑧　Ⅳ 248 第宗十八 20歳（232）

高密郡王房 德恭
承慶―克孝―叔紑―盈之―公軫―彥昜―偲夫―時貫（檟）　Ⅲ 61 第一 36歳（234）
　　　　　―叔彖―旦之―公齊―彥駷―寵夫―時楀―若玤　Ⅳ 247 第大 29歳（234）
　　　　　　　　　　　　　　　　　　　　　　　　―若琲　Ⅲ 64 第二 27歳（234）
承壽―克基―叔郎（朗）―存之―公儀―彥暉―椭夫―時瑜　Ⅳ 228 第十五 45歳（234）
　　―克脩（修）―叔充―麋之―公愨―彥仁（仜）―釲夫―時洮　Ⅳ 202 第十 32歳（234）

廣平郡王房 德隆
承訓―克孚―叔謅―說之―公佺―彥濟―頡夫―時𡋯　Ⅲ 73 第萬四 42（46）歳（235）
　　　　　　　　―諫之―公燧―彥沚―柄夫―時爀　Ⅳ 185 第一 24歳（235）

魏王廷美

潁川郡王房 徳彝（彝）―承矩―克廣―叔蘭―褒之―公廉―彥樓―許夫―時煒―**若魯**	Ⅳ 236 第徳十一 39歳（235）
彥樓―諏夫―時澨―**若硂**	Ⅳ 239 第徳二十三 25歳（235）
―承錫―克稟―叔儀―輝之―公孝―彥瀰―**暮夫**	Ⅳ 184 第□ 33歳（236）
廣陵郡王房 徳雍―承陸（睦）―克戒―叔忞―誼之―公劃―彥鏕―儋夫―時瓚―**若襘**	Ⅳ 222 第□ 28歳（237）
―承亮―克冲―叔瑽―晉之―公訏（許）―彥湜―欆夫―**時賽**(10)	Ⅳ 224 第四七 36歳（237）
―克楡（愉）―叔源―賓之―公彧―彥伯―橘夫―**時林**(11)	Ⅲ 50 第四十 22歳（237）
鄖國公房 徳鈞―承偉―克用（周）―叔東―堅之―公煥―彥質―禰夫―時傈―若錊―**嗣進**	Ⅳ 220 第□ 33歳（239）
―承裔―克勇―叔崱―盈之―公佚―彥權―**霣夫**	Ⅳ 186 第四 47歳（239）
―承詡（翊）―克勁―叔夷―漸之―公一―彥濤―江夫―時剪（翦）―若梓―**嗣涓**	Ⅳ 237 第一 23歳（240）
若梓―**嗣思**	Ⅳ 242 第二 20歳（240）
江國公房 徳欽―承遵―克臧―叔陳―維之―公壽―彥信―瑅夫―時果―**若焯**	Ⅳ 200 第十三 38歳（240）
申王房 徳文―承顯―克柔―叔雉―愛之―公琬―彥曨―峴夫（皥）―時忬―**若媗**	Ⅲ 59 第五二 46歳（241）
―克恂―叔黔―麟之―公儒―彥珊―山夫―時美―若湧―**嗣樟**	Ⅲ 78 第□ 41歳（241）
紀國公房 徳存―承衍―克赶（赳）―叔鄒―立之―公滌―彥珀―樀夫―**時塈**	Ⅳ 206 第甲三 25歳（241）

系譜圖注

（1）宋史宗室世系表（以下世系表と略稱）には、汝訓の子に崇冋の名なし。

（2）粤雅堂叢書本・宋史資料萃編本寳祐登科錄は年二十七とし、宋元科擧三錄本・靜嘉堂文庫抄本は年三十七とする。

（3）靜嘉堂本は第二。

（4）寳祐登科錄は艮銓とする。艮銓の誤ならん。世系表には必翥に子の記載なし。

（5）中華書局標點本、淦。
（6）中華書局標點本、琔。
（7）世系表に良焌なし。
（8）世系表に必畊なし。
（9）世系表に良洪の子、記載を缺く。
（10）世系表に櫶夫の子、記載を缺く。
（11）世系表に橘夫の後、記載なし。

（大東文化大學東洋研究所　東洋研究　第一一六號　平成七年九月）

明代進士登科錄考

科擧試驗の合格者の名簿としては、宋代のものに、紹興十八年（一一四八）の題名錄・同年小錄と寶祐四年（一二五六）の登科錄とが傳世現存し、咸淳七年（一二七一）同年小錄については、劉壎の隱居通議によってその一端を窺うことができる。元代においては、順宗の元統元年（一三三三）の進士題名錄（靜嘉堂文庫藏抄本・北京圖書館古籍珍本叢刊本（清抄本影印）本・宋元科擧三錄本）が傳えられている。

明代ではどうであるか。本稿ではこのことを考察しよう。

長澤規矩也博士の靜盦漢籍解題長編[1]第二卷傳記類には、明朝の進士登科錄の總錄として、皇明進士登科考十二卷（嘉靖刊）が登載され、年度別登科錄としては、弘治十八年進士登科錄以下、正德十六年・嘉靖四十一年・萬曆八年の計四つの登科錄が著錄されておる。同書は弘治十八年進士登科錄の構成を解題して「首ニ讀卷・提調・監試・受卷・彌封・掌卷・巡綽・印卷・供給各官ノ列銜アリ。（中略）第一甲三名賜進士及第顧鼎臣等、第二甲九十五名崔銑・嚴嵩・湛若水・陸深・徐禎卿等、第三甲二百五名叚炅等。略歷（生年、曾・祖・父母ノ名、兄弟・妻）、并ニ鄉試會試成績ヲ列ス、登科錄文（尾缺）ヲ附ス、第一甲三名ノ答案ナリ。」（靜盦漢籍解題長編第二卷一一〇六頁）とある。また正德十六年・嘉靖四十一年各進士登科錄もその體裁は弘治十八年登科錄に同じと述べられている。

拙文筆者は、これら登科錄閲覧の機に恵まれず、遺憾ながら未見である。實見したのは藝海珠塵叢書革集に収められた洪武四年進士登科錄一巻であり、明朝登科錄の一端を窺うよすがとしている。これによれば、

第一甲三名
　賜進士及第　第一名授承直郎
　　第二名授承事郎
　　第三名授承事郎
第二甲一十七名
　賜進士出身　授承事郎
第三甲一百名
　賜同進士出身　授將仕郎

とあり、第一甲と第二甲の各人については、貫と籍、治經、字、年齡、出生月日、曾・祖・父三代の名・官と母の氏、父祖存故、鄉試・會試名次、授職名が記されている。行第數の記載はない。

サンプルとして第一甲第一名の吳伯宗の記事を次に掲げよう。

吳伯宗　貫江西撫州府金谿縣儒籍
　治書經字伯宗年三十八八月二十九日生
曾祖可宋登仕郎漕貢進士　祖泰運　父儀元鄉貢進士　母何氏
　具慶下
鄉試第一名　會試第二十四名　授禮部員外郎

第三甲一百名(2)各人については記事が省略されており、出生月日、三代と母氏、父祖存故の記載がない。父祖存故を第一甲・第二甲計二十名についてみるに次の如くである。

第一甲　具慶　三
第二甲　具慶　四
　　　　嚴侍　一
　　　　慈侍　四
　　　　永感　八

洪武四年進士登科録によれば進士登第者の年齢は次の如くである。

第一甲　24オ－1名　33－1　38－1
第二甲　32－1　33－1　37－1　38－1
　　　　39－1　40－2　41－1　43－2
　　　　44－1　46－2　47－2　48－1　55－1
第三甲　30－1　38－1　44－3　50－1　52－1
　　　　57－2　（他は記載なし、最後の一名缺）

内閣文庫に新刊嘉靖拾肆年進士登科録三冊(3)がある。嘉靖刊本である。巻頭に玉音を掲げ、ついで讀巻官以下供給官に至るまでの諸官の列銜を記し、さらに第一甲三名、第二甲九十五名、第三甲二百二十七名各人について記す。第一甲賜及第第一名韓應龍を例としてあげると次の如くである。

韓應龍　貫浙江紹興府餘姚縣民籍　附學生
　治禮記字汝化行五十年三十八・九月十五日生
　曾祖孟退　祖廣　父暹　母沈氏
　慈侍下兄榮華聽選官應當應貴弟應奎應元　娶傅氏
　浙江郷試第三十一名　會試第貳百五十三名

右記述體裁は第一甲三名と第二甲七名までは同じで、行第の數が記載されていることに注目したい。第二甲八名以下と第三甲全部は、貫・籍・出身學校・治經・字の記載までに止まり、それ以下の行第數・年齢・生日・三代及び母氏・父母存故・兄弟・娶氏・郷試會試序數の記述は省略されている。(但し第二甲第十一名の許穀のみは行一・年齢三十二と記す。郷試・會試の序數はところどころ記入されているものがある。)

第一甲三名と第二甲上位十三名について、氏名・父祖存故・行・年齢・治經の記事は次の如くである。

(氏名	父祖存故	行	年齢	治經)
第一甲賜進士及第				
韓應龍	慈侍下	五十	三十八	禮記
孫　陞	慈侍下	五	三十五	易經
吳　山	具慶下	五	三十六	詩經
第二甲賜進士出身				
李　璣	具慶下	六	三十七	詩經

趙貞吉	重慶下	六	二十八	易經
敖　銑	慈侍下	九	三十二	詩經
郭　朴	具慶下	一	二十五	詩經
任　瀛	具慶下	二	三十八	詩經
沈　宏	具慶下	一	四十	詩經
駱文盛	慈侍下	三	四十	易經
尹　臺				易經
康太和				詩經
李學顔				詩經
許　穀		一	三十二	書經
鄭質夫				書經

（以下省略）

宋の紹興十八年同年小錄や寶祐四年登科錄にみえる第數は、元代の元統元年進士錄にみえる行數と同じもので、排行を示すものであることは、拙稿「宋進士登科題名錄と同年小錄」（「汲古」第二六號所載）において論じた。元統元年進士錄の行數の記載は、明朝嘉靖十四年進士錄の行數の記載に連續するものである。父祖存故の、具慶は父母ともに生存、嚴侍は父存母亡、慈侍は父亡母存、永感は父母ともに亡、重慶は祖父母父母二代にわたって生存することである。（上記拙稿）

清朝の事例については、清王爾烈の郷・會試朱巻木雕版が「文物」第六期[4]に紹介されている。これによれば、乾隆十六年進士の王爾烈の朱巻で、

父縉
母劉氏
具慶下
　郷試第一百九十一名
　會試第一百二名
　殿試第二甲第一名

とあり、字君武、一字仲方、號□峰、行一、丁未年正月二十三日生などと記されている。行數の記載が注目されるところである。

注

（1）「靜盦漢籍解題長編」記載書は、現在、中華民國國立中央圖書館に所藏されている。（阿部隆一、「增訂中國訪書志」三七四頁）
「靜盦漢籍解題長編」第二巻に、寶祐四年登科錄（文文山同年小錄）明嘉靖刊胥文相刊本（嘉靖元年跋）の收錄があり、徐乃昌舊藏本である。徐乃昌はこれによって宋元科擧三錄本の寶祐四年登科錄を成したのであろう。

（2）第三甲一百名と標記されるが、名簿としては第九十九名趙松で終わっている。（東洋文庫藏藝海珠塵本・叢書集成所收本も同じ。）

（3）新刊嘉靖拾肆年進士登科錄上・中・下三冊の構成は、上冊は、玉音・關係官列銜・登科者名簿（第一甲三名・第二甲九十五名・第

三甲二百二十七名）の記述があり、皇帝制（嘉靖十四年四月初三日）で終わる。中冊は第一甲第一名韓應龍、第二名孫陞、第三名吳山、第二甲第一名李璣、第九名康大和、第二名趙貞吉、六名の對策を揭出する。下冊は第二甲第三名敖銑、第四名郭朴、第五名任瀛、第六名沈宏、第七名駱文盛、第八名尹臺六名の對策を揭載する。

思うに上冊が登科錄そのものの本體で、元來は第一甲・第二甲・第三甲合格者全員それぞれにつき、その貫・籍・出身校・治經・字・行數・年齡・生月日・三代名・母氏・父祖存故・兄弟・娶氏・鄉試會試成績の各項の記載が完備したものであったであろう。それを第二甲八名以下は簡略化して上冊とし、中冊・下冊は上位合格者十二名の對策の全文を揭載し、後の受驗生の參考にすべく出刊されたものが、この內閣文庫所藏の本書であると考えられる。

本書は豐後佐伯藩毛利高標本である。本書の閱覽に當たっては、國立公文書館の長澤孝三氏の御配慮を忝けなくした。記して謝意を表したい。

（4）「文物」一九八九年第六期鄒寶庫九二－九三頁。

（大東文化大學東洋研究所　東洋研究　第一二三號　平成九年一月）

『紹興十八年同年小錄』『寶祐四年登科錄』對校表

凡　例

一、この對校表は、『紹興十八年同年小錄』と『寶祐四年登科錄』との兩書それぞれの諸版本を校合して、相違する語句を抽出して作ったものである。

一、『紹興十八年同年小錄』は徐乃昌本（宋元科擧三錄本）と靜嘉堂藏抄本の二書を對校し、相違する文字の右側に○印を附した。

一、『寶祐四年登科錄』は粤雅堂叢書本（宋史資料萃編本）、徐乃昌本、靜嘉堂藏抄本の三書を校合して相違する語句を抽出し、粤雅堂叢書本に記されている宋刻本と活字本との對校文字は別欄を設けて示した。なお、上記諸版本の解説については本書「宋進士登科題名錄と同年小錄」（101～125頁）を參照されたい。

一、各頁最上段には毎甲の合格順位を算用數字で、二段目には合格者名を、三段目以下に各版本の相違文字を記した。

一、用語、符號について

ワラズ（156頁上段）　徐乃昌本では雙行のところが、靜嘉堂藏抄本では一行になっている場合。

□　空格を表す。　例「一舉」の一が無く空格となっている場合は「□舉」と表示した（159頁上段第四甲35）。

「第懿二《三?》永感下」（187頁第四甲134）のような不鮮明文字には判讀した文字の右側に?·印を附した。

「小名?·郎」（177頁第二甲38）は判讀不可能な文字の場合で、上記のように該當文字を?·印で示した。

一、『紹興十八年同年小錄』に頻出する「直」の字、靜嘉堂藏抄本では總て「直」に作る。

『紹興十八年同年小録』　對校表

紹興十八年同年小録

		徐乃昌本	静嘉堂藏抄本
第一甲 1	王　佐	具慶下 見任左迪功郎 鎮江府教授	「具慶下」は前行「外氏葉」の下に一字格あきで入れる（以下すべて同じ） ワラズ（以下すべて同じ）
2	董德元	右迪功郎 長壽 故都官 員外郎	ナシ 「長壽」の次に「初奏第一以有官遜佐特敕還擢居首詳巻末」 故都官員外郎累○至○太○子○太○保○
3	陳　孺	和州助教 叔頑○	ナシ 叔禎
4	莫　汲	右修職郎	ナシ
6	王忠彦	第四三	第四十○三
7	葛　鄗	右承務郎 年三○十五 第小○五 顯謨門○	ナシ 年二十五 第十五 顯謨閣
8	陳聞遠	四月十○七日生 弟○十八	四月初七日生 第十八
第二甲 1	甘　焯	感○寧坊	咸寧坊
2	沈　文	娶○前李氏○後蔣氏	娶李氏繼娶蔣氏
5	吳　嶀	右○迪功郎	左廸功郎
6	劉　鎭	小字崧○郎	小字松郎
9	溫　鎧	小字壽兒○ 故左事郎	小字壽郎 故○左從事郎
11	章　謐	浮○之 祖士○寧 父爲○故不仕	靖之 祖仕寧 父彝故不仕
13	芮　燁	芮燁○ 名勝郎	芮○華 小名勝郎

		第六七○ 兄弟五○人	七 第六十 兄弟三人
14	林公望	小名楊○老 祖業○	小名揚老 祖竦
15	陳豊	右迪功郎	ナシ
17	朱燮	初○娶張氏	娶張氏
18	張頴	年二十一○ 第廿○六	年二十二 第二十六
19	秦淵	右迪功郎 先○娶王氏 内殿崇殿○ 本貫楊○州	ナシ 娶王氏 内殿崇班 本貫揚州
第三甲 7	蹇駒	第小○五 潼州○府	第十五 潼川府
9	李承	第大○八	第十八
11	朱三省	第百二○十○七	第百念七

12	田興宗	兄弟三○人 祖責○	兄弟二人 祖貴
13	徐存	第六二	第六十○二
14	黎梓	字材○仲	字林仲
17	冉徽之	前○娶魏氏 繼室○錢氏	娶魏氏繼娶銭氏
18	萬介	赤墀○村	赤墀村
21	張偉	五月二十七○日	五月二十五日
22	馮忠嘉	閏十月二○十○二日 第三十九○ 初○娶謝氏 繼室○王氏	閏十月念二日 第三十六 娶謝氏繼王氏
23	何性仁	十一月二○十○八	十一月念八日
27	王人鑑	三十二歳○	年○三十二
28	趙不愧	承信郎 宗績○	ナシ 宗績

33	趙像之	贈使○信軍	贈崇信軍
36	魏師遜	第百二十五 娶楊○氏 父世譽○	第一○百二十五 娶王氏 父世譽
第四甲 2	蕭肅	安福縣	安福鄕○縣
3	曾賁	兄弟無人○	兄弟無
5	何昌邦	曾祖忠○滿	曽祖志滿
6	王苪	十二月初八日 弟○四八	十二月初八日生○ 第四八
8	陳天麟	字季○陵 祖允○宗	字秀陵 祖永宗
9	陸升之	右通直郎	ナシ
12	鍾將之	祖甫故不任○ 父允未任○	祖甫故不仕 父允未仕
13	蒲堯仁	第小○五	第十五

		茉○親里	榮親里
16	王師愈	王師愈○ 祖常	王師念 祖○祀常
18	陳經國	弟○六 前○娶徐氏	第六 娶徐氏
19	陳篆	弟○四二	第四二
20	陳伯山	弟○念九 二○舉	第念九 一舉
21	童用賔	小名用 弟○二○一 兄弟三○人 曾祖琰○	小名用之○ 第三一 兄弟二人 曽祖琰
22	江獻可	弟○三十 兄弟二○人 楊○州	第三十 兄弟三人 揚州
23	王康年	外氏鈕○ 弟○三	外氏鈕 第三
26	陸光之	先○娶黃氏	娶黃氏

		再鄭氏○ 故仕○中夫○夫	再娶○鄭 故任中大夫
27	蒲堯章	小名巖○慶	小名岩慶
28	韓　炳	字道丈○	字道文
30	王　昉	正月初三日	正月初三日生○
31	李用之	大和南○	大和里
33	勾龍震	小字佛○喜○ 第初○三 父廊	小字喜佛 第六三 父廊未○仕○
35	龐　守	一○舉	□舉
37	鮑安行	右迪功郎 壠源○里	ナシ 壠源里
38	周汝士	外氏過○ 曾祖過○	外氏戈 曽祖迂
41	李　清	延興○里	延安里
44	勾龍雱	年三○十一	年五十一

45	梁汝昌	兄弟二○人	兄弟三人
46	劉安世	十二月二○十○七日	十二月念七日
47	章朝宗	父駿 故○任○成 忠郎	父駿仕成忠郎
48	林次融	父邦俊○ 父爲戶○	父邦彦 父爲自
49	兪光疑	兪光疑○ 父愷○	兪光凝 愷←修正文字 父程
50	彭邦光	小字犬○子	小字大子
51	胡百能	太○中大夫	大中大夫
52	石才孺	十一月二○十○七日 祖仲先○	十一月念七日 祖仲光
53	范仲微	十一月二○十○五日 一○舉	十一月念五日 二舉
54	鮑愼履	燿卿戶	燿卿爲○戶

55	王　賓	小名端○郎	小名瑞郎
56	李　開	七月十一○日	七月十二日
57	何　騰	父降故太○學内舍生	父降故大學内舍生
58	黄文昌	祖俯 父鉞見○任・・・・・	祖俯彦○ 父鉞福任・・・
59	毛恵直	第三舉 再羅氏	第□○□○三舉 再娶○羅氏
60	練　槩	三月二○十○八日 兄弟二○人 書繡○鄉	三月念八日 兄弟三人 書秀鄉
63	鍾離松	右奉議郎 龍圖閣拜○制 進○業坊	ナシ 龍圖閣待制 建業坊
64	林　錞	小字旁○符 十二月二○十○九日 祖穀○ 福州連江縣	小字夢符 十二月念九日 祖轂 福州府○連江縣
65	陳德修	別○無○兄弟	兄弟無○

69	李　淵	兄弟二○人 新會○縣主簿	兄弟一人 新曽縣主簿
74	方　綰	故左中 奉大夫	故贈○左中奉大夫
76	范仲較	一○舉 資政殿李○士	二舉 資政殿學士
78	李　几	彝○度 父稷	彝度 父稷未○仕○
79	林清卿	偏侍下□兄弟二 人	・・・・・・・・偏侍下 第□□□兄弟二人・・・・
80	周　邵	第五一○ 姪○良臣	第五十 侄良臣
82	譚　炤	父琰○	父琰
83	王堯臣	喜○政鄉	善政鄉
84	雷行之	十一月一日	十一月初○一日

86	余彦廣	元詔○ 祖有茱○	元詔 祖有榮
87	劉公特	年三十三○ 第十五 無○兄弟 娶陳○氏 候○官縣	年三十二 第三○十二○ 兄弟五○人○ 娶李氏 侯官縣（第三十二、兄弟五人→第八十六人余彦廣ニ引カレタ誤カ）
88	方顔	右迪功郎	ナシ
89	張溥	吉州助教 靈巖○里	ナシ 靈岩里
90	陳俱	十二月二○十○一日 外氏周■○祖故仕○中奉大夫 右文殿修撰周○穜 三○舉	十二月念一日 外氏周祖故任中奉大夫右文殿修撰門穜 一舉
91	李杭	身○爲戸	自爲戸
92	爨師旦	爨○師旦 年一○十八	糜師旦 年十八
93	王汝嘉	外氏辛○ 前○娶呉氏	外氏李 娶呉氏

		身○爲戸	自爲戸
94	向騤	多云○里身○爲戸	多雲里自爲戸
95	張穆	小名祐○郎 第萬○三 兄弟三○人	小名佑郎 第百三 兄弟五人
96	趙不悔	保義郎 小名犬○子	ナシ 小名大子
97	謝芷	小名圓 正月三○十日	小名圓子○ 正月初十日
99	薛璨	小名瑞○駒 十一月二○十○五日	小名端駒 十一月念五日
100	王滋	第六二□五舉	第八○二□兄○弟○□○□○五舉
102	趙彦齡	承節郎 父公擬故武德○郎 本貫玉牒所	ナシ 父公擬故武儀郎 本貫宗○正○寺○玉牒所
105	江寘王	小名佛保○ 沈氏○	小名佛寶 沈

107	梁南一	第二○十七	第八十七
108	韓彦直	右奉議郎直敷文閣 外氏茆○	ナシ 外氏茆
109	俞肇	化劒里○	化劒
110	張宗元	右宣議郎直敷文閣 ・・趙○國公 ・武靖海○軍○節○度○使 雙柳撥○	ナシ ・・越國公 ・武靖寧道慶使 雙柳獫
111	馮公亮	娶李氏再○包氏	娶李氏包氏
112	趙公懋	成忠郎	ナシ
113	趙儼之	年二十歳○ 故贈寧軍 父叔贊○	年二十 故贈○鎮寧軍 父叔贊
114	趙伯術	承節郎 曾祖世○顒	ナシ 曾祖令顒
115	趙不敂	年二○十二 祖仲突 故贈開封○儀同三司栄○国公	年三十二 祖仲突故贈開府儀同三司榮國公

116	趙善珏	趙善玨○ 小名鐵住○ 祖士赟○	趙善珏 小名鐵柱 祖士䎘
117	陳秀實	弟秀頴○	弟秀穎
118	趙子修	年二十二□□□日生 □□下弟□□兄弟□人 □一舉□娶□□□ 祖世芃○ 故贈保康軍節度使開封○儀同三司房国公 太平與○国宮○	年二十二□月○□□日生 ・・・・・具○慶○下 第○□□□○兄弟□□○ □一舉□娶□□□ □○□○□○□□ 祖世□故贈保康軍節度使開府儀同三司房國公 太平興國公
119	趙公武	承節郎 趙公武○	ナシ 趙公武
120	趙伯茂	忠訓郎	ナシ
121	趙師孟	承節郎 故任降○授○	ナシ 故任朝散大夫

		朝散大夫	
122	趙伯瑷	故贈○ 少○師○ 祖令○薇 父子校	故不仕 祖薇 父子校校○
第五甲 1	戴幾先	第百七	第一○百七
2	楊大全	兩○舉 祖徽故將○仕○郎○	二舉 祖徽故不仕
3	楊騫	父堅未仕 伯祖	父堅○故未仕 伯叔○祖
4	蔡珵	故宣義郎提舉 福建路常平□○	故宣義郎提舉福建路常平 事
5	王允功	右從事郎 見任左中大夫直○ 龍圖閣提夆○台州 崇道觀	ナシ 見任左中大夫任龍圖閣提 舉台州崇道觀
6	黄匯	兩○舉 父彜○	二舉 父彜

7	朱江	十一月二○十○二日 曾祖乂○ 祖中○ 蘇○州○	十一月廿二日 曾祖義 祖忠 平江府
9	胡佑	年三十一歲○ 父詵○	年三十一 父説
10	徐日章	小名夢麒○ 小字韡○華 具慶下□兄弟三 人 祖躋○ 見任右廸功郎新○ 臨江軍新淦○縣主 簿	小名夢麟 小字韡華 ・・・・・・・具慶下 第□□兄弟三人・・・・ 祖濟 見任右廸功郎臨江軍新金 縣主簿
11	陳式	小名翁麥○ 外氏黄○ 第三○	小名翁默 外氏董 第二
13	李升	兄弟無人○	兄弟無
14	范時中	小名夘○孫	小名卯孫

No.	名	本文	異本
		外氏宋○ 第小○五 曾祖○元冨	外氏朱 第十五 曽祖乂富
15	龔夢良	字肖○之 叔祖縣丞乂○中	字育之 叔祖縣丞大中
16	劉棠	小字銅○哥	小字絅哥
17	鈞宏	小字僧惠○ 年三○十八 第三四 毗○江里	小字僧慧 年二十八 第三十○四 毘江里
18	勾龍驤	勾龍驤○ 小名羅漢保○ 十一日外氏曹 第榮○一 一○舉	勾龍驤 小名羅漢 十一日生○□○外氏曹 第崇一 二舉
19	莫沖	莫沖○ 小字文○郎 第十三○ 祖磻○	莫冲 小字文郎 第十二 祖播
20	鮑喬	字仲遷○	字仲廷

No.	名	本文	異本
		太○冲○	大中
21	雍有容	第万○七 曽祖格○	第萬七 曽祖恪
22	李伊鼎	兄弟兩○人 兩○舉 礼○貢里	兄弟二人 二舉 禮貢里
23	王傑	字才特○ 小字榮親 第四八○ 祖公詔○	字才禮 小字升親 第四人 祖公紹
24	樊寅	先○娶何氏再○娶○宋氏 祖時故任左從事郎	娶何氏宋氏 祖時故任事○左從事郎
25	冷世修	冷世修○	令世務
26	倪寛	十月 娶范○氏	十一○月 娶沈氏
27	黄璋	右迪功郎 小字美○中	ナシ 小字美中
28	許冰清	小名董○行	「小名重行

		年四十一○ 外氏王氏○繼母項氏	年四十二 外氏王繼母項氏
29	邱窋	二○舉 曾祖延肇故 祖錡故	三舉 曾祖延肇故不○仕○ 祖錡故不○仕○
30	兪處約	年三○十六 祖寶○	年二十六 祖實
32	詹亢宗	第千○八 祖京故仕○左朝散郎	第十八 祖京故任左朝散郎
33	陳旦	曾祖佐故不仕□ 祖諶故不仕□父 雍故不仕	曾祖佐□祖諶□父雍故並 不仕
34	魏憲	年三○十六 第景二○ 兄弟三○人 曾祖文晏○ 畿○德里	年二十六 第景一 兄弟二人 曾祖文宴 幾德里
35	宗昇	弟直祕閣庠○	弟直祕閣詳
36	鄒孟	九月二十二○日	九月二十六日

		娶□曾祖咸	娶□氏○□○□○□○曾祖咸
37	牟子正	弟○八五 曾祖堯問故 布○德鄉禮貢里身○ 爲戶	第八五 曾祖堯問故不○仕○ 左德鄉禮貢里自爲戶
38	石仲集	州孛○教授	州學教授
40	甘定中	閏九月二○十○二○日 曾祖允正故不仕 祖祖○安故不仕父 大成故不仕	閏九月念一日 曾祖乆正□祖安□父大成 故並不仕
43	譙筌	具慶下□兄弟終 解	・・・・・・・・具慶下 第□□□兄弟終解・・・
44	張觀國	兩○舉 父博○文	二舉 父博文
45	柳仲永	十二月二○十○七日	十二月念七日
46	沈壽康	小字大年○ 年三○十六	小字大 年二十六

		曾祖俊民故不仕□祖齊故不仕□父之彥故不仕	曾祖俊民□祖齊□父之彥故並不仕
47	吳　璹	知密州○故任右迪功郎充英○州眞陽○縣○令	知雷州故任右迪功郎充袁州眞所令
48	楊　昂	先○娶陳氏雄○州防禦推官	娶陳氏推州防禦推官
50	章　駒	父雲就○	父雲龍
51	鄭國翰	小名佛先○小字善長○曾祖巽○	小名佛光小字善良曾祖巽
52	趙　邦	曾祖世平故不仕□祖輝故不仕□父愈故不仕	曾祖世平□祖輝□父愈故並不仕
53	陳　光	第大○	第六
55	劉　煥	八月初八日	八月初八日生○

		初○娶黃氏後○娶郭氏曾祖涫故不仕□祖倣○故不仕□父宗舜故不仕	娶黃氏繼娶郭氏曾祖淳□祖佐□父宗舜故並不仕
56	許　璹	年四十一○	年四十二
57	林　杆	外氏蔡繼母方○氏○曾祖蒙故不仕□祖強故不仕□父成故不仕	外氏蔡繼母力曾祖蒙□祖強□父成故並不仕
58	葉元凱	父銜○未○仕	父潤故不仕
60	陸師古	兩○舉再娶季○氏	二舉再娶李氏
61	林光祖	字敏功○第四○十八曾祖槩・・・・集賢校理○累○封太師嘉國公祖雄○故任將仕郎監常都稅務	字敏公第十八曾祖槩・・・集賢校理贈太師嘉國公祖雄故任將仕郎常都稅務

62	史　杶	兄弟三○人	兄弟二人
63	胡觀國	字詹○聖 永感下兄弟二人 曾祖飾○ 父文○修故任左文林郎氏○ 盧州錄事參軍	字瞻聖 ・・・・・・・永感下 第□□□兄弟二人・・ 曾祖餙 父汝修故任左文林郎知 盧州錄事參軍
64	朱永裔	新安里○	新安鄉
65	毋　過	曾祖競○	曽祖兢
66	沈中立	字抑彊○ 外氏陳氏○繼母顧氏 兄弟三○人	字抑彊 外氏陳繼母顧氏 兄弟五人
67	王　桷	父涇未仕○	父涇未氏
68	余　溥	字仲愽○ 兄弟無人○	字仲博 兄弟無
69	吳利見	字聖逢○ 外氏林氏○繼母劉氏 祖瑛○ 福靑○縣	字聖逄 外氏林繼母劉氏 祖英 福淸縣
70	吳邵年	右承務郎 第三九 祖充累○贈正議大夫 父表邑○ 敷文閣直李○士 太平興○国宮○	ナシ 第三十○九 祖克故贈正議大夫 父表臣 敷文閣直學士 太平典國軍
71	樊當時 （周富邦）	樊○當○時○ 小名羅○壽 父百○之 丹棱○縣	周富邦 小名維壽 父佑之 丹稜縣
72	李秉善	字達邑○ 祖端○ 弟運○幹	字達臣 祖瑞 弟蓮幹
73	汪端彥	小字顕叔○ 乙酉年○ 三○舉 曾祖伯原故不仕 □祖堯鄉○故不仕 □父需故不仕	小字顯敍 乙酉 一舉 曽祖伯原□祖堯卿□父需 故並不仕

74	朱　登	第八十○三	第八三
76	陳舉善	壬寅年○ 右太○中大夫 右從○政郎	壬寅 右大中大夫 右從事郎
77	童大定	娶任○氏	娶汪氏
80	吳　特	父秉哲 見進武副尉	父秉哲見任○進武副尉
82	茹　驤	祖祺故未○仕	祖祺故不仕
83	陳康嗣	小名犬○哥 曾祖奕故不仕□ 祖逵故不仕□父 聿故不仕	小名大哥 曽祖奕□祖逵□父聿故並 不仕
84	林思永	右迪功郎	ナシ
88	袁　炎	一○舉	二舉
89	馬　炳	第二○ 父宗彝○	第三 父宗彝
90	朱　熹	第五十○ 兄弟無人○	第五一 兄弟無
		父○爲戸	自爲戸
91	陳良弼	字夢邑○ 再娶鄧	字夢臣 再娶鄧氏○
92	胡師徐	弟○十四	第十四
93	方師尹	忠翊郎	ナシ
94	左慶延	小○字○ 外氏故母蕭氏○繼 母劉氏○ 第四十○六	ナシ 外氏故母蕭繼母劉 第四六
95	楊　浚	年二十歳○ 第四十一○ 祖仲玗○	年二十 第四十 祖仲珩
96	顧　瀚	太○中大夫	大中大夫
99	張士儋	年一○十九 七月初○六○日	年二十九 七月二十九日
100	汪處實	兄弟三○人 再○娶韓氏	兄弟二人 繼娶韓氏

101	蕭南式	万○安縣	萬安縣
102	袁冨文	小字桒祖○ 身○爲戶	小字榮祖 自爲戶
104	胡　權	初○娶應氏再○娶徐氏	娶應氏繼娶徐氏
106	段友直	段○友直 小字全美○ 三○舉	叚友直 小字全美 二舉
108	聶端禮	小字桒○郎	小字榮郎
109	謝　茈	字茂○先	字幾先
110	李敦仁	李○敦仁 正月三日	張敦仁 正月初○三日
112	季時亨	季○時亨 大○雲○縣	李時亨 金華縣
113	喻邦佐	第小○二 兩○舉	第十二 二舉
114	張宗沆	含○章里身○爲戶	含章里自爲戶

116	何　璵	何璵○ 正月十日 曾祖德誠○	何瑛 正月初○十日 曽祖德城
118	葉　衡	貴州助教	ナシ
119	陳長源	父正夫見承信郎	父正夫見任○承信郎
120	劉　坦	小字彥逢○ 兄弟終鮮□娶魏氏	小字彥達 兄弟終鮮□○□○舉□○娶魏氏
121	張　密	第二十一人	第百○二十一人
122	景黃裳	年二十二○ 弟○三	年二十三 第三
123	楊　靖	前○娶史氏再○娶雷氏	娶史氏繼娶雷氏
124	游壽寧	弟○五十三	第五十三
125	蘇　升	蘇升○ 字時中○	蘇昇 字時仲
126	周光遠	兄弟無人○	兄弟無

番号	姓名	上段	下段
127	劉庭揚	十一月三○十日 兄弟兩○人 兩○舉	十一月二十日 兄弟二人 二舉
128	譚守約	父世邑○ 身○爲戸	父世臣 自爲戸
129	黃嗣廉	字景夷○ 年三○十六 曾祖 輙○故任左○朝奉郎通判筠州 章○州事累贈左太○中大夫 祖 輔國・・・・・・試尚書 工部侍郎贈左太○中大夫 父 益之故任右通直郎 知徽州婺源○縣丞 舡○山里	字景美 年二十六 曾祖轍故任朝奉郎 通判筠州軍州事累 贈左大中大夫 祖輔國・・・・・・・ 試尚書工部侍郎贈 左大中大夫 父益之故任右通直 郎知徽州婺原縣丞 船山里
130	楊庭堅	娶于○氏	娶丁氏
131	劉希旦	兩○舉 主簿堯目○爲戸	二舉 主簿堯臣爲戸
133	陳仲謌	弟○念四	第念四

番号	姓名	上段	下段
134	張　忠	年四十歲○ 弟○保一 前○娶裴氏 再○娶馮氏 身○爲戸	年四十 第保一 娶裴氏繼娶馮氏 自爲戸
135	李全之	十二月二○十○四日 兄弟無□娶張氏	十二月念四日 兄弟無□○□○舉□○娶張氏
136	兪　曡	外氏鄭氏○ 祖楊○庭	外氏鄭 祖揚庭
138	林　翰	小字士○豪	小字十豪
139	陳王賔	年○辛巳 弟○二 曾祖翼○	辛巳 第二 曾祖獎
141	買　渤	祖師道 故贈左○承事郎 崇政○鄕	祖師道故贈右承事郎 崇教鄕
142	徐　履	弟○三六	第三六
特奏名 1	兪瞬凱	字興○才	字與才

永感下
娶元氏○
祖徳明故贈通○○○議大夫
父○師覺故不仕

ナシ
娶元
祖徳明故贈通□□□
（「議大夫」の三字ナシ）
師覺故不仕（「父」の字
ナシ）

『寶祐四年登科錄』對校表

		粤雅堂本	徐乃昌本	靜嘉堂藏抄本	宋刻本	活字本
第一甲						
1	文天祥	號文山 娶□氏 父	ナシ 娶 父儀	號文山 娶陽氏 ナシ	ナシ（後人筆補 號文山） ナシ（後人筆補 娶歐陽氏） 儀（蝕殘）	娶陽氏
2	陳　賞	祖權夫	祖權夫	祖權夫		
3	楊起莘	字莘 父津	字莘老 父津文林郎	字莘老 父津文林郎		字莘老 父津文林郎
4	陳　兪	年二十九 娶□氏	年二十九 娶	年三十九 娶		
5	鄭君薦	第五人（傍書） 小字宗道 第九十九慈侍下 娶□氏 父	第五人 小字宗衜 第九十九慈侍下 娶 ナシ	ナシ 小字宗衜 第九九慈侍下 娶 父	ナシ	
6	李會龍	ナシ 外氏□ 大學（傍書）	ナシ 外氏方 大學	第 外氏方 太學		外氏方
7	周　焱	第三十二慈侍下 外氏	第三十二慈侍下 外氏曽	第三二慈侍下 外氏曾		外氏曾

		兄弟第進士 娶□氏 父□文	兄弟弟進士 娶黎氏 父尙文	兄弟弟進士 娶黎氏 父文		娶黎氏
8	田眞子	娶吳氏	娶吳	娶吳氏		
9	王應鳳	第二十三慈侍下 從事郎 父橋	第二十三慈侍下 從事郎 父撟	第二三慈侍下 從仕郎 父撟		
10	趙正元	七月 娶□氏 潼川府	七月 娶文氏 潼川府	十一月 娶 潼州府		十一月
12	鄭茂大	第 娶□氏 本貫台州	第□□□下 娶 本貫台州	第 娶 本貫合州		
13	程　澥	娶□氏	娶譚氏	娶		
14	趙　果	十?一月	十月	十月		
16	朱　埴	第五十四雙侍下 娶□氏 曾祖德譱	第五十四双侍下 娶陳氏 曾祖德譱	第五四雙侍下 娶 曾祖德善		
17	吳景伯	第萬一永感下	第万一永感下	第萬一永感下		
18	杜應之	兄弟	兄弟	弟		
19	趙必選	娶□氏	娶魏氏	娶		
20	趙時溱	娶□氏	娶	娶		

第二甲

番号	姓名	記載1	記載2	記載3	補記
1	謝枋得	小字君和 年三十三月	小字君和 年三十三月	小字君和號叠山 年三十一二月	後人筆補 號叠山 / 年三十一二月
2	曾惠迪	仙望里	仙望里	望仙里	
3	蘇德載	第七十雙侍下 年二十四 閏十二月 吉(古)田縣	第七十双侍下 年二十四 閏十二月 古田縣	第七十雙侍下 年三十四 閏臘月 古田縣	
4	楊　琦	治賦三舉 曾祖悦(悅)	治賦三舉 曽祖悦	治賦二舉 曾祖悦	
5	邊雲遇	外氏丁	外氏丁	外氏下	
6	楊應辰	娶□氏	娶	娶	
7	鄧　冠	第十五雙愛下	第十五双慶下	第十五雙愛下	
8	陳卯東	字廷圭 娶氏李	字廷圭 娶李氏	字廷士 娶李氏	
9	趙　[illegible]	第九六	第九大	第九大	
10	林元復	第九十三雙侍下	第九十三双侍下	第九十三雙侍下	
11	紀應炎	六月二十七日	六月二十七日	六月十七日	
12	孫　礪	第二永感下	第二永感下	第一永感下	
13	廖子實	七月初五日	七月初五日	七月五日	
14	江　山	習太鄕	習太鄕	習大鄕	

16	翁仲德	上舍	上舍	ナシ		
18	鄭與言	第千二十七	第千二十七	第十二十七		
19	楊　于	小名于郎	小名于郎	小名小郎		
21	季　可	第萬四雙侍下	第萬四双侍下	第萬四雙侍下		
22	周　方	第百九 祖厚	第百九 祖厚	第百五 祖原		
23	周　裕	第四雙侍下 十二月初一日	第四双侍下 十二月初一日	第四雙侍下 十二月一日		
24	何　時	兄弟三人	兄弟三人	兄弟二人		
25	方義夫	第千九七雙侍下 年三十三月	第千九七双侍下 年三十一二月	第千九七雙侍下 年三十三月		
26	趙孟儼	七月初三日 父與調任	七月初三日 父與調任	七月三日 父與調仕		
27	陸秀夫	十月初八日	十月初八日	十月八日		
29	王景倓	龍興府	龍興府	隆興府		
30	羅　椅	祖維翰	祖維翰	祖組翰		
31	嚴艮老	邵軍	邵武軍	邵武軍	邵下原敚一字	
32	楊次鄭	ナシ 朝郎	ナシ 朝郎	第 朝郎	朝下原敚一字	
33	趙必棍	娶彭氏	娶彭氏	娶氏彭		
34	林瘳協	十二月二日	十二月二日	十二月七日		
38	單公選	小名?郎 第四雙侍下	小名淮郎 第四双侍下	小名淮郎 第四雙侍下		

第三甲

1	鄭必復	第一人（傍書） 第 娶水邱氏	第一名 第 娶水丘氏	第一名 第□□□下 娶水氏		
3	馬　初	外氏焉	外氏焉	外氏馬		
5	蘇直方	字彦宏 第一□□下	字彦弘 第一□□□下	字彦宏 第□□□下		
8	馮　治	第茂五雙侍下 同年奏名 韶州	第茂五双侍下 同年奏名 韶州	第茂五雙侍下 同年奏 龍州		
12	先南巽	瀘川縣	瀘川縣	瀘州縣		
14	林　鏜	第七雙侍下	第七双侍下	第七雙侍下		
15	蘇文龍	小名歐行	小名歐行	小名歐		
16	林應嘉	修職郎	修軄郎	修職		
17	黄　瑢	第千一 午時	第千一 午時	第十一 丑時	五時	丑時
18	何　井	何井 小字伯禮	何井 小字伯礼	何林 小字伯禮		
20	徐夢宏	娶沈繼陳氏 曾祖修禮	娶沈繼陳氏 曽祖修礼	娶沈繼陳 曾祖修禮		
21	章一桂	父柄	父柄	父稱		
22	成　竺	字楚望	字楚望	字是重		

		第季一永感下 祖掞庭	第季一永感下 祖掞庭	第李一永感下 祖撰庭		
23	李　斌	字允夫 父彬	字夗夫 父桝	字先夫 父林	父桝	
24	鄭　瑤	第百二 內舍奏名（傍書）	第百三 內舍奏名	第百三 ナシ		
27	劉漢傳	劉漢傳	劉漢傳	劉漢傳		
28	朱大德	兄弟二人	兄弟二人	兄弟三人		
29	句　煒	兄弟二人	兄弟二人	兄弟三人		
30	鄔崇節	七月	六月	六月		
31	呂　岳	第四十六 娶曾繼張氏	第四十六 娶曽繼張氏	第四十大 娶曾繼張		
33	黃夢薦	兄弟二人	兄弟二人	兄弟三人		
35	鄭木潤	小名安老 第千八 兄弟二人	小名安老 第千八 兄弟二人	小名字老 第十八 兄弟三人		
36	陶叔量	字叔元 年四十六 隆興府	字叔元 年四十六 隆興府	字扠元 年四十八 隆興府	龍隆興府	
37	曹翁善	具慶下 曾祖茂宣教郎	重慶下 曾祖茂宣教郎	重慶下 曾祖茂孫教郎		
38	羅　林	祖居拈之括	祖居拈之	祖居括之		祖居括之

		爲父戶	爲戶	爲戶		爲戶
39	洪文伯	祖㸚	祖㸚	祖琰		
40	吳　定	小名固老	小字固老	小字固老		
41	趙與鍝	十一時 保議郎	十一日 保議郎	十一日 保義郎		
42	錢震午	小名閎	小名閦	小名閦		小名閦
43	童　可	字士衡	字士衡	字上衡		
44	李光大	第十□雙侍下	第十□□双侍下	第十雙侍下		
45	趙汝珽	父善英仕	父善莤仕	父善莤仕		
46	許君輔	第千四 曾祖珍	第千四 曽祖珎	第十四 曾祖珍		
47	趙與東	年三十五 嚴縣州	年三十五 嚴縣	年二十五 嚴州		嚴州
50	趙時𪚥	父橋	父橋	父橋夫		父橋夫
52	倪　澄	年四十四□月	年四十四□月	年四十四月		
54	趙孟㕋	二月二十九日	二月二十九日	二月廿六日		
59	趙君竩	曾祖彦曨	曽祖彦曨	曾祖彦曨		
60	蒲榮午	字煁父	字煁父	字㸌父		
61	趙時貫	兄	兄	兄弟		
62	李　登	第九十三	第九十三	第九三		
64	趙若琲	兄若蚌 曾祖彦駷	兄若玤 曽祖彦騋	兄若玤 曾祖彦騋		

		祖寵	祖寵	祖寵夫		祖寵夫
66	沈亨辰	六月十日 揚名鄉	六月十日 揚名鄉	六月七日 楊名鄉		
69	趙崇鉻	祖善恖仕	祖善恖仕	祖善恩仕		
71	趙必樘	娶李氏 外氏林	外氏林 娶李氏	外氏林 娶李氏	外氏林 娶李氏	
72	趙必偶	治賦□舉	治賦一舉	治賦一舉		
73	趙時憙	年四十二 時憲 上舍（傍書）	年四十二 時惠 上舍	年四十六 時憲 ナシ	時惠	
78	趙嗣樟	曾祖山夫 玉牒寄居□州	曽祖山夫仕 玉牒寄□州	曾祖出夫仕 玉牒寄居□州	玉牒寄□州	
79	趙若祺	曾祖彥摹 玉牒寄居□府	曽祖彦摹 玉牒寄□府	曾祖彥舉 玉牒寄居□府	玉牒寄□府	
第四甲						
1	楊奇遇	第一人（傍書） 小字傳三	第一名 小字傅三	第一名 小字傅三		
2	易正大	年二十七	年二十七	年三十七		
3	楊夢斗	三月初三日	三月初三日	三月三日		
6	鄢　晉	字堯民 小字進淑 第千六	字堯氏 小字進淑 第千六	字堯氏 小字晉叔 第千六		
9	夏　鼎	小字成之	小字成之	小字		

11	車景福	本貫台州	本貫合州	本貫台州		
13	練夢華	建康縣書繡鄉	建康縣書綉鄉	建□縣書綉鄉		
19	陳秀擧	第三十三 來陽縣	第二十三 耒陽縣	第二三 耒陽縣		耒陽縣
21	沈夢龍	小名與孫	小名興孫	小名與孫		
22	劉文甲	小字恩孫	小字恩孫	小字思孫		
24	許一鳴	父孝基	父孝基	父孝		
25	楊夢斗	上舍（傍書）	上舍	ナシ		
26	楊懌	第三十八	第三十八	第三八		
27	陳逢	陳逢	陳逢	陳逢		
28	唐天麟	嘉定縣	嘉定縣	嘉興縣		
30	周千能	韶州	韶州	昭州		
34	歐宬	兄崈	兄崈	兄弟		
37	王里	仙遊縣	仙游縣	仙遊縣		
38	任鎧	兄弟三人 培城縣	兄弟二人 培城縣	兄弟二人 涪城縣	兄弟二人	
39	王遇龍	第季一	第季一	第季一		
40	李仲	十二月二十二日 達之	十二月二十二日 達州	丑月廿二日 達州		
42	曹琦	年三十三正月	年三十三正月	年二十三丑月		
43	文午榮	娶王樂氏	娶王樂氏	娶王氏樂氏		
44	鄧觀光	字賓王	字賓王	字賓玉		

		第 娶王氏	第 娶黃氏	第□□□下 娶黃氏	娶黃氏
47	樊汝舟	字傳明 第次二 曾祖克庭	字傳明 第次二 曽祖克庭	字傳明 第次二□□下 曾祖堯庭	
48	黃　嘉	父華 安吉州歸安縣	父準 安吉州歸安縣	父準 嚴州淳安縣	
49	嚴桂發	字仲蕚 弟逢年貢士	字仲芳 弟逢年貢士	字仲芳 弟逢年貢士	字仲芳
51	詹夢璧	第五二永感下 仁義鄉父爲戶	第五二□永感下 仁義鄉父爲戶	第立二永感下 仁義□父爲戶	仁義□父爲戶
52	李雷應	曾祖逢年	曽祖逢年	曾祖逢年	
53	鄭自立	小名嗣得	小名嗣保	小名嗣得	
54	段舜咨	福州寧川	福州寧川	福州寧德縣	
56	奚雷發	娶汪氏	娶汪氏	娶江氏	
57	羅雷發	第□□具慶下	第□□具慶下	第□□□□具	
58	劉應辛	字子材	字子材	字子林	
59	朱鑒孫	弟辰遷	弟辰遷	弟辰迁	
60	夏詵仲	同□坊	同迪坊	同油坊	
62	黃公立	字子卓 娶季氏 父大仕	字子卓 娶季氏 父大仕	字子車 娶李氏 父大任	
64	吳之選	父震迪功郎	父震迪功郎	ナシ	

66	張聲子	進□鄉	進賢鄉	進賢鄉		
67	陳紹大	第一	第一	第一□□下		
69	鄧幼傑	第千一	第千一	第十一		
70	張士毅	字貴夫 年二十二 大治縣	字貴夫 年二十二 大治縣	字貞夫 年三十二 大治縣		
74	謝見斗	九月二十三日	九月二十三日	九月十三日		
76	陳龍復	治賦三舉 南安縣安高祖	治賦三舉 南安縣安高祖	治賦二舉 南安縣□高祖		
77	沈夢忠	第千四 祖曾通	第千四 曽祖通	第十四 曾祖通		
80	蘇景瑞	字國珍 ナシ（傍書）	字國珎 內舍	字國珍 內舍		
81	陸夢發	字大初 年二十五	字大初 年二十五	字太初 年三十五		
84	任汝賢	福州□溪縣□秀里	福州長溪縣濯秀里	福州長溪縣濯秀里		
85	洪子壽	小名詩公 年四十二月	小名壽公 年四十三月	小名□公 年四十二月		
88	蘇　良	曾祖崔	曽祖崔	曾祖崔		
89	黃應辰	年三十三	年三十二（三？）	年三十三		
90	吳之道	字逢原	字逢原	字逢原		
93	吳有定	字次皐	字次皐	字次皐		

		第三 泉州安南縣	第三 泉州安南縣	第三□□下 泉州南安縣		
94	林季昌	字文卿	字文卿	字又卿		
96	謝炎午	小名餘僧 省元（傍書） 楊安縣	小名餘僧 四川省元 陽安縣	小名愈僧 四川省元 陽安縣		
97	李　核	第鼎一 年二十九十二月 吉安府	第鼎一 年二十九十二月 吉安府	第四一 年二十九丑月 吉州		
99	吳英發	祖溥	祖溥	祖溥		
100	王一奇	字俊翁 第百二十六	字後翁 第百二十六	字後翁 第百二六		
101	陳南一	第百二十二 父逢榮	第百二十二 父逢榮	第百二二 父逢榮		
102	黃　啓	戌時生	戌時生	戌時生		
103	祝　洙	建寧府建陽縣	建寧府建陽縣	建寧建陽縣		
104	石午合	字丙與 嶺坊縣	字丙與 嶺坊縣	字丙興 領方縣		
106	龐　琦	小名鳴祖	小名鳴祖	小名明祖		
107	周明復	年三十四 外氏邱 娶鄒劉氏 曾祖揖	年三十四 外氏巳 娶鄒劉氏 曽祖揖	年二十四 外氏鄧 娶鄒氏劉氏 曾祖楫		

108	陳起東	祖三聘	祖三聘	祖三騁		
109	林　杰	兄弟二人 娶李氏 曾祖震 祖三聘 父坤元 （第一百八人陳起東ニ引カレタ誤カ） 昌州昌元縣從順鄉	兄弟 娶 曽祖震 祖 父 溫州平陽縣	兄弟 娶 曾祖 祖 父 溫州平陽縣		
110	羅斗南	娶邱《丘》氏	娶丘氏	娶邱氏		
112	吳思睿	三月二十七日 休休郎	三月二十七日 休林郎	二月廿七日 休休郎		
115	蔣　科	小名聖傳 第季二□侍下	小名聖傳 第季二雙侍下	小名聖傳 第季二雙侍下		
116	錢眞孫	小字巖老	小字岩老	小字岩老		
118	嚴合龍	第百二十四	第百二十四	第百二四		
119	湯長卿	字體仁 第端一 兄弟三人	字体仁 第端一 兄弟三人	字體仁 第端一□□下 兄弟二人		
120	盧萬里	雙侍下	雙□下	雙□下		
121	陳錫榮	治易一舉	治易一舉	治易二舉		
122	潘　方	第一百二十一人 （傍書）	第一百二十二人	第一百二十二人		
123	王　唐	十一月二十四日	十一月二十四日	子月廿四日		

124	黃 遂	第□□永感下	第一□永感下	第□□永感下	
125	倪 洪	小名祐老 八月二十八日	小名祐老 八月二十八日	小名祐老 八月二八日	小名祐老
126	陳懿伯	字宗彝 十一月 娶趙氏	字宗彝 十一月 娶趙氏	字宗彝 子月 娶通氏	
127	雍 汜	外氏瓜 治賦□舉 逢縣	外氏爪 治賦一舉 逢縣	外氏厎 治賦一舉 蓬溪縣	外氏瓜
128	章 贄	第五二	第五二	第五三	
129	李時發	第二 父興	第二 父興	第三 父與	
130	王良翁	字惟賢 小名琼孺	字惟賢 小名琼孺	字惟腎 小名⿰土京孺	字惟腎 小名琼孺
131	劉應老	兄弟二人	兄弟二人	兄弟三人	
132	李 勁	瀘州	瀘州	潭州	
133	胡英發	父舉 舊東布之	父舉 舊東布之	父舉 河間府	
134	宋應瑞	第懿二(三?)永感下 娶楊馬氏	第懿一永感下 娶楊馬氏	第懿一永感下 娶楊氏馬氏	
135	何安世	重闈下 外氏邱(丘)	重闈下 外氏丘	重闈下 外氏邱	

		曾祖觀光	曽祖觀光	曾祖觀光		
136	趙子發	第二(二?) 娶李楊氏	第二 娶李楊氏	第一 娶李氏楊氏		
139	兪士千	第千 娶董氏 曾祖檖	第千四□永感下 娶董氏 曽祖旞	第千四永感下 娶黄氏 曾祖旞		
140	林孟磁	祖子禮	祖子礼	祖子禮		
141	李成大	兄弟三人	兄弟三人	兄弟二人		
142	蔣卯發	第二十六慈侍下	第二十六慈侍下	第二六永感下		
143	丁 至	正月	正月	五月		
145	楊叔濟	第壬一	第壬一	第七一		
146	張應中	小字士枚 八月二十八日 娶涂氏	小字士枝 八月二十八日 娶涂氏	小字士枝 八月十八日 娶徐氏		
147	胡嵒如	字景傳 小名(字)梅卿	字景傳 小字梅卿	字景傳 小字梅卿		
148	陳繼國	第二 年三十八 自(身)爲戶	第二 年三十八 身爲戶	第一 年二十八 自爲戶		
149	莊孟芳	第子十永感下 外氏 祖待(侍)聘	第孟十永感下 外氏楊 祖侍聘	第孟□永感下 外氏 祖侍聘		

		父	父伯淵	父		
150	黃去抐	小名□□小名 治周禮一舉 曾祖玨 自爲戸	小名□□□小字 治周礼一舉 曽祖珏 身爲戸	小名□□小字 治周禮一舉 曾祖珏 身爲戸		
151	周淸子	第上一	第正一	第正一		
153	曹慶龍	治周禮五舉	治周礼五舉	治周禮五舉		
154	王震午	閩州	閬州	閬州		
155	程師望	治周禮一舉 太學（傍書） 夙江縣	治周礼一舉 太學 合江縣	治周禮一舉 ナシ 合江縣		
156	周　燾	第萬六 治書三舉 吹臺鄉	第萬七六 治書三舉 吹臺鄉	第萬七六 治書二舉 次臺鄉		
157	鄭夢霖	小名宗傳 小字巖翁 第三十三 潼州	小名宗傅 小字巖翁 第三十三 漳州	小名宗傅 小字岩翁 第三三 漳州		
158	聶　嚞	聶嚞 小字延秀 ナシ（傍書）	聶嚞 小字廷秀 太學	聶嚞 小字廷秀 大學		
159	洪斗南	小名勝寶	小名勝實	小名務實		
160	陳子元	字體仁	字体仁	字體仁		

		治周禮四舉 溫州	治周礼四舉 溫州	治周禮四舉 福州	
161	趙必瀸	父崇瑡	父崇瑡	父崇瑡	
163	趙若琟	第千八 若瑱	第千八□□侍下 若瑱	第千八□侍下 若□	
165	劉應炳	治周禮四舉	治周礼四舉	治周禮四舉	
166	周　煒	周煒 治周禮二舉 寧遠縣	周⿰火常 治周礼二舉 寧遠縣	周⿰火常 治周禮二舉 寧遂縣	
168	趙繼珪	第三□偏侍下 十一月十一日	第三□偏侍下 十一月十一日	第三偏侍下 十一月十二日	第三□偏侍下（「偏」蝕幾既）
169	張　申	第五 治周禮八舉	第五□永感下 治周礼八舉	第五永感下 治周禮八舉	
170	趙孟鑄	小名□哥 十月□二日	小名鑄哥 十二月十二日	小名鑄哥 十二月十二日	
171	陳甯祖	曾祖迪	曽祖迪	曾祖廸	
172	趙必戚	第季一永感下 年三十□月□日 治周禮一舉 玉牒所	第季□永感下 年三十五□月□日 治周礼一舉 玉牒所	第季一永感下 年三十五□月□□日 治周禮一舉 玉牒所寄居上虞縣	
173	徐　紘	小名珵 父榮祖	小名珵 父榮祖	小名珵 父榮祖	

		婺州□溪縣	婺州闌溪縣	婺州蘭溪縣	
174	趙必珊	字維古[石] 第 五月二十八日 祖沃[汝]查仕 父崇豪	字維石 第十五□具慶下 五月二十一日 祖汝查仕 父崇豪仕	字維石 第十五具慶下 五月廿一日 祖汝查仕 父崇豪仕	
175	唐逢午	小名維清 第 祖美 靜江府	小名惟清 第八□偏侍下 祖善隆 靜江府興安縣懷仁鄉鰲頭里	小名惟清 第八偏侍下 祖善隆 靜江府興安縣懷仁鄉鰲頭里	靜江府（下蝕）
176	趙孟鑽	小名 小字 第 九月□□日 外氏 娶 祖 父	小名成老 小字仲堅 第一□具慶下 九月五日 外氏張 娶陳氏 祖希起 父與穴	小名成老 小字仲堅 第一具慶下 九月五日 外氏張 娶陳氏 祖希起 父與文	
177	趙良玞	小名良 小字 第 娶	小名良能 小字賢佐 第萬二具慶下 娶曹氏	小名良能 小字賢佐 第萬二具慶下 娶曹氏	

	178	179	180
	王體文	趙孟櫄	趙崇鋌
曾祖 祖 父 本貫	字 小字 第 年三十□□□月□日□時生 外氏 兄弟 娶 祖 父 上舍（傍書） 本貫平江	第 十一月□日□時生 外氏 娶 祖　希存 父 遂寧府□溪縣	趙崇□
曽祖汝寅 祖崇達 父必椅 本貫玉牒所	字堯章 小字渙夫 第七四□永感下 年三十七十月九日子時生 外氏黃 兄弟終鮮 娶陸氏 祖舜卿 父永椿 上舍 本貫平江府崐山縣惠安鄉父爲戸	第顯四□偏侍下 十一月二十四日寅時生 外氏何 娶何氏 祖希存仕 父與祜 遂寧府小溪縣自爲戸	趙崇鋌
曾祖汝寅 祖崇達 父必椅 本貫玉牒所	字亮章 小字渙夫 第七四永感下 年三十七十月九日子時生 外氏黃 兄弟終鮮 娶陸氏 祖舜卿 父永椿 ナシ 本貫平江府峴山縣惠安鄉父爲戸	第四四偏侍下 十一月廿四日寅時生 外氏何 娶何氏 祖希存仕 父與祐 遂寧府小溪縣自爲戸	趙崇鋌
	本貫平江（下蝕）		

		字 小名 小字 第 年 □月□日□時生 外氏 治 娶 曾祖 祖 父 玉牒所	字君榮 小名似老 小字元老 第十二□偏侍下 年三十九 三月十六日亥時生 外氏施 治書四舉 娶詹氏 曾祖不塞仕 祖善讙仕 父汝翘仕 玉牒所寄居信州玉山	字君榮 小名似老 小字元老 第十二偏侍下 年三十九 三月十六日亥時生 外氏施 治書四舉 娶詹氏 曾祖不塞仕 祖善讙仕 父汝翘仕 玉牒所寄居信州玉山縣
181	方壽明	小名慶□小字震□ 年五十□五月十七日亥時生 曾祖懋	小名慶龍小字震卿 年五十二五月十九日亥時生 曾祖懋	小名慶龍小字震卿 年五十二五月十九日寅時生 曾祖懋
182	趙與榻	第萬一□□下	第萬一□□下	第萬一具慶下
184	趙暮夫	年王十三 父彥彌仕	年三十三 父彦弥仕	年三十三 父彥彌仕
185	趙時烿	趙時烿 兄弟 父朽仕	趙時烿 兄 父朽仕	趙時烿 兄 父朽夫仕
186	趙霻夫	趙霻夫	趙褱夫	趙褱夫

		父彦權仕 寄住潮州	父彦懽仕 寄住潮州	父彦權仕 寄居潮州		
187	趙良茝	年三十二 父必系	年三十二 父必系	年二十二 父必系		
188	趙若璵	弟若瓘同榜	弟若璀同榜	兄若璀同榜		
190	李有大	曾祖才鼎	曽祖才鼎	曾祖才鼎		
191	張夢高	第千二 父商仕	第千二 父商任	第十二 父商任		
192	陳　埜	字起萃 父爲戸	字起萃 父爲戸	字起孝 ナシ		
193	趙與銽	兄弟	弟	兄弟		
194	趙汝澋	年二十七	年三十七	年三十七		
195	馬　嶸	六月初八日	六月初八日	六月八日		
196	趙必曦	第三 父崇栥仕	第三 父崇栥仕	第二□□□下 父崇栥		
197	張　枋	長溪	長溪	長溪縣		
198	鄧蜚英	第小入 金溪縣	第小八 金溪縣	第小八 金谿縣		
199	趙必沗	父崇懋	父崇懋	父崇懋		
201	趙崇回	第千六	第千六	第千六□□下		
202	趙時洮	父選	父巽	父㚇夫		
204	傅勉之	父巖卿	父巖卿	父岩卿		
205	趙崇回	第四十	第四十	第四十□□下		

		外氏王 治書□舉 祖善晊	外氏王 治書□舉 祖善睢	外氏三 治書一舉 祖善晊		
208	高若拙	本貫□州洛陽縣	本貫□州略陽縣	本貫沔州略陽縣	本貫□州略陽縣	
210	趙孟滬	治書二舉 曾祖師正	治書二舉 曽祖師正	治書一舉 曾祖師政		
211	趙必遝	年二[三]十五	年二十五	年二十五		
212	余學古	曾祖升遠	曽祖升遠	曾祖聲遠		
213	趙若鉦	小名若鏞	小名若鏞	小名若繡		
214	趙友煥	第一□具下	第一□具下	第一□□下		
215	趙崇珃	第□□永□下	第□□永□下	第□□永感下		
216	馮　概	馮概 正月	馮槩 正月	馮槩 五月		
217	趙璆夫	第 外	第八□偏侍下 外氏萬	第八偏侍下 外氏萬		
218	張維正	娶趙余氏	娶趙余氏	娶趙氏余氏		
219	何　忕	第壬五二	第壬五二	第千一		
220	趙嗣逵	第□□□慈 曾祖禰夫	第□□□慈 曽祖祢夫	第□□慈侍下 曾祖祢夫		
222	趙若穡	字茂材	字茂材	字茂林		
223	趙必烇	小字洪辰 父崇甍	小字洪辰 父崇甍	小字提辰 父崇甍		

224	趙時賽	父攗夫	父櫏夫	父櫏夫	
225	趙必寰	父崇遒	父崇遒	父崇	
226	趙必聰	第再四 玉牒所	第冄四 玉牒	第冄四 玉牒所	
227	趙與溥	第萬七 兄與銛 曾祖伯穀 父希惀	第萬七 兄與銛 曽祖伯穀 父希惀	第萬七□□下 兄與銘 曾祖伯穀 父希倫	
230	趙必揆	第百二十三 ナシ（傍書）	第百二十三 承議郎	第百二三 承議郎	
234	李　鎮	小名海孫 興化府	小名海孫 興化府	小名梅孫 興元府	
235	趙孟續	曾祖師忕	曽祖師忕	曾祖師杙	
236	趙若魯	兄弟	兄	兄	
237	趙嗣涓	祖時翦	祖時剪	祖時剪	
238	王剛中	祖裴	祖裴	祖	
239	趙若硂	小字君佐 第德二十三 祖許〔諏〕夫	小字君佐 第德二十三 祖諏夫	小字君仗 第德二三 祖諏夫	
240	趙孟渾	曾祖師心	曽祖師心	曾祖師心	心→必（宋刻心是必之譌）
241	趙艮銓	趙艮銓	趙艮銓	趙良銓	
244	趙必𤥭	字君飾 曾祖善淙	字君餙 曽祖善淙	字君餙 曾祖善深	

246	林　龔	泉州□江縣	泉州晉江縣	泉州晋江縣		
247	趙若玶	小字伯良 父時楀	小字伯良 父時楀	小字伯良 父時瑀		
248	趙必畊	第宗十八	第宗十八	第宗十八□下		
第五甲						
1	喻用國	第一人《名》（傍書） 隆慶府	第一名 隆興府	第一名 隆興府		
3	朱　龍	父良□	父良仲	父良仲		
4	楊　泰	外氏 父爲戶	外氏袁 父爲戶	外氏袁 ナシ		
6	張用泰	年三十八	年二十八	年三十八		
8	李子龍	父洄	父洄	ナシ		
9	馮騰茂	治賦一舉 兄弟三人 父□	治賦二舉 兄弟三人 父价	治賦一舉 兄弟二人 父价		
11	黃驤子	娶翟氏	娶翟氏	娶瞿氏		
13	徐景符	八月初十日	八月初十日	八月十日		
14	余嗣道	第三朝《朝三》 年三十八《前》三月	第朝三 年三十八前三月	第朝三 年三十八三月		
15	鄭　涇	祖顒？ 父瑢	祖顒 父瑢	祖灝 父瑢		

		伯祖少卿	伯祖少卿	伯祖少師		
16	程雷發	第二十五	第二十五	第二五		
17	陳　著	祖伸	祖伸	祖申	本貫記事のあとに小字雙行で次の如く記す「後人筆注簽樞密院事理宗端平元年九月平帝深借之」	
18	黄宏子	父兄	父兄	父		
19	袁　森	兄正鄕《卿》舉	兄正鄕舉	兄正鄕舉		
20	劉　岊	第一十八人（傍書） 凌江里	第二十八人 凌江里	第二十八人 凌江里		
22	許孔明	娶李氏	娶李氏	娶季氏		
24	毛　沆	第一□永感下 瀘江縣	第一□永感下 瀘川縣	第□□永感下 瀘川縣		
26	李懿文	曾都運爲戸	曽都運爲戸	曾祖都運爲戸		
29	黄　澄	治詩□舉	治詩□舉	治詩一舉		
30	胡拱辰	第十一永感下 年四十三	第千一永感下 年四十三	第十一永感下 年四十二		
31	黄夢履	字元禮	字元礼	字元禮		

32	阮次膺	第五十七	第五七	第五七	第五七
33		小名立禮 兄弟二人	小名立礼 兄弟二人	小名立禮 兄弟三人	
34	王剛中	第四□雙侍下	第四□雙侍下	第□□雙侍下	
35	楊　乙	曾祖閏餘 本貫叔州宜賓縣	曽祖閏餘 本貫叔州宜賔縣	曾祖閏餘 本貫叔州宣賓縣	
36	張酉慶	小名禰 曾祖提之 父用泰	小名称 曽祖提之 父用泰	小名稱 曾祖從之 父用	
37	臧　灼	八月八日	八月八日	八月九日	
38	薛　嵎	小字仲正 曾祖良逢	小字仲正 曽祖良逢	小字仲止 曾祖良逢	
39	諸葛文庚	靜江府	靜江縣府	靜江府	
40	趙　復	娶寇氏	娶冦氏	娶冦氏	
41	黃炎午	祖吉父	祖吉父	祖古父	
42	朱寶臣	永州永城縣見居揚州	永州永城縣見居楊州	永州□□縣見居揚州	
43	漆秀實	治賦□舉 祖煁	治賦□舉 祖煁	治賦二舉 祖爔	
44	李周翰	小名瑲子小字	小名瑨子小字	小名晋小字	
45	畢時中	父□文 青陽縣	父□文 青陽縣	父文 鄱陽縣	
46	董　楷	董 小名耆饒	董 小名耆饒	董楷 小名饒	

		年三十一八月初五日	年三十一八月初五日	年三十□八月五日		
		太固鄉	太固鄉	大固鄉		
47	楊　森	字文孺	字文孺	字文瑞		
48	張詳榮	父午	父午	父		
49	郭興世	小字祖傳	小字祖傳	小字祖傳		
		父黄中大夫	父黄中大夫	父黄中□大夫		
50	蒲拱壬	小名珪郎	小名珪郎	小名珪郎		
		第震一	第震一	第震一□□下		
51	郭　珏	第千八	第千八	第十八		
55	陳　寔	小字堇叔	小字堇叔	小字童叔		
		曾祖普	曽祖普	曾祖善		
		祖昌時	祖昌時	祖時昌		
56	時夢洪	字毅甫	字毅甫	字毅父		
59	趙震巳	字子禮	字子礼	字子禮		
		曾祖國華	曽祖國華	曾祖國蕃		
60	鄭士頴	曾祖仲老	曽祖仲老	曾祖仲若		
62	盧廷直	娶易氏	娶易氏	娶楊氏		
63	張震金	字禮仲	字礼仲	字禮仲		
		第□□具慶下	第□□具慶下	第一□具慶下		
		弟震發	弟震發	兄弟震發		
65	容熊孫	二月	二月	三月		
67	董公撲	隆州人壽縣	隆州人壽縣	龍州仁壽縣		
68	莫子材	字材卿	字材卿	字村卿		

		曾祖壽	曽祖濤	曾祖濤
70	周正子	常榮里	常榮里	棠榮里
72	周炎發	六月二十三日	六月二十三日	六月廿二日
74	薛文龍	祖與年 ナシ（傍書）	祖與年 登仕郎	祖與年 登仕郎
76	唐　湘	娶文倪氏 清湘縣	娶文倪氏 清湘縣	娶文氏倪氏 安溪縣
77	石子該	小名巖	小名巖	小名岩
78	蘆深夫	擢季里	擢秀里	擢秀里
79	蒲　丙	父申	父申	父甲
80	王良臣	丹徒縣	丹徒	丹徒縣
82		粵雅堂本・徐本　全くブランク。		静嘉堂本は次の形式を存す。 第八十二　字　小名　小字　第　下 年　月　日　時生　外氏 治□□舉　兄弟　娶 曾祖　祖　父 本貫
85	陳紹南	台州寄居温州	台州寄居温州	台州黃巖縣寄居溫州
87	阮以和	年三十四 父淪將仕郎 銅陵縣	年三十四 父淪將仕郎 銅陵縣	年二十四 父淪將仕郎 蘭陵縣
88	劉幼發	娶嵇高氏 父汝□	娶嵇高氏 父汝砺	娶嵇氏高氏 父汝礪

		懐安州	懐安州	淮安州		
89	孫南己	小字椎	小字雄	小字椎		
90	李會龍	曾祖頴	曽祖頴	曾祖穎		
92	張　合	第□□□下 兄弟	第□□□□下 兄	第 兄		
93	82に同じ					
94	82に同じ					
95	馬廷玹	什方縣	什邡縣	什邡縣		
98	曾夢吳	小名寶哥（哥本歌） 曾祖仲 父升先承節郎	小名寶歌 曽祖仲 父升先承節郎	小名寶哥 曾祖仲 父升		
99	李　容	年三十七	年三十七	年二十七		
101	胡元壹	隆慶府	隆慶府	隆興府		
105	82に同じ					
106	82に同じ					
107	張清之	兄弟詠之同榜二甲 曾祖元龜圭	兄弟 曽祖元圭	兄弟詠之同榜 曾祖元圭	「詠之同榜二甲」ノ六字ハ後人ノ筆補、二甲ハ旁注 曾祖元龜圭	
108	蔡　震	潮陽縣	潮陽	潮陽縣		
112	陳仲賓	年二十六	年二十六	年三十六		

113	陳　閎	字傳父	字傳父	字傳父		
114	鮑同孫	本貫揚州	本貫楊州	本貫揚州		
115	閉復亨	午時生	午時生	丑時生		
116	趙巽	本貫西和	本貫西和	本貫西河		
117	林　霊	兄弟 本貫吉州	兄弟 本貫吉州	兄 本貫台州		
119	文有年	字子傳小名	字子傳小名	字子□小名		
122	王桂發	字子彊	字子彊	字子彊		
123	梅應春	小名李茂 外氏翟 本貫□□□濟縣	小名李茂 外氏翟 本貫□□□濟縣	小名秀茂 外氏瞿 本貫蘄州廣濟縣		
124	丁　邁	年四十九十二月二十五日 曾禮彦滂	年四十九十二月二十五日 曽祖彦滂	年四十九五月廿五日 曾祖彦滂		
130	蕭　昜	邵武府	邵武府	邵武軍		
132	陳英發	娶商氏	娶商氏	娶商氏		
134	方從禮	第十五 年四十三 父安禮 龍邱(丘)縣	第十五 年四十三 父安礼 龍丘縣	第十五□□下 年四十二 父安禮 龍遊縣		
135	馮　遜	本貫合州	本貫合州	本貫台州		
136	唐夢庚	瀘川縣	瀘川縣	瀘州瀘州縣		
137	何德華	曾祖寔 本貫建□建安縣	曽祖寔 本貫建寧建安縣	曾祖實 本貫建寧府建安縣		

139	蒙英昂	三月戊子日	三月戊子日	三月戊午日	
140	任公震	本貫階	本貫階	本貫階州	
142	羅有容	兄弟 本貫合州	兄 本貫眉州	兄弟 本貫眉州	
144	黃雷利	第千二永□下	第千二永□下	第十二□□下	
145	朱酉吉	曾祖汋 金溪縣	曽祖汴 金溪縣	曾祖汁 金谿縣	曾祖汋
146	楊夢符	兄弟二人 娶史蒲氏 父祖印	兄弟二人 娶史蒲氏 父祖印	兄弟三人 娶史氏蒲氏 父祖印	
147	朱及甫	年三十八二月四日	年三十八十二月四日	年三十八十二月四日	
149	袁甲龍	戌時生 外氏向	寅時生 外氏向	戌時生 外氏同	
150	張頤孫	治賦免舉	治賦□免舉	治賦免學	
151	文月能	曾祖宗尹	曽祖宗尹	曾祖宗戸	
152	袁夢冊	本貫閬州	本貫閬州	本貫閬州	
153	李夢呂	循州龍	循州龍	循州龍川縣	
156	吳　璞	娶趙氏 曾祖王承 建康汝水	娶顏氏 曽祖三承 建康汝水	娶趙氏 曾祖王承 建康□本	
158	陳瘳吳	子時生 祖良傳	子時生 祖良傳	午時生 祖良傳	

		揚子縣	楊子縣	楊子縣		
159	馮寅起	馮寅起	馮寅起	馮寅起		
160	李卯孫	小名海孫	小名海孫	小名梅孫		
162	楊酉明	字仲起 本貫眉州	字仲起 本貫眉州	字仲起 本貫胥州		
163	毛　鑄	字聖傳 治書一舉	字聖傳 治書二舉	字聖傳 治書二舉		
164	馮　更	曾祖棲 本貫邵武軍	曽祖棲 本貫邵武軍	曾祖樓 本貫紹武軍		
166	金　庚	ナシ（傍書） 溫州	登仕郎 溫州	登仕郎 溫州瑞安縣		
167	鄭居智	治詩二舉 方寰鄕	治詩二舉 方寰鄕	治詩一舉 方寰鄕		
168	朱天與	小名與孫	小名與孫	小名與孫		
169	徐理	父且承議郎	父旦承議郎	父旦承議郎		
170	楊　申	小字子應	小字子應	小字□應		
172	王朝佐	瀘江縣	廬江縣	廬江縣		
173	薛　埴	曾祖繹 溫州在城	曽祖繹 溫州在城	曾祖釋 溫州永嘉縣在城		
174	陳　錫	曾祖宇德 永福縣	曽祖宇德 永福縣	曾祖宇德 承福縣		
180	樊廷茂	曾祖奭爽	曽祖奭	曾祖奭		

183	185	186	188
毛　浚	張未僧	趙寅龍	趙西泰
九月二十日 祖尚蕡	子時生	潼川府明山縣	小名安光小字中履 永康
九月二十日 祖尚蕡	子時生	潼川府明山縣	小名安光老小字中履 永康
九月三十日 祖尚賞	午時生	潼州府銅山縣	小名安光老小字申履 永康縣
			「光・・」字未削

第三　鑛山業《やましごと》と錢つくり

洪咨夔「大冶賦」

解説、注
本文訓讀
本文注

解説

洪《こう》咨夔《しき》（一一七六―一二三六AD）字は舜兪、平齋と號す。於潛（浙江省於潛縣）の人。嘉泰二年[1]（一二〇二）の進士。如皐縣主簿を官界第一歩とし、次いで饒州教授となる。饒州は著名の銅産地であり、錢の鑄造も盛んに行なわれた地である。咨夔は實地の見聞智識をもって大冶賦を作り、樓鑰これを推奬した。南外宗學教授に任ぜられ、以後歴官して成都通判・監察御史・刑部尚書・翰林學士となる。端平三年（一二三六）卒。年六十一。（宋史卷四〇六・宋人傳記資料索引第二冊一五一七頁）その文集を平齋文集と云う。三十二卷、南宋に刊行さる。四庫閣本（四庫全書珍本十集）・清同治十二年洪氏晦木齋校刊本・四部叢刊續編民國二十三年上海商務印書館涵芬樓景印本がある。四部叢刊本は常熟瞿氏鐵琴銅劍樓藏景宋抄本の景印本である。日本内閣文庫には狩谷棭齋舊藏の宋刊本があり、靜嘉堂文庫には抄本四冊がある。[2]

大冶賦は内閣文庫本・四部叢刊本平齋文集の冒頭巻一古賦の首に收められている。賦とは何か。漢書藝文志によると歌わずして吟誦するのが賦であるという。詩に六義あり、その第二が賦で其の事を直陳するもの、直書し萬言寫物して政教の善悪を陳べるものなどと言われる。一種文體の名で韻文と散文の綜合體であり、詞藻・對偶・用韻を講求するもの、荀況の禮賦・知賦等五賦より以後、漢魏六朝に盛行したというのが漢語大詞典巻十（二一九頁）の解説である。

大冶賦をみるに、誠に詞藻豊かである。故事成句をふまえ、對偶と押韻に意を凝らし、本稿筆者は不昧にして到底理解をつくすことはできない。幾多の疑問を殘しつつ訓讀を施したのが本稿である。大冶賦という標題を除いて前文（其の詞に曰くまで）三十字あり、賦の本文は二六七三字ある。本文には段落は全くつけられていない。讀めないということは段落を附けられないということになる。それでは理解のよすがを失うので、私意により段節を區切った。誤謬があることを恐れるが、敢えて段節をつけてその構成を探ってみよう。次のような構成を考えた。

序　大冶賦作成の由來

　鑛冶の眼目は錢貨鑄造に在ること。

第一段　錢幣の歴史的沿革。周漢から唐へ。大小輕重錢のこと。宋の制度へ。

第二段　宋の鑛冶行政と鑛山

第三段　金と銀

第四段　銅

　第一節　黄銅

第二節　浸銅

第三節　淋銅

第五段　銅などの運送と鑄錢の狀況

第六段　錢法運用と國家財政

結句　鑛業・錢幣の實務が帝王の業なのではない。天子は賢明な爲政者に任じて、太平の業をなすことを努むべきである。

大冶賦は、宋代鑛業・鑄錢の面からみて、多くの興味ある内容を含む。鑛山や錢監の名稱が列擧され、採掘と鑄錢との活動が、修飾豐かな文辭で、對偶と押韻(3)とを伴ってみごとに表現されている。また鑛冶鑄錢を支配管理する官制機構の變遷にも觸れ、宋代鑛業・鑄錢の史料として看過し難いものがある。一例をあげると、第二段冒頭の一文、

漕軺兼統、肇於興國、都提命官、昉於咸平、合江淮荊浙閩廣而建一臺、則景祐之憲度、東冶於饒、西冶於虔、則元豐之章程、

右は鑛業行政機構の北宋における變遷を簡約敍述した適切な文章である。ところがこれと全く同じ文が玉海(巻一八〇)食貨錢幣元豐二十七監の記述の最後に存在する。又第六段最後の一文、

有管仲則藏富於國、得劉晏則錢流於地、

右と全くの同文が、玉海(前引)の咸平鑄錢使の條の最後に載せられている。洪咨夔大冶賦からの引用であるとは記されていない。

同樣の例は他にもある。第一段の「姒乙鼓干莊歷……姬姜均于九府」と同文が玉海の九府圜法の最後に記され、第二段の「丱人申其厲禁、九牧脩其貢篚」は、玉海の唐銀銅鐵錫の最後に「九牧脩貢篚、丱人申厲禁」とある。同じく第二段の治場名の列擧は、玉海(巻一八〇)中興錢監にみえる。又第六段の「其或用取鹿皮制、參飛錢、通物之變、扶時之偏」

を通典では紹興會子務の最後に、「用漢武帝之皮幣、參唐憲宗之飛錢、通物之變・扶時之偏」として掲げられている。

玉海の著者王應麟は一二二三年の生まれである。洪咨夔が大冶賦を作った年齢は確定できないが、饒州教授を去る[4]に近いころだから、一二一〇年前後で、王應麟出生以前である。從って、玉海のこれらの文は、大冶賦から採用したものと認められる。玉海は大冶賦を利用しているのである。

第四段の銅産の記述は、南宋銅鑛業の實狀を最もよく反映するものである。卽ち黃銅・浸銅・淋銅の三者に分けた記述である。中國史上、宋代は貨幣經濟が飛躍的に發展した時代で、大量の貨幣を必要とした。これに應じたのは金・銀・錢・紙幣である。金銀は高價な取引に主として秤量によって地金（がね）として用いられたが、基準となる主要通貨は錢である。錢には銅錢と鐵錢とがあったが、銅錢を主とする。銅錢の製造材料は大部分が銅で、これに錫・鉛が加えられた青銅である。故に通貨に關する鑛産品は、金・銀・銅・鐵・錫・鉛で、これらの採掘は官營と並んで民營があり、民營の場合、その生産物を官が買上げた。特に銅は官營の錢貨鑄造のために缺くべからざるものであったから、採掘製産の全量を官が收買し、民の私有を許さないのを原則とした。これを銅禁という。

地中から鑛石を掘り出しこれを燒いて銅を取り出す方法は古來行なわれ來ったもので、所謂乾式收銅である。これに對する濕式收銅の事象も遲くとも後漢末以來知られていたが、この方法による收銅が工業的に成立したのは北宋哲宗時代一〇九〇年前後で、南宋にかけて盛行した。これは膽水卽ち膽礬（硫酸銅）を含んだ水の中に鐵材を入れ、イオン置換現象によって膽水中の銅成分を析出せしめて銅を入手する方法で、この銅を膽銅といい、乾式法による銅を黃銅（礦銅）と呼ぶのに對する稱呼である。膽銅法には鑛山の膽水中に鐵を浸して收銅する浸銅法と、膽礬を含んだ礦石（膽土）の堆積に水を淋《そそ》いで膽水を集め、鐵をもって收銅する淋銅法とがある。膽銅を浸銅と淋銅に區分して黃銅と並べて三分して敍述したのが大冶賦であるが、浸銅・淋銅はともに膽銅で、同じ原理に據るものである。大冶賦は膽銅を重視した文章で、それは南宋の銅生産の實狀を反映したものであった。

銅の産額			比率
北宋崇寧四年（一〇九三）	黄銅	五、六〇〇、〇〇〇斤	1 : 5.6
	膽銅	一、〇〇〇、〇〇〇斤	
中興祖額（北宋末の實績を反映するもの）	黄銅	五、一八一、八三五斤	1 : 2.76
	膽銅	一、八七四、四二七斤八兩	
南宋乾道元年（一一六五）	黄銅	五〇、三八〇斤四兩	1 : 0.24
	膽銅	二一二、七八九斤五兩	

南宋に入ると、銅の生産は黄銅・膽銅ともに減少しているが、北宋においては兩者の比率が黄銅五・六對膽銅一から黄銅二・七六對膽銅一へと膽銅の割合が大いに上昇し、南宋に入ると逆轉して黄銅〇・二四對膽銅一となり、膽銅の産出は黄銅を遙かに凌駕するに至った。（拙稿、「支那に於ける濕式收銅の沿革」二一一頁・「支那に於ける濕式收銅法の起源」―ともに「中嶋敏「東洋史學論集」所收）これが南宋に於ける銅産の實狀であり、大冶賦の黄銅・浸銅・淋銅三區分の記述は、南宋銅産の實情に即したものであると言ってよい。

このように洪咨夔の大冶賦は、宋代の鑛業と錢貨鑄造の歴史を考究する上で、看過できない興趣ある史料とすべきものである。

解説注

（1）宋史本傳には嘉定二年（一二〇九）とあるが、この年には科擧の牓はない。四庫全書提要巻一六二集部別集類には、平齋文集巻三十所收の陶同年崇詩巻跋に、「某與宗山（崇）と同じく壬戌の進士」とあって、壬戌卽ち嘉泰二年（一二〇二）の同年進士であるから、宋史本傳の嘉定二年は嘉泰の誤としたのは正しい。宋人傳記資料索引は嘉泰二年進士としているのはさすがであるが、特に說明はない。

（2）拙稿、洪咨夔「平齋文集」諸本考（「汲古」第三二號）參看。

（3）賦の押韻は全文にわたっている。韻目の分布は次の如くである。

序　寘・屋
第一段　職・紙・屑・質
第二段　侵
第三段　翰・東・寒
第四段　宥
　第一節　藥・遇
　第二節　冬・屑・霙・紙
　第三節　蒸・紙
第五段　沃・屋・震・軫
第六段　職・錫・寘
結句（系）　陽・蒸・寒

通觀するに、第四段・第五段に押韻の重點が置かれている。特に第四段第一節の藥・遇兩韻、同第二節の紙韻、第五段の屋韻に顯著である。それは銅の採掘治金と鑄錢とを敍述する部分に、大冶賦の主眼が置かれていることを反映しているものであろう。

（4）洪咨夔が饒州教授になったのは何時か、これを去ったのは何時かについては、晦木齋本の巻十策問、饒州堂試一に校本注の推定がある。これによると、饒州に來たのは嘉定元年（一二〇八）春か前年の開禧三年冬であり、饒州を去ったのは嘉定三年であろうとしている。妥當の見解と思われる。

本文訓讀「大冶の賦」

（序）

余、東楚に宦遊し(1)、冶臺(2)に密次せり。職冷(1)にして、官閑なり。聞見する有らば、悉く策に箸《の》ぶ。去るに垂《なんな》んとして廼ち輯《あつ》めて之れを賦す。其の詞に曰く、

堪輿《かんよ》(3)、位を奠《さだ》め、嶽を峙《そばだ》て瀆を融《と》かす。地四と天九(4)とを合わせ、乾いて金と爲りて兌《だつ》(4)す。屬《つづ》いて泰媼《おう》(5)の珍閟《ひ》を發し、靈脩(6)の妙軸を轉ず。而して築《ちく》・冶《や》・鳧《ふ》・㮚《りつ》・叚《たん》・桃《とう》(7)、之を攻《おさ》むること六有り。智を出だし、物を創む。重んずること泉幣に在り。

（第一段）

燧《すい》・昊《こう》(8)、俶《はじ》めて興り、黄虞(9)踵《つ》ぎ繼ぐ。姒《し》・乙、莊歴に皷し(10)、陽九の厄歳を濟《すく》い(11)、姬・姜(12)、九府(13)に均しくして、帛刀の殊制(14)を定む。

卯《ぼう》金の七福(15)を侈《さかん》にして鹽鐵を大農(16)に筦《かん》す。楡莢(17)之れ赤側(18)と、獨り五銖(19)のみ之れ中に適う。宜なる乎《かな》、白水を讖《しん》し

て黄牛を謠し、[20]御天の六龍を兆すること。[21]晉陽崛起して、齊・秦に爐を賜わる。[22]三體の邈籀《ばくちゅう》[23]を含み、初生の望舒を印す。[24]會昌は州に因りて以って名を辨《わ》かつと雖も、[25]開元の舊模を易えず。

彼れ其れ之れを輕くすれば則ち荇《こう》葉・耒《らい》子・鵝眼・綖《えん》環、[26]風飄し水浮かぶ。之れを重くすれば則ち比輪・兩柱[27]・大布・大泉、直百・當千なり。[28]私智を逞しうして以って膠擾す。夫れ豈に以って大利の權を操《と》るに足らんや。

顥《こう》蒼監德[29]　眞人、涿に起こり、[30]五星を聚め、兩日を摩し、[31]風雲を嘘《ふ》き、斗極を旋《めぐ》らす。崑崙を　夷《たいらか》にし、溟渤を蕩《うごか》し、湖湘波を收め、劒閣も險を失う。[32]而して王師采石に飛渡して[33]六朝の王氣を攬り、江南の版籍を混ず。冶に永平有り、[34]仍お楚澤に鎭す。列聖、規を重ね文を同じうし軌を一にす。穹符・象瑜、絫鳺《るいしゃう》疊嫐《び》[35]なり。卝《こう》[36]人其の厲禁を申《かさ》ね、九牧[37]其の貢篚《ひ》を倂む。

是に於いて監に永豐・永通・阜財・阜民・熙寧・廣寧・神泉・寶泉・豐國・豐遠・富民・惠民有り。[38]昈《あきらか》に錯峙[39]を分かち、彈《たん》論す可からず。時に則ち提封の廣きこと、東は蟠木《はんぼく》に枕し、南は丹穴を控え、西は大蒙を瞰し、北は祝栗[40]に薄《せま》る。地產物宜、旅充[41]庭實、而して萬寶畢く萃《あつ》まること、東南に之れ與匹するもの莫し。蓋し其れ溫厚の仁氣を鍾《あつ》め、絜齊《けっせい》[42]の分域に應ず。斗牛[43]飾を被るに昌光[44]を以ってし、江漢灌《そそ》いで其の靈液を輸す。淮海荆衡の壤、厥《そ》の貢は三品。會稽具區の畛《しん》、其の利は金錫。

漢は鐵官長丞五十有一、而して其の官を專らにして以って丹陽の銅[45]を主《つかさど》らしむ。唐は諸道爐を置くこと九十有九。而して其の使を重くして以って江淮の鐵を總べしむ。皆な山海天地の藏を斡《かん》し、少府・水衡[46]の積に充つる所以の者なり。矧《いわ》んや火德の王離、[47]協氣[48]の嘉を薫ずるをや。生銅、犇《ほん》牛のごと流れ、䰀銀、走鹿のごと儲う。精鈔《しょう》[49]の鋈釿《よくいん》、[50]丹汞を錯うるの入、一端の名づく可きものに非ず。

（第二段）

漕輅の兼統するは、興國に肇まる。都提の命官は咸平に昉《はじ》まる。江淮荊浙閩廣を合して、一臺を建つるは則ち景祐の憲度なり。東は饒に治し、西は虔に治するは則ち元豐の章程なり。(51)淳熙の綜核に戻りて始めて復た永平に嚢括せり矣。

黄旗紫蓋、天運、屬有り。醴泉器車、地靈自《お》ら鬻《やしな》う。冶場の盛名、斡《かん》官に在る者、紛紛として其れ覆す可し。鉛山・濛山・石堰・岑《しん》水・昭寶・冨寶・寶成・寶瑞・雙瑞・嘉瑞・大挺・大濟・永興・新興・興國・興利・大富・廣富・通利・通濟(52)。監務・坑井殆ど幾萬計。嗇にして豐かなる有り、興にして廢する有り。斯《ここ》に擧げて以って其の凢例を旃《せん》特《あらわす》せん。然れども鐵山の銅を孕む或《あ》り、銅坑の金を懷く或《あ》り、銀を參《まじ》へて偕に發する或《あ》り、且つ浸し且つ淋する或《あ》り。賜蠡《れい》羊僅(53)之れ利を言うも、能く研幾して深を極むること莫し。

（第三段　金・銀）

但だ見る、汰金に洲有り、淘金に崗有り、瑞金に監有り、通金に場有り、寶氣を曳きて虹蜺を貫き、麟趾《りんし》褭蹏《じょうてい》(54)の祥に溢るるを。豐城の黄は璨たり、瑳瑳たる秋菊、霜寒に染み、英、墮ちんと欲《す》。落亭の紫は爛たり、暕暕（暕暕《けんけん》）(55)たる春蒲、水茸《じょう》に闖《ちん》し、芽尚ほ短し。精鏐《りゅう》を安んじ、瑞坑を胎するの谷を樂しみ、埼磧を濬して以って採摭し、墠《せん》(56)沙を畫いて披漉《ろく》す。大なるは落萁《き》(57)の豆の如く、小なるは脱粃《ひ》(57)の粟の如し。輕きこと麩の麧《けつ》(57)を去るが如く、細かきこと麈の麴《きく》(57)を生ずるが如し。之れを澄まし、之れを汰し、倏《たちま》ち胛《のば》して渠湯の澤を滿掬し、奇溪の洞を銑毓《いく》す。苗を闋汋《けいしゃく》(58)の邃に尋ね、的を磹《たん》(59)壁の壅に破る。煼《あぶ》るに火を以ってすれば、則ち流脂鐵籠の烈あり、淬《にら》ぐに水を以ってすれば則ち春糜鈆杵の重あり。吉挺旅陳し、符采飛動す。神鼎を鑄て而して嘉量を制す。是れ萬世不窮の用と爲す。

以って銀城、場有り、銀斜、坑有り、銀玉、塢有り、銀嶂、山有るに至る。寶積(60)、萬竇の空洞を張し、天壽(60)、一柱の巑岏《さんがん》(60)に倚る。巖墻を立てて顧みず、徇利を慨《おも》いて安きを忘る。礲《ろう》(61)路深く闇に入り、道横さまに蹯《ふ》みて篝《こう》(62)す。燈、風を避けて、上、梁を照らし、杠《こう》(63)、水を揷しはさんで、下、戽《こ》(64)を壓す。深穽の腹を梈《きょう》(65)して炮し、駢石の脅を泐《ろく》(66)して捷つ。跳蛙《あ》は其れ磔《たく》に繫からず。蒼髯にして鑷《じょう》す可し。山を碓《たい》し礦を藉して殷雷、池を淘し粘を攪して飛霎《そう》。景を流し灟《しょく》を倒まにし、星星曄曄《ようよう》、燒窖・熟盦《あん》(67)、爐裂け鈆馳《は》す。沸灰、窠に發す。氣は初め煙雲に走り、花は徐ろに霜雪に黐る。它山は朱提《しゅし》(68)に優る莫し。則ち以って王府匪頒《ふんはん》(69)の用に供し、以って冶臺貸本の闕を補うに劣る。是の二品(70)則ち然り。

（第四段　銅）

請う復た銅を究むること之れ說を爲さん。劉濞(71)、逋逃の藪を萃め、採山の富を擅《ほしいまま》にす。而して吳の產は豫章に豐かなり。卓氏(72)は王者の利を爭い、齊人の業を錮(73)す。而して蜀の產は臨邛《こう》に皁《おお》し。歐子(74)は赤堇(75)の山を破り、若耶の溪(75)を涸らす。而して越の產は、鏌鎁干將(76)に止まらず。錢幣或いは楚・晉に造られ、冶鑄多く齊・梁に出づ。伏羲以來、銅山四百六十有七あり。今の大要、厥の色之れ三有るに過ぎず。

（第一節　黄銅）

其の黄銅為《た》るや、坑に殊名有り、山に衆樸多し。蜿蟺《わんせん》[77]扶輿し、鬱積磅礴《ほうはく》す。巀嶭《せつがつ》[78]岑巆《しんこう》[79]、崴嵬《あいかい》[80]嶢峋《こうかく》、璘彬《りんひん》闌斑、横漾《こうよう》璀錯《さいさく》。碯脈《かん》[80]見われ、函路灼く。牛、盤に飲み、天井落つ。礦紋釆を異にし、乍ち純、遽かに駮。熛苗性を異にし、還絡を斷たんと欲《す》。烏膠、金星を綴りて爍《かがや》き、蔌花《そう》[81]、丹砂を淡くして渥し。鼠、聚團に結び、雞、散泊[82]に燋《こ》ぐ。飡餌膏油、英潤、濯《しゃく》濯《しゃく》たり。炎煬《よう》[83]を宿して脆《もろ》く解け、剞劂《きけつ》[84]を紛して巧みに斷ず。亢轟《ごう》を批つ博浪[85]の椎《つい》、堅洞を陥《おとしい》る混沌の鑿[85]。巖雲起きんと欲《し》て復た墜ち、石火吹かずして自《お》ら躍る。磅磅《ばうばう》として霆を馳せ、剝剝《ほくほく》として雹を灑ぐ。丘示[86]、耳を掩いて疾遯し、木客[87]、心を捧げて竦愕す。膽寒し、野伏の夔罔《きほう》[88]、魂褫《うば》う、泥蟠《はん》[88]の龍蠖《かく》。繚たり倏隧、黝《ゆう》たり幽壑《がく》。潛匽《かい》[89]旁呀《か》たり、陰豂《か》[90]斜に郤く。共工、不周に觸れて地維斷ち、神禹、伊闕を闢きて龍門拓《ひら》く[91]。驪《り》山[92]、百仭之れ下穿し、昆明、萬夫之れ偕作す[93]。曾って未だ其の功用の博きに媲《ひ》せざるなり。其の籠篢齊《ととの》ひ、畚臿《ほんそう》具わるに逮び、專諸[94]、虎攫し、孟賁《ほん》[95]、豕負《しふ》[96]す。堆阜を平陸に徙し、岑樓を爐歩に矗《ちく》[97]す。

熺炭もて周繞し、藁《こう》[98]薪もて環附す。若し望まば而して燎なり、若し城《きづ》かば而して炬なり。始め緼《おん》[99]を畢方[100]に束ね、旋《つ》いで鞴を熛怒[101]に鼓す。火牛を鞭《むちう》ちて突走し、燭龍に騎《の》りて騰鶩《ぶ》す。戰列、霹靂を炎庉《えんとん》[102]に缺き、舞屏、豐隆[103]を煙霧に翳《かく》す。陽烏[104]、耀きを奪い、熒惑[105]、度を遜《ゆず》る。石、髓汋《しゃく》を迸らせて乳を流し、江、融臍《せい》を鏁《さ》して膏注ぐ。鉐再び錬して麤なる者消え、鈲《へき》[106]復た烹て精なる者聚まる。排燒して汕《さん》溜傾き、吹拂して飜窠露わる。利固より孔《はなは》だ殷《さかん》なり。力も亦た良《まこと》に苦しむ。

（第二節　浸銅）

唯だ彼の泉井、沙を淘して鑄る可きは其れ浸銅なり。鉛山・興利、首《はじ》めて鳩《あつ》めて功を僝《あら》わし(107)、推して放《なら》いて諸象皆な蒙を取る。辨ずるに易牙《えきが》(108)の口を以ってし、膽は味に隨って同じからず、靑は澁苦以って上に居り、黃は醓酸《たんさん》(108)にして中に次す。鑒《かんが》みるに离婁《りろう》(109)の目を以ってし、泛《うか》べて漚《あわ》を浮べ容《すがた》を異にし、赤、白を間《まじ》えて以って貴と爲し、紫、朱を奪うて庸ならず。陂沼既に豬し、溝遂斯《ここ》に決す。瀺灂《さんさく》(110)として澒《こう》溶(111)け、汨《べき》密として澂冽《ちようれつ》。銅雀臺(112)の簷霤《えんりゆう》、萬瓦、瓴《れい》を建てて淙淙たり。龍骨渠(113)の水道、千澮、畦を分かちて潏潏《けつけつ》たり。深淺を量りて以って槽を施し、踈密に隨って閘を制す。陸續して呑吐し、蟬聯して貫列す。乃ち不轑《ろう》(114)の釜を破り、乃ち不湘(115)の錡を碎く。鱗の如く斯れ布き、翼の如く斯れ起こる。之れを漱ぎて瓏瓏たり、之れを濺ぎて齒齒たり。沉涵、表裏を極わめ、以って蒸釀を俱暢し、日夜を窮めて止まず。元冥(116)其の功譎に效い、陽侯(116)其の恠《かい》詭を獻ず。變蝕して沬と爲り、轉澁して灡と爲り、或いは簟《てん》《むしろ》に浹《しょう》下して自《お》ら珠蕊を凝らし、且つ濯い且つ漸して盡く化して乃ち已む。之れを爐錘に投じて、遂に粹美を爲す。

（第三節　淋銅）

其れ淋銅たるや、岑《しん》水(117)に經始して以って永興(117)に逮ぶ。地氣の育する所、它も類稱す可し。上、膽を抱きて潛かに發し、屋、綯《なわ》を索して亟《すみやか》に乘ず。剖ちて曼衍して峻嶒《りようそう》(118)を攻め、浮埴して堅壤を去る。呈して雞子の胚《はい》黃を得、土銆の凝らす所を知る。輦運して介蹊に塞がり、俺積して脩楹《えい》《はしら》よりも高し。日愈〻久しうして力を滋《ま》し、礬既に生じて碖《ろん》《いし》を細かにす。是《ここ》に抄盆を設け銙《いん》絡して以って庋《お》く。是に甓槽を築いて竹籠以って釃《こ》す。鈱《びん》[119]葉を散らして中に鋪《し》き、鉐液を沃《そそ》いで下に漬く。勇は甕を抱いて以って潺湲《せんかん》、馴は瓢を黐して而して滂濞《ほうび》[120]。釅《げん》[121]淡を滍澠《しべん》に分かち、清濁を涇渭[122]に別かつ。其の滲瀉の聲は則ち糟丘、酒を歩兵の厨[123]に壓し、其の轉引の勢は則ち渴烏、漏を挈壷《けっこ》[123]の氏に傳う。左に挹《と》り右に注ぎ、循環して竭きず。晝湛《たた》え夕漑《そそ》ぎ、薫染翕歙《きゅうこう》[124]し、寒暖燥濕移らざるの體を幻成し、刀圭[125]の鐵を點ずるを疑わしむ。

（第五段　運銅・鑄錢）

卝《こう》課、綱程に登るに若乃《いたっ》ては、促す鐵、往く銅、來《きた》る錫、至る鈆續き、川に浮かぶ舳艫《ぢくろ》の銜《かん》尾、陸に走る車擔の繈《きょう》屬、嶺嶠を出で荊蜀を下り、彭蠡《ほうれい》[126]・洞庭を絕《わた》りて星馳し、重淮・大江を泝りて電逐す。圜《えん》[127]府に四趍《しゅ》すること、輻の轂《こく》《こしき》有るが如し。殷轔軒礚《かい》、崱屴《しょくちょく》複陸[128]。之を連城に頓し、之れを列屋に貯う。黑雲、山に隤《お》ちて亂委し、熊豹谽《かん》谺《が》[129]して起伏す。蓋し銷飛を待たずして、瞿曇[130]を廡鉟《れんひ》[130]にし、而して鍾官[131]の用足る。

是に於いて鑄錢使其の會辨せる銅を攷し、其の品を第せしむ。丁夫竭作し、匠師讙奮す。煤突整潔にして炭戶充牣《じん》す。兩儀[132]の籥《ふえ》を鼓して大いに播《し》き、六丁[132]の工を役して迭《かたみ》に運《はこ》ぶ。祝融[133]、女媧を作して進み、一煽して濤は海門の微波を生じ、再煽して日は扶桑の疊暈を吐く。三煽して朝霞を烘して爛照し、四煽して屯雷を洶して震わんと欲《す》。格澤[134]の輝焰を張り、欃槍《さんさう》[134]の芒灡を迸らす。夸父《こほ》[135]之れに卽して汗は漿を黐えして暍《えつ》し、河伯[135]之れを望みて瞳は眩花して瞬《またた》く。澄澈して殽《まじ》らず　通明して燼《じん》[136]すること無し。黑濁の氣竭きて黃氣次ぎ、黃白の氣竭きて靑氣應ず。液爰に兜《と》杓《しゃく》に瀉ぎ、匣遂に模印に明らかなり。之れを搫《た》ちて落落、之れを貫きて磷磷。之れを磋《みが》くに風車の輣軋《ほうあつ》[138]を以ってし、之れを轆《ろく》するに水輪の硑隱《ほういん》(138)を以ってす。繪網、涓《けん》拭し、蟲𦉪摩揗《しゅん》す。肉好(139)周郭あり、堅澤精緊なり。文刓くして銀鉤、色瑩《あきらか》にして玉塡す。既に垢を刮して以って光を磨き、始めて緡(140)を結んで準に就く。東門の漚《おう》(141)𤬪を盡くすも、以って其の貫引と爲すに足らず。

（第六段）

百吏、功を告げ、三官(142)、色を動かす。乃ち餫艘を督し、乃ち王國に輸す。版曹(142)、其の贏虚の數を稽え、起部(143)、其の精觕《そ》《粗》の績を程す。内府の登儲を謹しみ、外帑の椿《とう》積を衍《あま》す。天子之れを守るに恭儉を以ってし、冢宰之れを理むるに均節を以ってす。

五銖・開元と而して並び行なわる。黄榜・紫標(144)の私殖に異なり。金工之れを鑠《とか》さば則ち禁有り。蠻船之れを洩らさば則ち辟《つみ》有り。宜《むべ》なり、京師、貫朽ちて校《かぞ》うる莫く、天下鏹を藏して山則(145)なること。其れ或いは用って鹿皮(146)の制を取り、飛錢(147)を參《まじ》うるあり。物を通ずるの變、時を扶くるの偏にして、亦た輕重の相濟、子母の相權(148)に本づくものなり。殖財を至論するは、使を擇ぶに如くは莫し。管仲(149)有らば則ち冨を國に藏し、劉晏(150)を得ば則ち錢は地に流る。

（結句）

言、未だ畢らず、客の旁に在る有り。啞《あく》然(151)として笑いて曰く「子の來る、番自(152)りす。泉を知ること則ち詳らかなり。坎蛙《かんあ》(153)は海水を語り難く、醯雞《けいけい》(154)は未だ天光を窺わず。獨り聞かず、扆《い》《ついたて》(155)を負いて南面し、坱圠《あうあつ》(155)の鈞を運らして四方に皷する者を。八卦を盪し、九章(156)を範とし、關雎《くわんしょ》(157)を颺《あ》げて播す。我れ將に庶品を道德の橐に融し、衆乂を俊寶の場に歛めんとす。磨して磷せ(158)ざる者、布いて臺省に在りて之れを動かす。斯れ和する者は諸《これ》を廟堂に坐し、乾を旋《めぐら》し坤を轉じ、陰を闔《と》ぢ陽を闢《ひら》かしむ。陶唐、虞規を治し、周矩、禮樂を啇す(159)。俗を凝《とど》め窳《ゆ》を易えて仁義を良くし、人を鑄し、否を革めて泰階(160)を臧《よ》くす。以って天步を平らかにし、以って前星(161)を康くす。爛たるかな、旄《ぼう》頭に重暉して其の不芒を(162)濬《やす》らかにす。南風薫りて民財阜かに、膏雨時にして年穀昌んなり。于《ここ》に以って帝王太平の業を植う。詎《な》んぞ止だ覇功の冨強なるを圖らんや」と。

余乃ち豁然として悟り、蹶然として起ち、拜手して之れに系して(163)曰く、「天、道を愛せずして聖賢起る兮。地、寶を愛せずして稼穡《みの》登る兮。人、情を愛せずして富壽にして且つ安し兮。化工の巧は其の端を窮むること莫し兮」と。

（大冶賦原文は、序の其詞曰に續く堪輿奠位が改行になっている以外は、改行は全くない。大冶賦に段節を施して改行し、一部段節に標題をつけたのは、すべて筆者のなすところである。）

注

（1）「東楚に官遊し」洪咨夔は、進士となった嘉泰二年の數年後に、江南東路の饒州の教授となった（解説注（4））。饒州は上饒縣に州治があった。今の江西省波阳縣である。宋代ここには主要鑄錢機關である永平監が置かれた。饒州境内には、德興縣に興利場があり、金・銀・銅を產出し、饒州は南隣の信州とともに、宋の主要鑛產地であった。咨夔はこの饒州の教授となったのである。教授という官は冷官と呼ばれた。朝野類要巻二によると、冷官とは緩慢優間の職であると記されている。東楚とは宋代の江南路のあたりの汎稱であろう。

（2）「冶臺」永平錢監（宋代最高級鑄錢額をもつ鑄錢所）の所在地である饒州には、當時、都大提點坑冶司が置かれ、全國の坑冶鑄錢の行政を總括した。冶臺とはこの都大提點坑冶司のこと。

（3）「堪輿」天地の意。堪はいれもの、天。輿は萬物を乗せるもの、地を意味する。
（4）「地四と天九」易繫辭上傳に天一・地二・天三・地四・天五・地六・天七・地八・天九・地十とあり、天地陰陽自然の奇偶の數。
　「兊」脫の意であろう。
（5）「泰媼」泰は元尊で天、媼神は地を指す。
（6）「靈倏」靈は神なり、倏は遠なり。
（7）「築・冶・鳧・㮚・段・桃」築は削（小刀）を作る、冶は殺矢を爲る、鳧は鑄鐘を、㮚は量を爲る、段は鍛工農器を爲る、桃は劍を爲る。周禮考工記の攻金の六工。
（8）「燧・昊」燧人氏と太昊伏羲氏。古代の傳說的帝王。
（9）「黄・虞」黄帝軒轅氏と帝舜有虞氏。
（10）「姒・乙、莊歷に鼓し」姒は禹王の姓、乙は天乙卽ち湯王。莊・歷は莊山と歷山。禹に五年の水あり、湯王に七年の旱あり、人飢えて子を賣る者あり。湯は莊山の金をもって幣を鑄、禹は歷山の金をもって幣を鑄て、人民の困苦を救ったという。（通典食貨八・通志食貨略など）鼓は鼓鑄。
（11）「陽九の厄歲」災荒で厄運の歲。（漢書律歷志）
（12）「姫姜」姫は周の姓、姜は太公望呂尚、姜姓。
（13）「九府」周代財幣管掌の機構、國庫の泛稱。周の九府は、大府・玉府・內府・外府・泉府・天府・職內・職金・職幣。
（14）「帛刀の殊制」周の通貨制度は、九府圜法と呼ばれ、黄金・錢（刀）・布帛を用いたと云う。（漢書食貨志）
（15）「卯金の七福」漢の劉は字畫が卯金刀で成っているので、卯金は漢の隱語。孝文帝五年、盗鑄錢の禁令が解除され、民の私鑄を許したので禍が起こった。賈誼はこの禍を除いて、七福致すべしと上言した。七福とは、
一、上收銅、勿令布、則民不鑄錢、黥罪不積、
二、僞錢不蕃、民不相疑、

三、釆銅鑄錢者及於耕田、
四、銅畢歸於上、上挾銅積、以御輕重、
五、以作平器、以假貴臣、多少有制、用別貴賤
六、以臨萬貨、以調盈虛、以收奇羨、則官富貴、而末民困、
七、制吾棄財、以與匈奴逐爭其民、則敵必懷、（漢書食貨志下）

(16)「大農」大司農のこと。漢代、租稅・錢穀・鹽鐵を掌り國家財政收支を管轄した。（史記平準書）
(17)「楡莢」漢は國初、民をして錢を鑄させた結果、楡《にれ》の實の莢の如き輕小錢が現われた。これを楡莢錢と呼ぶ。
(18)「赤側」赤銅をもって郭を爲す五銖錢、赤仄とも言ふ。當五（通常の五銖錢五個に相當）。
(19)「五銖」漢武帝の時、始まった錢。輕重、中に適い、漢の代表的錢となり、その名は隋代まで用いられた。
(20)「白水を讖して黃牛を謠し」王莽の「新」朝の時、「黃牛白腹、五銖當に復すべし」という童謠が流行した。「新」朝が倒れて「漢」朝が復活することを豫言したものとされる。白水は泉で錢のこと。白水を讖すとは、錢の豫言の意味。
(21)「御天の六龍を兆す」易經乾の彖《たん》に「時に六龍に乘じ以って天を御す」とある。六龍は六位の龍、居る所の上下によって言う。御天は、天道を控御して下を統治すること。漢朝が天下を支配することを豫示した。
(22)「晉陽……賜わる」晉陽留守の李淵が唐朝を開き、開元通寶を鑄、秦王（次子世民、後の太宗）と齊王（世民の弟元吉）に各三爐を與えて錢を造らしめた。
(23)「三體の遜籀」隸・篆・八分の三書體を含む文字を開元通寶の錢文としたこと、新唐書食貨志に見える。秦人、程邈が籀文から隸書を作ったという傳說があるので邈籀と言った。
(24)「初生の望舒を印す」開元通寶開始の時、その蠟模を文德皇后（太祖の后）が爪で掐して爪跡をつけ、それがそのまま鑄造發行されたとの傳說がある。望舒は月の御者、轉じて月のこと。初生の望舒は新月。爪跡が新月形であったというのである。
(25)「會昌……辨かつ」武宗は廢佛によって得た大量の銅材を以って諸州に錢坊を置き鑄錢せしめ、その背面に州名を入れた。
(26)「荇葉・耒子・鵝眼・綖環」荇は一種の水草、耒はすき、綖は絲すじ。四者とも南朝宋の時、民間で私鑄された輕小の惡貨。

耒子（萊子）は剪鑿せるもの、荇葉は薄きもの（玉海食貨巻一八〇）。
（27）「比輪」三國吳が造り、東晉元帝の時なお流通していた大錢。兩柱は梁末、錢背に二點を記した五銖。ともに價値が大きい。
（28）「大布・大泉・直百・當千」王莽に大布黃千あり。北周の五行大布は當十、王莽大泉は直五十、吳嘉禾五年大泉は一當五百、直百は蜀漢・梁にあり、當千は吳・北周にあると玉海巻一八〇食貨錢輕重に見える。
（29）「顥蒼監德」顥蒼は天、監德は歲星が正月晨に東方に現われること。
（30）「眞人涿に起こり」宋太祖趙匡胤は涿郡（河北省涿縣）の人。その先祖は唐末まで世々涿州に住んだ。
（31）「五星を聚め、兩日を摩し」五星は歲星・熒惑・鎭星・太伯・辰星の五遊星。乾德五年三月、五星が連珠の如く奎婁の次に聚まった（宋史巻五六天文志五緯俱見の條）のは天下の祥瑞であるとする。宋史巻五二日變の條には、周顯德七年正月癸卯、日既に出でて其の下に復た一日有り。相掩いて黑光摩すること之を久しうすとあるのは、趙匡胤が後周に代わって新王朝を開くことを豫示するものであった。
（32）「劒閣も險を失う」宋は乾德三年（九六五）一月、劍門に大勝して進み、後蜀主孟昶を降して、四川を併有したこと。
（33）「釆石に飛渡」ここは江南（南唐）を滅ぼして華南まで領域をひろめたこと。釆石は安徽省當塗縣西北の牛渚山の別名。長江に突出し、山下の釆石渡は渡江の要津である。開寶七年（九七四）閏十月宋の曹彬は江南軍を釆石に破り、翌年江南國主李煜を俘とし江南國を平定した。
（34）「永平」饒州永平監は南唐以來の銅銭監。今の江西省波阳縣に在った。
（35）「穹符・象瑜・絫鶵疊皦」穹符・象瑜は銅鑛の狀態の形容。鶵は翔、皦は美。
（36）「卝人」周禮卝人、卝は礦なり。
（37）「九牧」天下九州の長官。夏の世、九牧が上った金（銅）で鼎を造ったと云う。
（38）「永豐……惠民」永豐監は池州、永通監は韶州、阜財監は河南府、阜民監は興國軍、熙寧監は衡州、廣寧監は江州、神通監は嚴（睦）州、寶泉監は鄂州、豐國監は建州、豐遠監は嘉州、富民監は興國軍大冶縣、惠民監は邛州に置かれた。豐遠と惠民兩監は鐵銭監である。他の十監は銅銭監。

(39)「錯跱」錯雜せる鑛床。

(40)「蟠木・丹穴・大蒙・祝栗」蟠木は東海中の山、丹穴は南方日を戴く地、大蒙（太蒙）は西方日の入る地、祝栗は北の極。

(41)「旅充」旅は陳也。旅百か（左傳宣公十四年）。陳列の物衆多なるをいう。

(42)「絜齊」整齊の意。

(43)「斗牛」二十八宿中の斗宿と牛宿、寶劒を意味す。

(44)「昌光」天空中の赤氣、祥瑞の氣なり。

(45)「丹陽の銅」漢に善銅あり、丹陽（今の江蘇省鎭江市）に出づ、取りて鏡を作る。漢は丹陽に錢監あり。

(46)「少府・水衡」秦漢時代、少府は帝室財政を掌る。漢武帝の時、水衡都尉が置かれ、皇家の上林苑を管轄し、税收・鑄錢を掌った。

(47)「離」火・日を示す。宋朝は火德の王朝である。

(48)「協氣」和氣。

(49)「釥」美金。

(50)「鋈釖」鋈は白銅、釖は錫（廣雅釋器）。

(51)「漕軺……章程なり」漕軺は路の轉運使、太平興國年漕臣が鑄錢を掌った。都提は都大提點鑄錢事、咸平三年馮亮が江南轉運副使でこれを兼ねた。景祐二年八月己卯、提點坑冶鑄錢官を置き全國を管轄した。元豐二年七月癸酉これを二分し、饒州司は閩・浙・淮南・江東の、虔州（江西省贛州市）司は、湖廣江西の坑冶鑄錢の事を掌った。その後も分合あり、淳熙二年贛州（虔州を改名）司を饒州に併歸して一とし、官名に都大を加えた。贛州には主管官一員を置くのみとなった。（輿地紀勝巻二二 饒州、都大提點坑司・同巻三二 贛州、都大提點司）

(52)「鉛山……通濟」二十の場（鑛山）の名稱。鉛山場（銅等を産出）は江南西路信州鉛山縣、濛山場（銀・鉛）は同路瑞州上高縣、石堰場（銀）は兩浙路處州龍泉縣、岑水場（銅）は廣南東路韶州建福縣、大濟場（銀）は福建路漳州龍巖縣、永興場（銅・銀）は荊湖南路潭州瀏陽縣、新興場（銀）は福建路南劍州龍泉縣、興國場（銅）は江南西路興國軍大冶縣、興利場（銅）

は江南東道饒州徳興縣、大富場（鉛・銀）は廣南東路廣州翁源縣及び荊湖南路桂陽監平陽縣に在った。廣富場は黄富場（鐵）か、黄富場は荊湖南路道州江華縣。他の九場は未詳。

(53)「賜蠡羊僅」子賜・范蠡・桑弘羊・孔僅の四人。

(54)「麟趾褭蹏」漢の武帝、騏麟の足形と馬蹄形の黄金を造り、現出した嘉瑞に應じたと云う。

(55)「暕暕」暕暕の誤ならん。暕は明なり。

(56)「墠」神を祭るため掃い清めた郊外の地。

(57)「萁、粃、麧、麯」萁は豆がら。粃はしいな。麧は麥粒。麯は麴に同じ、こうじ。

(58)「罽汋」罽は毛織物。汋は水が自然に湧き出ること。

(59)「磹」壇、祭の庭。

(60)「寶積・天壽」寶積場は、江南西路虔州（鉛）及び福建路邵武軍（鐵）にあり、天壽は恐らく天受場で同路建寧府政和縣に在り。「巑岏」は山が高く聳え立つこと。

(61)「豅」大きく長い谷。

(62)「篝」かがり火。

(63)「杠」小さい橋。

(64)「戽」取水して田に灌ぐための装置。割り竹や藤蔓で造った籠に縄をつけ、水路の兩岸に立つ二人がこれを操って水を汲み上げ灌ぐ。

(65)「枵」うつろ。

(66)「泐」石が脈理に沿って裂けること。

(67)「盦」覆い蓋《ぶた》。

(68)「朱提」山名。今の雲南省昭通縣に在り。銀産に富む。銀の代稱。

(69)「匪頒」匪は分に通ず。王が群臣に分賜すること。

（70）「二品」金と銀。

（71）「劉濞」漢の高祖の兄の子、呉王となる。文帝の時反亂を起こし、敗れて東越に走り殺さる。史記平準書に「呉は諸侯なるも、山に卽《っ》いて錢を鑄るを以って、富天下に埒《ひと》し、其の後、卒に以って叛逆せり」とある。また漢書巻三五呉王濞傳に「天下亡命の者を招致して錢を盜鑄す」とあり、「逋盜の藪」とは天下亡命者のことである。史記・漢書呉王濞傳ともに、「呉に豫章郡銅山有り」とあるが、豫章郡は、呉王濞の領域ではなく、廬江王の封域に屬するので、豫の字は誤で章郡とあるべきで、史記正義は今の宣州及び潤州句容縣に銅山有り、並びに章に屬すと云っている。章郡は呉王の封域に屬す。

（72）「卓氏」史記貨殖列傳に「卓氏はもと趙の人、鐵冶をもって富む。秦は趙を破り、卓氏を蜀に遷す。臨邛（今の四川省邛崍縣）にて鐵山に卽きて鼓鑄し、富は僮千人に至り、田池射獵の樂しみ人君に擬う」とあり。

（73）「齊人」は齊民、一般人民。錮は專取の意。

（74）「歐子」歐冶子。

（75）「赤堇の山、若耶の溪」赤堇は紹興の南に有る山の名。春秋時代、歐冶子が劍を鑄た處と傳う。若耶は若邪とも書き、紹興府の南方の溪の名。

（76）「鏌鋣干將」呉の莫邪能く劍を鑄る。干將はその妻とも云う。

（77）「蜿蟺」わだかまる貌。「扶輿」は盤旋して升騰する貌。韓愈「送廖道士序」に、氣之所窮盛而不過、必蜿蟺扶輿、磅礴而鬱積とあり。

（78）「巀嶭」きり立ってけわしい高山。

（79）「岑嶒」山深くけわしい貌。

（80）「嵗嵬」山高くけわしい貌。「陌」は山の崖。

（81）「蕨」あお菜。

（82）「泊」とまりやすむ場所。

（83）「煬」火勢熾猛、熾烈の火焔。

(84)「剞劂」剞は曲鑿、劂は曲刀。
(85)「博浪の椎」傳浪沙は今の河南省陽武縣東南。張良ここで始皇帝を鐵錐で狙撃した。
(86)「混沌の鑿」混沌は渾沌、未分化の總合體。「中央の帝渾沌は七竅（目・耳・鼻・口の七つのあな）が無かった。南海の帝儵と北海の帝忽とが相談して、仲のよい渾沌のために七竅を作ってやることとなり、一日に一竅を鑿ち、七日で仕上げたところ、渾沌は死んだ」という莊子内篇應天子にみえる寓話を踏まえている。
(86)「丘示」未詳。丘牛（大なる牛）の誤か。丘は巨に通ず。
(87)「木客」伐木工。傳說中の深山の精怪。
(88)「夔罔」夔魍（夔と魍魎、木石・山川の精怪）「泥蟠」は泥中にわだかまる。「蠖」は尺取蟲。
(89)「匯」山旁の洞穴。
(90)「窽」穴、洞。
(91)「共工……龍門拓く」共工は古代傳說中の人名。顓頊と帝位を争い、怒って不周山に觸れ、天柱折れ地維絶ち、天は西北に傾き、地は東南に滿たずという。伊水が兩山相對する間を北流するところを「伊闕」と言う。洛陽市南方に在り。
(92)「驪山」陝西省臨潼縣東南、秦始皇帝をここに葬る。地下深く大工事を施した。
(93)「昆明……偕作す」漢武帝元狩三年、長安西南に昆明池を穿ち、水戰の訓練を行ない、昆明國征伐の準備をした。偕作とは共同行動。
(94)「專諸」春秋時代の刺客の名（史記刺客列傳）。
(95)「孟賁」古の勇士の名（說苑）。
(96)「豕負」豕負塗は豚が道の泥淖中に匍伏すること、汚穢の比喩。「虎攫」に對句で豕負とする。
(97)「矗」そびえる。
(98)「蒿」蒿（よもぎ）に同じ。
(99)「緼」裂いたままの麻、くず麻。

(100)「畢方」傳說中の怪鳥、出現すれば火災あり。
(101)「熛怒」五方帝の一、赤熛怒、南方の赤帝、夏を司る。
(102)「焱庛」焱は炎、庛は樓の牆。
(103)「豐隆」いかづち。
(104)「陽烏」太陽の異稱。
(105)「熒惑」火星、五星の一、火の精。
(106)「鉚」劍のやきば。
(107)「首鳩僝功」尙書堯典、共工方鳩僝功とあり。
(108)「易牙」齊の桓公の寵臣、調味に長ず。その子を烹て羹とし桓公に獻じてその歡心を買った。
「醓醢」醓はししびしほ、醢は酸に同じ。
(109)「离婁」　離婁　傳說人物、視力特に强し。
(110)「瀺灂」瀺は水の聲、灂は石が水中に出沒する貌。
(111)「澒」水銀。
(112)「銅雀臺」漢末建安十五年冬、曹操建つ。故址、今の河北省臨漳縣西南、故鄴城の西北隅に在り。「簷」はのき、「霤」は屋根を流れる水、「瓴」はかはら。
(113)「龍骨渠」史記河渠書に、卒萬餘人を發して渠を穿ち、徵（今の陝西省澄城縣）より洛水を引いて商顏（山）の下に至るとある。
(114)「轑」たわむ。
(115)「湘」煮る。
(116)「元冥、陽侯」共に水神の名。
(117)「岑水」岑水場は廣南東路韶州曲江縣に在った銅山。北宋中期以後、全國第一の銅產を擧げた。「永興」場は潭州（今の湖南省長沙市）に在った。

（118）「崚嶒」山の貌。

（119）「鋎葉」鋎は鐵葉。

（120）「滂濞」水流るる貌。

（121）「釅」茶・酒等の飲料の味厚きこと。

（122）「淄・澠・涇・渭」四つの川の名稱。淄・澠兩水は今の山東省に在り。戰國時代、齊の地。齊臣易牙、能く二水の味を辨別したと云う。涇・渭二水は今の陝西省の川の名。涇水は清く、渭水は濁。

（123）「歩兵の厨」竹林七賢の一人である阮籍は、歩兵の厨に酒數百斛ありと聞いて歩兵校尉に就任したと云う（世說新語、任誕）よって歩兵は阮籍を指す語ともなった。

「漏」は水時計、「挈壺氏」は漏刻を掌る周官の名。

（124）「翕欱」あわせ吸う。

（125）「刀圭」藥を量る器（さじ）。

（126）「彭蠡」鄱陽湖を指す。

（127）「圜府」鑄錢監のこと。

（128）「殷轔軒礚」殷轔は盛んな車の聲、軒礚は大きな音響の形容。

「峎屶」山の高く聳える貌。「複陸」は重疊する貌。

（129）「谸谺」谷大なる貌。谷深き貌。

（130）「瞿曇」佛像のこと。

「廉鈈」廉は鐮に同じで鎌。鈈は刃ある戈。佛像を銷して得た銅材で鎌や戈（武器）を造る。（唐の會昌や後周世宗の廢佛の時の故事）

（131）「鍾官」漢代、水衡都尉の屬官。鑄錢の事を掌る。

(132)「兩儀」陰陽。
「六丁」道教で天帝の驅使する六丁神。
(133)「祝融」帝嚳の時の火官。尊んで火神と爲す。
「女媧」神話傳說中の人類の始祖。伏犧と兄妹で夫婦となる。共工の破壞した天地を修復し、洪水を治め、人民を安居せしめた。祝融・女媧の業に比すべき事業を、火を鼓煽して鑄錢することによって行なう次第を以下に述べている。
(134)「格澤」星の名。炎火の狀あり、黃白色、地より上る。
「欃搶」彗星の名。
(135)「夸父」上古の人名。太陽と競走して渴死す（列子・山海經）。
「河伯」河の神。
(136)「燼」もえかす。もえ殘る。
(137)「輣軋」輣は兵車、樓車。軋はすれあってきしむこと。
(138)「碎隱」盛んな聲の形容。
(139)「肉好」肉は錢の本體、好は孔。
(140)「緍」緡に同じ。錢孔を貫きしばるひも。
(141)「東門」詩經陳風東門之池。池は城池。
漚麻　柔らかにするために水に浸した麻。
(142)「三官」漢代、鑄錢を管理する均輸・鍾官・辨銅令の上林三官。水衡都尉の屬官。
(142)「版曹」戶部のこと。
(143)「起部」工部のこと。南北朝に起部尙書あり。隋以後工部と改稱。
(144)「黃榜紫標」黃色の標簽と紫色の標識。梁の臨川靖惠王蕭宏は錢を愛し、百萬一聚すれば黃牓を以って之を標し、千萬で一庫とし、一紫標を懸け、庫三十餘間、錢三億餘萬に至った（南史本傳）。蕭宏蓄積の私財と異なって國法の規制下に在る公的財物であることを云う。

(145)「貫朽ちて云々」は史記平準書に出づ。京師の錢多く經濟繁榮せるを謂う。錢千個毎に錢孔をつらぬきしばって貯藏と計數に便した。これを貫という。緡のこと。

(146)「山則」漢書禮樂志、安世房中歌十七章中に磑磑即即、師象山則とあり、孟康曰く磑磑は崇積なり、即即は充實なり。師は衆なり、則は法なり。積實の盛、衆きこと山に類するなりとあり、又た最後の章中に承帝明德、師象山則とある。

(147)「鹿皮」漢武帝の時、禁苑の白鹿の皮（方尺）をもって皮幣を作り、直四十萬。王侯宗室の朝覲の聘享には必ず皮幣を以って璧を進奉せしめた。

(148)「飛錢」唐代後期に行なわれた送金用爲替。

(149)「子母相權」大錢と小錢とを併用し、相互間の交換比率を定めて流通させる制度。

(150)「管仲」（～六四五Ｂ・Ｃ）春秋時代、齊の桓公時代の名宰相。桓公を輔けて覇業を成さしめた。「管子」二十四卷はその著と傳えられるが、大部分は後人の作である。

(151)「劉晏」唐中期の政治家（七一五－八〇）國家財政に手腕を發揮、漕運を整え、鹽利を増進させた。

(152)「哂然」笑う貌。

(153)「番」鄱。古の楚の地名。今、江西省鄱陽（波阳）縣。宋代、鑛業・鑄錢の中心地。

(154)「坎蛙」坎は坑、井の中の蛙。

(155)「醯雞」酒の中に生ずる小蟲の名（列子）。

(156)「扆を負いて南面し云々は、天子の位に在る者が、天下の鼓鑄の實務に當たるものではないの意。

(157)「坱圠」は坱軋、卽ち漫として無邊際の貌。地勢高低平らかならぬ貌。（内閣文庫宋刊本、坱圠。四部叢刊本卽ち鐵琴銅劍樓景宋鈔本、坱北は誤）

(156)「九章」九疇のこと。漢書律暦志に「箕子言大法九章」と。顏師古注に大法九章は洪範の九疇なりと。

(157)「關雎」詩經の篇名。

（158）「磷」減損して薄くなること。

（159）「陶唐……商す」陶唐は帝堯。虞規と周矩とが對句をなしている。冶は治の誤か。

（160）「泰階」星の名。上中下三階に分かれ、毎階各々二星より成る。上階上星は天子、同下星は女王。中階上星は諸侯・三公、同下星は卿大夫。下階上星は元士、同下星は庶人に對應す。平らかならば五穀豐穰、天下泰平なり。

（161）「前星」太子を指す。漢書五行志下に、「心大星、天王也。其前星、太子。後星、庶子也」とある。

（162）「不芒」芒は禾の穗。不芒は穗が出て稔らないこと。凶作。

（163）「系」辭・賦等の文體の末尾の全文結束の語辭。亂とも云う。

（大東文化大學東洋文化研究所　東洋研究　第一二五號　平成九年十一月）

補注　注（53）と注（145）「山則」の説明とは、華覺明・游戰洪・李仲均三氏「《大冶賦》考釋與評述」（北京大學中國傳統文化研究中心「國學研究」第四巻　一九九七年）に負うものである。（平成十四年三月）

洪咨夔「平齋文集」諸本考

洪咨夔（一一七六—一二三六Ａ・Ｄ）字は舜兪、平齋と號す。於潛（今、浙江省於潛縣）の人。平齋文集はその文集である。宋史卷四〇六に傳がある。嘉定二年（一二〇九）進士とあるが、この年に科擧の榜はない。四庫全書提要（卷一六二、集部別集類）は考證して、嘉泰二年（一二〇二）の誤であるとしているのは正鵠の論定である。

嘉泰二年進士の第に中たり、如皐縣（今、江蘇省如皋市）主簿となり、試して饒州（今、江西省波阳縣）教授と爲る。大冶賦を作って樓鑰の賞識する所となった。南外宗學教授を授けられたが、言を以って去り、母の憂に丁って服除かるるや、博學宏詞科に應じ、淮東安撫使崔與之の幕僚となり、金軍と對抗して功があった。與之が知成都府、安撫使となると、成都府通判の事に當たり、ついで知龍州（今、四川省江油市）となった。都に還って祕書郎となり、金部員外郎・考功員外郎・禮部員外郎を經て監察御史に任じ、鯁直の厲言を以って朝綱を振わしめた。端平年に入って中書舍人に擢んでられ權吏部侍郎を兼ね、眞德秀とともに同知貢擧となり、直學士院を兼ねた。吏部侍郎兼給事中に遷り、刑部尙書に進み、翰林學士知制誥を拜し、端明殿學士を加えられ卒した。執政の恩例を與えられ、兩官を特贈せらる。遺文に兩漢詔令擥抄・春秋說・外內制・奏議・詩文有り、世に行なわる。以上、宋史本傳の文に據る。本紀によると咨夔は端平三年六月己亥（十四日）卒し、忠文と諡せられた。宋元學案（卷七九）は洪咨夔を崔菊坡先生與之の門人とする。その作るところに大冶賦の一文があり、宋代鑛業・鑄錢史科として看過し能わざるものがある。この賦を以って筆者は平齋文集に意を留めるに至った。大冶賦については拙文を草し、訓注とともに洪咨夔「大冶賦」と題して東洋研究（大東文化大學東洋研究所刊行）誌上に發表する。關心あらん博雅の士の一覧を望む。

洪咨夔平齋文集には同じく三十二巻ながら構成の異なる二系統がある。一はわが國内閣文庫藏宋刊本で、この系列には瞿氏鐵琴銅劍樓景宋鈔本と四部叢刊續編本とが屬し、他の一つの系統は四庫全書閣本（四庫全書珍本第十集）で、江浙三閣からの傳鈔本がこれに屬する。閣本傳鈔本に基づいて校定刊行したのが洪氏晦木齋校刊本である。

諸本すべて三十二巻であるが、同治十二年の洪氏晦木齋校刊本には遺文を掇拾して拾遺坿錄がある。靜嘉堂鈔本は晦木齋校刊本の本文に同じいが、晦木齋本には「校本注」が施されていて見るべきものがある。刊行者の洪汝濂の識す所によると、かれが同治戊辰（七年）吳門に客たりし時、粤東の丁大中丞（丁雨生）所藏の鈔本（道光の閒、江浙の四庫三閣から展轉鈔傳）を鈔寫したものを校正加注して、同治癸酉（十二年）七月刊行したのが、この晦木齋校刊本三十二巻で、閣本平齋文集と銘してある。靜嘉堂文庫鈔本はこの校勘加注以前の本で、丁雨生の傳鈔本に最も近いものと思われる。四庫全書總目提要巻一六二平齋文集三十二巻には「是集經筵進講及制誥文居多、詩歌雜著僅十之三」とあり、編修汪如藻家藏本である。靜嘉堂文庫鈔本・洪氏晦木齋校刊本ともに提要のいう閣本の構成狀況と合致する。然るに四部叢刊本（瞿氏鈔本、内閣文庫宋本も）は巻數は同じく三十二巻であるが、詩雜著も多く、兩者の閒には、内容と編成の上に多大の相違が存在する。（四部叢刊本平齋文集張元濟跋參照）大冶賦は、内閣文庫本・鐵琴銅劍樓本・四部叢刊本にのみあって、閣本や晦木齋校刊本・靜嘉堂文庫鈔本には見えない。晦木齋本は、「老圃賦」を事文類聚後集・合璧事類別集から採って、その「拾遺」のうちに收めたが、大冶賦には至っていない。四部叢刊本と晦木齋本との編次を比較すると次の通りである。

平齋文集

四部叢刊本（巻）	洪氏晦木齋校刊本
一　古賦	（缺）
二…八　詩	（缺）
九　記	（缺）
一〇　序・題跋	二九　序 三〇　題跋
一一　箴・銘・賛・雑文・疏（内閣文庫本）	（缺）
一二　奏状（内閣文庫本）	（缺）
一三　表・箚（内閣文庫本）	（缺）
一四　内制一（内閣文庫本）	（缺）
一五　内制二	一二・一三・一四　内制
一六　内制三	
加食邑食實封制	→一二・一三・一四　内制
口宣 敕書	一五内制　口宣 敕書

	試策	九	策問
	青詞・表文・祝文・致語・貼子詞	二三	青詞・祝文・致語・春貼子
一七・一八	外制一・二	一六・一七・一八・一九・二〇	外制
一九・二〇 二一・二二	外制三・四・五・六（内閣文庫本）		（缺）
二三	外制七	二〇・二一・二二	外制
二四・二五・二六	啓一・二・三	二四・二五・二六・二七・二八	啓
二七・二八	講義上・下	一・二・三・四・五・六	講義
二九	故事	七・八	故事
三〇	策問一…一八	九	
	武擧貢試策問	一〇	策問
	省試一・二	一一	
三一	墓誌	三一	墓誌
三二	祭文	三二	祭文
	行狀		（なし）

晦木齋本と四庫全書珍本閣本とは編次卷數は殆ど一致する。相違する點を次に擧げる。

卷二十三の末に珍本閣本は古今詩の一項があり、東山以下十九首を載せるが、晦木齋本はこれを缺く。[1]（但し晦木齋本拾遺は、東山塔院春暮の「又絶句」以外の十八首を、咸淳臨安志などから拾集している。）

卷三十に珍本閣本は記と題跋とを載せる。晦木齋本は記を缺き題跋のみである。閣本所載の記は六篇であり、晦木齋本はこれを缺く。但しその拾遺は六篇を咸淳臨安志等より拾集している。

右の二點、閣本に有って晦木齋本に之を缺くという相違はあるが、大概において兩者の内容編次卷數は同一である。(2)瞿氏鐵琴銅劍樓本(3)は景宋鈔本であるが、卷十一より十四まで、及び卷十九より二十二まで計八卷が闕けている。四部叢刊續編本は、これを影印し、闕八卷を日本内閣文庫の宋版の影印で補ったものである。(4)内閣文庫本は正に宋刊本で、狩谷棭齋舊藏本である。天壤無二の貴重本とすべく、重要文化財である。景宋鈔本には鈔誤も絶無ではない。(5)四部叢刊本はその鈔誤を繼承するところがある。洪氏晦木齋本は校注に見るべきものがあるが、文集の内容は貧弱である。刊版・内容ともに尤も優れたものは内閣文庫本とすべきである。

「平齋文集」源流系統

(A)内閣文庫宋刊本－鐵琴銅劍樓景宋鈔本（缺八卷）－四部叢刊續編本

(B)四庫閣本（汪汝藻家藏）――丁雨生傳鈔本――洪氏晦木齋校刊本
（四庫全書珍本十集）　　靜嘉堂文庫藏鈔本

宋刊平齋文集は何年の刊行か。鐵琴銅劍樓藏書題跋集錄（瞿良嗣輯）卷四は、洪平齋先生集若干卷は紹定年間に刊すとある（卷四集部平齋文集三十二卷影鈔宋本）。若干卷とは三十二卷中のある部分という意味かも知れないが、三十二巻全部が紹定年開（一二二八年より六年開）刊とは言えない。次のような根據があるからである。

四部叢刊本巻十六内制に文擧殿試策があるが、これは端平二年（一二三五）六月壬午賜進士吳叔告等の時のものであり、召試館職策は端平二年冬か三年春初の發問である。（洪氏晦木齋校刊本の校本注）

四部叢刊本巻三十一墓志の師巖沈君墓誌銘は壬辰（紹定五年）冬十有二月庚寅（十五日）に撰せられ、吳致政墓誌銘の吳孝先の卒去は紹定癸己（六年）春正月壬申であり、郎迪功墓誌銘の郎恩の卒去は端平乙未（二年）十一月八日である。右のように紹定末年から端平二・三年にかけての文章が含まれているので、紹定年開刊行とするのは無理であろう。題跋集錄の紹定說は何に據るものか不明である。本書恐らくは端平三年（一二三六年）以後の南宋刊本とすべきであろう。因みに洪咨夔は端平三年六月巳亥（十四日）卒した。

洪氏晦木齋校刊本平齋文集拾遺の詩の注に「閣本文集には詩が無く、致語及び春帖子數首を存するのみ。其の詩集は疑うらくは另編に係るか。今已に見るべからず」とあって、諸書から逸詩を拾集して「拾遺」としている。然るに四部叢刊本（鐵琴銅劍樓本・内閣文庫本）では、巻一古賦　第二・三・四・五・六・七・八諸巻は詩によって成っている。（四庫珍本閣本巻二三に古今詩一九首あり）巻九の記も晦木齋本・靜嘉堂文庫鈔本では缺落している。（四庫珍本閣本には記あり）

四部叢刊本巻十序題跋は、閣本・晦木齋本では巻二十九序、巻三十題跋と巻を分かっているが、内容は全く同じ。但し晦木齋本には豐富な校本注が施されている。

四部叢刊本巻十一箴銘贊雜文疏、巻十二奏狀、巻十三表・箭劄、巻十四内制一は瞿氏本に缺け、内閣文庫本で補った部分であるが、閣本・晦木齋本でも缺けて居る。

四部叢刊本巻十四・十五・十六は内制が収められているが、これに對應する晦木齋本との對比は次の如くである。

四部叢刊本	晦木齋本
巻十四内制一	（缺）
巻十五内制二	巻十二・十三内制、巻十四内制
巻十六内制三	
加食邑食實對制	巻十四内制
口宣	巻十五内制　口宣
賜藥敕書	賜藥敕書
文擧殿試策・武擧殿試策・召試館職策	巻九策問
靑詞…致語・貼子詞	巻二十三靑詞…致語・春貼子

四部叢刊本の巻十六内制三は本來の制書の外に口宣・敕書・試策・靑詞等も加えられているが、閣本・晦木齋本は、口宣・敕書と策問と靑詞等とに三分して、各々獨立の巻とする整理がなされている。

次に四部叢刊本巻十七より巻二十三に至る外制についてみよう。この中、巻十九・二十・二十一・二十二の四巻は瞿氏本には缺け、內閣文庫で補ったのが四部叢刊本であるが、閣本・晦木齋本もこの四巻の內容が失われている。

四部叢刊本	晦木齋本
巻十七外制一	巻十六・十七外制
巻十七外制一	巻十八外制
巻十八外制二	巻十八外制
巻十八外制二	巻十九外制
巻十八外制二	巻二十外制
巻十九・外制三…六	（缺）
巻二十三外制七	巻二十外制
巻二十三外制七	巻二十一・二十二外制

（四部叢刊本巻十八、華文閣待制江西安撫使陳韡除工部侍郎兼江西安撫使知隆興府制の一文は、排列順序を變えて晦木齋本巻十八の冒頭に置かれている。）

啓は雙方內容は同じ。兩者の巻次關係は次の如し。

四部叢刊本	晦木齋刊本
巻二十四　啓一	巻二十四　啓
巻二十四　啓一	巻二十六　啓
巻二十五　啓二	巻二十六　啓
巻二十五　啓二	巻二十七　啓
巻二十六　啓三	巻二十八　啓

講義は四部叢刊本では二巻であるが、閣本・晦木齋本は第一巻より六巻まで六巻に分かち、第二十九巻故事は、閣本・晦木齋本は第七・八兩巻に分かつ。

四部叢刊本巻三十の策問關連の文は巻十六内制の中の試策と併合整頓して、閣本・晦木齋本は巻九・十・十一の三巻にまとめられて居る。

巻三十一墓誌について兩本を對比すれば、次の如くである。

孺人吳氏墓誌銘・吳氏孺人墓誌銘・孺人吳氏墓誌銘・鍾孺人墓誌銘・舒夫人墓誌銘・佛心禪師塔銘・師巖沈君墓誌銘は四部叢刊本にあって閣本・晦木齋本に缺く。閣本・晦木齋校本の六墓誌銘（墓記・壙記）はすべて四部叢刊本には含まれている。

四部叢刊本巻三十二の行狀（提擧兪大中行狀）は閣本・晦木齋本では缺けている。

増訂四庫簡明目錄標注（邵懿辰撰、邵章續錄）によると、

　平齋文集三十二巻宋洪咨夔撰

　　路有鈔本　振綺堂有鈔本又有吳石倉增輯一巻

　　（附錄）涇洪氏新刊本（詒讓）

　　（續錄）曾見持靜齋藏舊鈔本　莫郘亭有鈔本　晦木齋刊本　同治間刊本

とあって、路氏蒲編堂や汪氏振綺堂・何氏持靜齋・莫氏郘亭などに鈔本が存在したことが知られる。これら鈔本がどの系統のものか明らめ難いが、恐らく閣本系統のものであろう。また晦木齋刊本とは別に涇洪氏刊本なるものが擧げ

られているが、これは洪氏晦木齋（同治）刊本と同じものを誤って擧げたものであろう。同治開刊本と別記したのも、晦木齋刊本そのものを誤って重ねて擧げたものであろう。また呉石倉增輯一巻というものが存在したことが知られる。これは晦木齋刊本に附刊された拾遺とは別個のものであろう。直齋書錄解題巻一八別集類下に、

平齋集三十二卷

翰林學士於潛洪咨夔撰

とある。これは内閣文庫本と同じものと推定されるが、確かなことは判らない。

洪咨夔平齋文集諸本には、(A)内閣文庫南宋刊本・瞿氏鐵琴銅劍樓景宋鈔本・四部叢刊續編本の系統と、(B)四庫閣本・諸家傳鈔本（靜嘉堂文庫鈔本）・洪氏晦木齋校刊本との兩系統があるが、(B)系統は賦・詩・文において全く貧弱で、内制外制にも缺落が多い。瞿氏本の缺落八巻に加え、賦・詩・文も逸落したものを、巻數だけは三十二に揃えるために苦心したものが(B)閣本系統である。策問關係をまとめたこと、口宣・敕書を別巻としたことなど、若干の整理の功は存在し、晦木齋刊本には詳細な校注が施されているなど見るべきもののあることは否定できないが、版本として見るとき、(A)系統がすぐれていることは明らかであり、(A)系統の最高峯を占めるのが、内閣文庫宋本であることを銘記すべきである。

注

（1）古今詩十九首のうち、東山塔院春暮の「又絶句」一首を除き十八首は、四部叢刊本の詩の部の内に載せられている。（但し詩の題名には相當の出入がある）

（2）「端明殿學士宣奉大夫李𡌴再上表辭免除資政殿學士知眉州恩命不允詔」は、珍本閣本平齋集では巻十一の終末に置かれ、晦木齋本では次の「大中大夫守兵部侍郎淮南東路安撫制置使兼知揚州軍州事趙葵以護邊無狀乞賜罷歸不允詔」で巻十二を終えている。この趙葵の詔は、珍本閣本では巻十三の冒頭に置かれるというような小異は兩者の閒になお存在する。

（3）瞿良士輯「鐵琴銅劍樓藏書題跋集錄」巻四、平齋文集三十二巻參照。

（4）四部叢刊續編本、張元濟跋參照。

（5）大冶賦についての對校であるが、賦の終わりに近いところの「運坱圠之鈞」の圠を四部叢刊本（從って鐵琴銅劍樓本も）は㘸とするのは、鈔寫の際の改悪である。圠は音軋で、山曲の意（玉篇土部）。坱圠《あうあつ》は坱軋とも記し、漫として邊際なき貌、地勢高低あって平らかならざる貌を云う。

（本稿成るに當たり、平齋文集に關して配慮を賜わった靜嘉堂文庫の米山寅太郎氏、内閣文庫の長澤孝三氏に感謝の微意を奉りたい。）

（汲古　第三三號　平成十年一月）

中國金屬文化史と貨幣史の研究

ここに取りあげるのは、近刊（一九九九年四月刊）の『中國古代金屬技術――銅和鐵造就的文明』である。著者華覺明氏は、江蘇無錫の人、一九三三年生まれ、一九五八年清華大學卒業、一九五八年～六四年甘肅工業大學助教、一九六四年～六七年中國科學院自然科學史研究所鑛冶史研究生の後、助研・副研・研究員を經て副所長となる。現在、清華大學科技史及び古文獻研究所所長兼教授である。

本書は、本文一五章五六九頁・附文二篇七八頁。全六七五頁・口繪寫眞二四頁の巨篇大册である。中國古代、夏・殷・周・先秦にわたる時代の金屬――銅・青銅・鐵・その他の探鑛・冶金・加工技術の歴史を、遺物の組織成分の化學分析・金相研究等の自然科學的手法を通じて解明し、以後時代を降して明・清に至る見通しをもって論を進めている。

金屬技術文化史の全くの門外に在る小生はただ畏敬驚嘆の念をもって、本書を拜讀する外はないのであるが、それにつけても想い起こすのは、本邦における斯界の開拓者道野鶴松博士の業績である。氏は昭和四年より同九年に至る五年間、「支那古代貨幣の史的化學的研究」と題する、東方文化學院東京研究所における加藤繁博士の研究プロジェクトの助手として化學的研究の面を擔當した。これより先、加藤博士は先秦貨幣の研究に從事し、東京帝國大學における講義を進めていた。文獻的・貨幣學的研究であった。さらに自然科學面からの研究アプローチの必要を感じ、東方文化學院開設を機として前記の題目のプロジェクトを開き、ここに東京帝大理學部化學科出身の道野氏を助手として迎え、化學面よりの研究分野を擔當させたのである。道野氏は、貨幣實物の成分定量分析と研磨ならびにエッチングによる金相學的實驗調査を進めた。古錢家小川浩（青寶樓）氏に依頼蒐集した古貨幣（現在、東京大學東洋文化研究所所藏）の一部を素材として實驗研究を行なったのである。

研究期限は昭和九年三月である。文獻と錢幣の外部的考察卽ち史的考察の面と化學的卽ち成分分析・金相考察の面とを總合する所期の成果は、殘念ながら結實刊行されるに至らなかった。道野氏は秋田鑛山高等專門學校に轉じ、次いで名古屋工業大學に移り、中國古代金屬工業史の研究をさらに進められた。一方加藤博士も先秦貨幣の史的研究と化學的研究の總合成果を目ざして稿を進められ、小生もその稿本の一部を拜見したことがあった。しかし十分な總合成稿は未成であった。昭和二〇年、アメリカ軍の空襲によって、杉並區和泉の博士邸は焼け去り、これら稿本もすべて焼失したものと思われる。加藤博士は翌年疎開先の伊豆で逝去された。道野氏もやがて逝去されたから、兩博士による古代貨幣の總合研究は永遠の未完成に終わることとなったのである。

加藤博士の古代貨幣の研究（東大における講義）はのちに『中國貨幣史研究』（財團法人東洋文庫、平成三年一二月）の第一部として刊行され、道野博士の分析化學・金相學研究による成果と分析數字は、同氏の『古代金屬文化史――その化學的研究』（朝倉書店、昭和四二年一一月）にその一部が収められ、兩者あいまってわれわれ後輩研究者の道しるべとして殘されていることをせめてもの喜びとしたい。

金屬史について門外淺學の小生には、この大著『中國古代金屬技術』を批評論議する力はないが、中國貨幣史に關心を持つ者として、興味をひかれる部分は存在する。「唐宋錢幣的合金成分與配制」（四八七頁～五〇三頁）とくに宋代夾錫錢の問題（四九八頁）や附文の「《大冶賦》初探」（五七〇頁〜六二二頁）の如きがそれである。

夾錫錢とは、北宋徽宗の時、宰相蔡京が主持して發行した錢であるが、これは後世札附きの惡貨とされ、『宋史』「食貨志錢幣」の冒頭において「行なうこと久しきは小平錢なり。夾錫錢は最後に出で、宋の錢法は是に至りて壞る」と斷ぜられているものである。然るにその組成について『宋史』「食貨志錢幣」は、「其の法、夾錫錢一を以って銅錢二に折し、毎緡、銅八斤を用い、黑錫之れに半ばし、白錫又た之れに半ばす」とある。卽ち銅八斤・黑錫四斤・白錫二斤を原料として千個の夾錫錢を造ると言うのである。この組成は惡貨ではなく、むしろ良貨とすべきである。これでは錢法破滅の張本とは到底言い得ない。そこで考えるに、「食貨志」の言う銅八斤の銅は鐵の誤りではないかとして立論したのが、拙稿「北宋徽宗朝の夾錫錢について」（大東文化大學東洋研究所『東洋研究』第四〇號、昭和五〇年四月）である。華覺明氏は「夾錫錢是鐵錢不是銅錢」と題し、『中國錢幣』一九八六年第三號に趙匡華氏との共著として發表し、これが本書『中國古代金屬技術』に收められている。夾錫錢を銅錢なりとする說が學界になお存するようであるが、惡貨として問題にされる夾錫錢が銅錢ではなく鐵錢であることは疑いなきところである。これについては、劉森『中國鐵錢』（中華書局、一九九六年六月）・劉坤太「宋代夾錫錢補證」（『宋代貨幣研究』中國金融出版社、一九九五年一〇月）等を參看せられたし。

次に大冶賦は、南宋の人洪咨夔《こうしき》（一一七六〜一二三六）の作（嘉定年間）である。宋代の銅鑛冶と鑄錢・錢法關連の事がらを敍述した貴重な文獻である。拙稿「支那に於ける濕式收銅法の沿革」（『東洋學報』第二七卷三號、昭和一五年五月）において、大冶賦を重要史料として取り上げた。大冶賦は宋代冶銅の史料として甚だ貴重であるが、何分難解な文章で、長い間手こずったまま過ぎたが、「洪咨夔「大冶賦」」と題して平成九年一一月刊の『東洋研究』一二五號（大東文化大學東洋研究所）に研究と訓讀・解說を發表した。たまたまほぼ時を同じうして華覺明氏は遊戰洪・李仲均兩氏との連名で「《大冶賦》考釋與評述」を『國學研究』第四巻（北京大學出版社、一九九七年八月）に發表され、さらに充實して『中國古代金屬技術』にも附文として收められている（五七〇頁～六三二頁）。小生が誤讀したり、未詳としたところが、闡明された箇所もあって賜教に感謝している次第である。なお大冶賦を載せる洪咨夔の平齊文集には、『中國古代金屬技術』所載の鐵琴銅劍樓本（景宋鈔本）よりも更に根源的な刊本がある。內閣文庫所藏で、狩谷棭齋舊藏の宋刊本がそれであり、無二の貴重本である。景宋鈔本には鈔誤も絕無とは言えない。萬全を期して內閣文庫宋刊本に據るべきである。

青銅錢幣の化學成分分析の成果として、道野『古代金屬文化史』は
甲賀宜政博士の一四件
近重眞澄博士の七件
ノエル＝バーナード（Noel Barnard）の刀二五、布三、雜一〇件
道野鶴松博士の刀九、布六〇、錢七件を擧げる。
『中國古代金屬技術』は
戰國銅幣（齊刀・刀幣）一一件
匽字刀幣　四〇件
齊刀　三一件
賹化圓錢　一八件
橋足布　三六件

蟻鼻錢　五八件
方足布　八件
という多數の件數に達している。
先秦時代にせよ、宋代にせよ、これら多件の數字を活用して、文獻と化學とを總合した當代の貨幣史が構成されんことを、わたくしは期待するものである。

（東方　第二三三號　平成十二年七月）

加藤繁「中國貨幣史研究」あとがき

本書は加藤繁博士の、東京帝國大學文學部における講義の稿案を整理したものである。博士は大正十四年から昭和十六年に至る十六年間にわたり、はじめは講師、ついで助教授・教授として、東京帝國大學において講筵を開かれた。講義のテーマは主として中國社會經濟史に關するもので、特に貨幣の領域のものが重きをなしている。昭和初期（昭和四年度まで）は先秦・秦漢貨幣史を講じ、昭和五年度から數年間は北宋貨幣史を扱い、二・三年休止ののち、昭和十四年・十五年度は南宋貨幣史に入り、昭和十六年三月の定年退職に至っているのである。

これら前後數十年にわたる講義案は一括して現今財團法人東洋文庫の所藏となっている。これを整理刊行することを企畫實行されたのは、東洋文庫前理事長の榎一雄博士である。講義案はかなり整備された形で殘されているが、年度による重複は避けられず存在しており、なお相當の整理改排を必要とした。これらの仕事と校正は、東洋文庫研究員の大島立子女史が、榎理事長の董督下に擔當された。校正については、先秦・秦漢貨幣史の部分（本書第一部）は榎氏、宋代貨幣史の部分（本書第二部）は中嶋も關與している。

本書刊行成るに近く、平成元年十一月榎博士は急逝された。本書の序文は當然博士の執筆すべきものであったが、遺稿の中に序文の原稿は發見できなかった。やむなく筆者の拙いあとがきをもってこれに代えることとなった。本書出刊第一の功は榎博士に歸せらるべきものである。本書を加藤繁博士の靈前にささげるとともに、榎博士一周忌の靈前にもささげねばならない。本書出版の實務については、品川昭代・大島立子兩女史および東洋文庫研究部の松本明氏、また拓本については日本銀行貨幣標本室の郡司勇夫氏の盡力によるところが大きい。記して感謝の意を表したい。

加藤博士は中國經濟史の開拓第一人者であること榎博士の評語の通りである。中國經濟史のうち、貨幣史は加藤博士の最も力を注がれた領域の一つに數えることができる。博士の中國貨幣史研究上、重要な意味をもつものに、東方文化學院研究所における研究活動がある。

昭和四年四月から昭和九年三月まで五年間、東方文化學院研究員として、助手道野鶴松氏（のち、理學博士、秋田鑛山高等專門學校教授・名古屋工業大學教授）とともに「支那古代貨幣の史的化學的研究」の題目で研究された。文獻學的・錢幣學的研究とならんで、刀布等先秦の貨幣の成分化學分析と金相學的研究という自然科學の面からの研究と綜合して、先秦・秦漢貨幣の研究を行なおうという意欲的プロジェクトであった。しかし研究成果は結局刊行されることなく終わった。博士はこれが取りまとめと刊行を意圖され、草稿の一部を筆者も拜見したこともあったが、恐らくこれは昭和二十年アメリカ空軍の空襲によって世田谷和泉の邸宅燒失の際焚滅したものであろうと思われる。研究成果の一部は、昭和八年十一月十九日東方文化學院東京研究所開所式記念講演「先秦の鑄造貨幣に就いて」および昭和十八年十一月三十日東方文化學院講演「支那古代の錢笵に就いて」（ともに加藤繁博士「支那經濟史考證」卷下所收）によって窺い得るのみである。道野氏の分析化學・金相學研究による成果と數字などについては、同氏の「古代金屬文化史――その化學的研究――」（朝倉書店、昭和四十二年十一月刊）にその一部が收められている。

「支那古代貨幣の史的化學的研究」の研究期限滿了後引きつづき、昭和九年四月から五年間、加藤博士は「中世支那貨幣の史的研究」の題目で、唐宋特に宋代貨幣の研究を行なわれた。これには筆者中嶋が助手として勤務し、宋人の文集・類書等、このころ新たに利用できるようになった史料の蒐集などに從事した。青寶樓小川浩氏をして集めさせた宋錢のコレクションもこの時出來たものである（現在、東京大學東洋文化研究所所藏）。この研究の一部は東京帝國大學の講義に役立てられているようであるが、研究全體をまとめて刊行することは遂に出來なかった。

貨幣史の研究は加藤博士の中國經濟史研究の主領域を占めており、主著ともいうべき「唐宋時代に於ける金銀の研究」や十數篇を數える學術論文（『支那經濟史考證』上下編所收）となって結實しているのであるが、これと並んで東京帝國大學における講義――先秦秦漢貨幣史と宋代貨幣史（本書第一部・第二部）があることを忘れてはならない。周到緻密に蒐集された史料を分析綜合して驅使し、時代の政治・社會・經濟を背景として、宏深な考察の下に解明を志向した貨幣史であった。單なる古泉學・錢幣學の類ではない。昭和五年度の講義「宋代貨幣史」は宋代經濟狀態一般を評論され、宋代貨幣史に入る入門段階とされたのはそのためであったと思われる。（但し本書では、この昭和五年度講義は割愛して收めていない。）

東方文化學院の研究とそれに引きつづく研究によって、博士の貨幣史研鑽は更に前進した。東方文化學院における自然科學的研究の成果の攝取や、宋代文獻の新利用などがそれである。これらが本書の東大講義では未だ十分に活用されるに至っていないのは、今日において遺憾とせざるを得ないものである。

平成二年十月

受業　中嶋　敏　跋記

宋代の鑛業技術

はじめに
一、石炭を燃料とする製鐵
木炭による製鐵
木炭から石炭へ
石炭の由來
工業用燃料としての石炭
石炭の民採民販
二、膽銅生産
浸銅法の完成
膽水浸銅と膽土煎銅
銅錢鑄造
膽銅生産の推移
おわりに

はじめに

宋代において科學技術が進歩し、航海術における羅針盤の使用、戰爭における火薬の使用、活字印刷の發明などがあり、西方世界に大きな影響を與えたということは周知の事實である。著しい發展の跡は產業技術の面にもみられる。農業の分野で、占城稻が導入され稻の品種改良や農業經營に新生面が開かれたことなどはその一つであるが、ここでは石炭を燃料として鑛冶業に利用したことと、鐵を利用した濕式收銅（膽銅生產）との二つを、鑛業技術の面として取り上げて話を進めよう。

一　石炭を燃料とする製鐵

石炭を製鐵の燃料として用いることがいつ起こったか、だれが始めたか、などは明らかでないが、工業的生產に限っていえば、文獻上の初見は北宋にあると思われる。石炭を用いる以前は、主として木炭を用いていた。これは有史以來のことであろう。宋代においては木炭を用いる場合もあり、石炭を用いる場合もあったのである。

木炭による製鐵

汪革《おうかく》は淮南路舒《じょ》州（安慶軍）の宿松縣（今の安徽省宿松縣）痲《ま》地《ち》の住民で、製鐵をもって產を成し、酒造や漁業にも手を廣げた地方の勢力家であった。孝宗の淳熙八年（一一六四）反亂を起こして滅ぼされた。事の次第は、岳柯《がくか》（岳飛の孫）の『桯史《ていし》』巻六にも記述されている。この文は晦澁で、事の經緯は必ずしも明確ではなく、反亂と稱すべきものとも斷定できないが、汪革は徒黨五百を率いて宿松縣衙を襲撃して官憲を殺傷し、官軍の討伐追撃を受け、撃破された。逃亡した革は首都臨安で捕えられ、大理の獄に下されて、市に梟死したことが知られる。

『桯史』の文によれば、汪革はもともとは嚴州遂安（今の浙江省淳安縣西南方）の人であったが、淮南の地は耕冶の業とすべきものがあると聞いて、長江を渡って麻地にやってきた。麻地は宿松を去ること三〇里、薪を産する山があった。流民を招集して木炭を造り、鐵冶を起こしてここに居住したと記述されている。宿松において造酒權を手に収めて利益をあげ、隣縣の望江縣では、湖の漁民數百戸を傘下に収め、巨富を積み、居屋數百間、藏書甚だ富み、穀粟山積した。革は外出に際しては刀劍を佩び、騎馬の從者を多數從えて郷曲に武斷し、近隣州縣の官憲も、その威を畏れて敬ったという。

汪革の郷村勢力の經濟的基盤は、この麻地とその近傍の荆僑との二箇所の鐵冶生產にあり、その製鐵は、この地方で造った木炭を使って行なわれたことが、『桯史』の記述によって知られる。

木炭から石炭へ

蘇軾に石炭と題する詩がある（『蘇軾詩集』巻一七、中國古典文學基本叢書、中華書局出版）。その引によると、「彭城（徐州、今の江蘇省徐州市）にはもと石炭がなかった。元豐元年（一〇七八）十二月、初めて人を遣わして調査させた結果、州の西南の白土鎭の北で石炭を發見し、鐵を冶して兵（武器）を造らせた」とある。

蘇軾は徐州の長官であった。詩句の中には、「南山の栗林漸く息すべし」という一句がある。從來は鐵冶附近の栗の木を伐採して木炭を造り、製鐵を行なっていたが、今やもっぱら石炭を用いることによって栗林が助かった。木炭から石炭への轉換が行なわれたのである。冶金の燃料として木炭を用いる場合、木材の必要量は莫大で、伐採による自然環境の破壊は甚大である。いま石炭に轉換することによって、これを免れ得たのであり、また石炭使用により、經費を節減する利もあった。

石炭の由來

『後漢書』郡國志揚州豫章郡建城の條に、『豫章記』を引いて「縣の葛鄕に石炭有り、燃して爨すべし」とある。『豫章記』が雷次宗撰とすれば、劉宋時代のものとされる。建城縣は現今の江西省高安市に當たる。酈道元《れきどうげん》の『水經注』巻一〇に、「濁漳水は鄴縣の西を過ぎ、冰井臺があり、臺上の冰室に井があり、石墨一名石炭が藏され、燃して盡きず」とある。これは六世紀初めの頃の知識である。鄴縣は今日の河北省臨漳縣西方にあった。

　これらが文獻上、石炭産出の古い例であろう。降って『隋書』巻六九王劭傳に、酒を溫め肉を炙るのに石炭が用いられたことがみえ、圓仁の『入唐求法巡禮行記』（巻三）開成五年（八四〇）七月二十六日の條には、山西省の太原西方の山に石炭を産し、遠近の人民が來て採り、炊事用に使うことを記している。『冊府元龜』（巻四八八、邦計部賦稅）には、周太祖が廣順三年（九五三）青州（現山東省青州市）に詔して、今後民の石炭の供出を止めさせる詔を載せている。

　宋になると、朱翌の『猗覺寮《いかくりょう》雜記』（巻上）には、石炭、本朝は河北・山東・陝西に産すとあり、朱辨の『曲洧《きょくい》舊聞』（巻四）にも今は西北處處之れを用い、利を爲すこと甚だ博しとし、黄河以北の華北地方を主産地としている。朱翌・朱辨ともに北宋末・南宋初の人である。

工業用燃料としての石炭

『續資治通鑑長編』（巻一六四）慶暦八年（一〇四八）六月乙未の條には、知澤州（現山西省晉城市）李昭遘《こう》の言として、河東（今日の山西省）の民は石炭を焼いて、ふいごや鑄造具を使って鐵錢の盗鑄を行なう者が多いことが述べられている。また『宋史』（巻二一五）李昭遘傳には、昭遘が知澤州であった時、陽城（澤州の屬縣）で鐵錢を鑄、民が山險を冒して礦炭を輸し、其の役に苦しんでいるので、鑄錢を罷めんと奏したことがみえている。礦炭とは石炭のことであろう。

石炭を燃料として炊事などの用に充てることは、文獻上、五世紀の古きに遡るが、これを鐵などの製錬用の燃料として工業的に使用することは、文獻資料からすれば上の『續資治通鑑長編』および『宋史』李昭遘傳にみえる十一世紀中頃に初見すると思われる。

陸游の『老學庵筆記』（巻一）には「北方は石炭多く、南方は木炭多し。而して蜀には又た竹炭有り。巨竹を焼きて之れを爲《つく》る。燃《も》え易く煙無くして久しきに耐う。亦た奇物なり。邛州は鐵を出だす。烹錬するに竹炭に利あり。皆な牛車をもって載せて城に入る。予親しく之れを見る。」との一文がある。陸游は南宋前期の詩人として著名だが、一一七〇年から一一七八年まで蜀におり、一一七七年八月には邛《きょう》州（現四川省邛峡市）に游んだ。この文章は彼の實見に基づいた記述である。すなわち華北は石炭、江南は木炭、蜀は竹炭を主用して製鐵を行なったものであろう。

北宋時代、鐵の主産地は華北にあった。運搬の勞を省くために、燃料は製錬所の近くに産出する必要がある。華北でも、製錬所に近い所に石炭を産出する場合に、石炭が燃料として用いられたのである。李昭遘の陽城の場合も、蘇軾の徐州の場合もそうである。

石炭の民採民販

石炭を採掘すること、これを販賣することは、おおむね民が行なったであろう。從來は、幷州（山西省太原市）の民の石炭を鬻ぐ者から毎駄につき十斤の石炭を税として徵收していたのを、大中祥符二年（一〇〇九）に止めている。また陳堯佐が河東路轉運使の時（一〇一五年から二年間ぐらいの間）、河東路（今日の山西省）で石炭が重要な生業となっているので、その税を除いて民生を安んじたことがある。つまり河東路では、石炭を採掘し販賣して生業とする者があったということである。

石炭の採掘や販賣が官營であった事例もある。前記蘇軾の石炭行の場合は、知徐州の蘇軾が人を遣わして石炭を採させ、炭鑛を發見して冶鐵の燃料としたというのであるから、おそらく官が採掘したものと思われる。また元符三年（一一〇〇）に、政府の平準務という官廳が石炭を販賣していたのを止めたことがあるから、石炭の官販も行なわれたのである。しかしこれらは例外的事例で、石炭は民採民販が一般に行なわれていた。北宋の首都開封の家庭の燃料は、すべて石炭に仰いでいた。石炭の需要は大きかった。

二　膽銅生産

膽銅とは、膽礬すなわち硫酸銅から採取した銅の意味である。銅山には膽礬の溶けた水が多い。この膽礬水（膽水）から銅を採り出すのである。それには鐵を利用する。鐵材を膽礬水中に沈めておくと、やがて膽水中の銅イオンは鐵材の表面に附着する。銅と鐵のイオン化傾向の大小差を利用するのである。鐵材を取り出し、表面に沈着した銅を集めて、膽銅を製出する。

一般的には、火熱主として木炭を用いて銅製錬が行なわれた。これは乾式である。膽銅生産のように水を使うものを濕式という。硫酸銅（膽石・膽礬）や炭酸銅（白青・曾青など）を原料として、鐵を使って銅を採る濕式收銅の知識の起源は、後漢末から魏晉にかけての三世紀前半に溯るものであるが、これが工業化されたのは北宋時代からである。

當時この法を膽水浸銅法、略して浸銅法ともよんだ。膽水浸鐵爲銅の法の意である。『宋會要稿』（食貨一一）には「浸銅の法は先ず生鐵を取り、打成して薄片とし、膽水槽に入れ、魚鱗のようにならべて數日浸《ひた》しておくと、鐵片は膽水に薄《おか》されて、上に赤煤を生ずる。取り出して刮《こそ》げ洗って爐に入れて烹煉する。三たび煉して銅を得る。」とある。こうして得られた銅を膽銅とよんだのである。これに對し、乾式によって製錬した銅は、黃銅（礦銅）と稱された。

浸銅法の完成

浸銅の法を完成したのは、饒州德興縣（現江西省德興市）の人、張潛で、紹聖元年（一〇〇四）『浸銅要略一巻』を著わし、朝廷に獻じた。朝廷はこれを採り上げ、信州鉛山場・饒州興利場（ともに現江西省）・韶《しょう》州岑水《しんすい》場（廣東省）などで實施させた。張家は地方の名門であったらしく、代々進士や名士を輩出し、潛の曾孫には宰相となった張燾を出している。潛は方伎（科學技術）に博通していた。

德興縣內に膽水の泉が三二あり、鐵を浸し洗って銅を採るのに、五日浸して擧げ洗うもの一、七日で擧洗するもの一四、十日で擧洗するもの一七あり、泉水を導く溝が一三八あったことが、『浸銅要略』の序によって知られる。興利場は德興縣に置かれた鑛山で、德興縣は金・銀・銅・鐵の産地として知られており、膽泉も多かった。このような環境の中で、張潛の才能が發揮されたのであろう。

浸銅の法の完成を受けて、その製法の實際に當たってこれを成し遂げたのは、遊經《ゆうけい》である。彼は提擧措置江淮荆浙福建廣南銅事となって、膽水浸銅の製法を鋭意講究し、浸銅適地として十一箇所を得、まず上記の鉛山・興利・岑水の三場で實施し、成績をあげた。建中靖國元年（一一〇一）初頭から九月二十日までの間に、十七万二一二三斤八兩の膽銅生産があった。

膽水浸銅と膽土煎銅

宋代の濕式收銅すなわち浸銅法には二つの方式があった。膽水浸銅と膽土煎銅とである。膽水浸銅とは、坑内水または膽水泉を利用し、鐵片を水中に入れて鐵表面に附着する銅分を集め、製錬して銅を成すものであることは、前に述べたとおりである。膽土煎銅というのは、坑をうがって膽土を取り出して坑外に堆積し、これに水をかけて膽礬水（膽水）を作り、ここに投入した鐵片によって銅分を集め、爐に入れて精錬する方法であって、淋銅ともよばれた。淋とは水をそそぐの意である。堆積收銅法とも稱せられる。二法その原理は同じことである。膽土收銅は信州鉛山場や韶州岑水場で行なわれた。

膽水浸銅は勞力を要すること少なくて利益が多いが、膽水に限りあり、膽土煎銅は勞力を要すること多く利益は少ないが、膽土は限りなし、とその長短それぞれに存することが言われている。膽土煎銅のほうは膽土を採掘運搬する勞力が多かったのである。遊經が經營した頃、膽水浸銅の場合は銅一斤を得るための本錢（經費）五〇文、膽土煎銅の場合は本錢八〇文として經營費が支給された。

銅錢鑄造

宋代經濟界における貨幣經濟の飛躍的發展は、これに對應する大量の通貨を要求した。當時の主要通貨は銅錢である。銅錢の素材は靑銅で、銅・錫・鉛が必要であり、銅が大部分を占める。銅錢を增鑄するためには銅の生產を振興しなくてはならない。宋朝政府は、全國の產銅の全部をその掌中に收めるような規制を行なって、この銅を錢鑄造に充當した。政府にとって、銅の產額を增進することが緊急の要務であつた。このため、產銅振興に全幅の努力が傾注された。北宋時代、銅產年額が逐年上昇し、

熙寧年間（一〇六八〜七七）　二、一七四萬四七四九斤
元豐元年（一〇七八）　一、四六一萬四〇〇〇斤

という數字を示し、それに應じて銅錢鑄造年額も、

元豐三年（一〇八〇）　五〇六萬貫
元豐五年（一〇八二）　三八六萬貫

と未曾有の巨額を示すことができたのである。

しかるに、銅產額は上の數字を頂點として減少の傾向を呈した。減少の原因は銅坑資源の涸渇である。全國銅產額の大部分を占める廣南東路韶州岑水場（現廣東省曲江縣）の產出不振が最大原因である。岑水場の銅產額は、元豐元年において全國銅產の八七％を占めていた。これが衰微したのだから影響は大きい。銅錢鑄造高を維持するために、銅の增產は焦眉の急務であった。しかし從來からの銅山は振興の見込みがないし、新しい銅山も開發されない。方途に迷っている時に提出されたのが、張潛の『浸銅要略一卷』であったのである。

浸銅要略に說く濕式收銅法が、政府によって卽座に採用され、東南地方全體の坑冶と鑄錢の政務を掌握する江淮荆浙福建廣南路提點坑冶鑄錢事とは別個に、もっぱら膽銅生產を總括する提擧措置江淮荆浙福建廣南銅事という肩書きの新設のポストが設けられ、その措置經營によって、膽銅生產に努力が傾注されたのには、このような状況が背景と

してあったからである。

膽銅生産の推移

膽銅生産高を、礦銅（乾式法による銅）生産高と對比し、その推移を北宋末から南宋初めにかけてみると、次の如くである。

	崇寧四年（一一〇五）實收	中興祖額	乾道元年（一一六五）實收
礦銅	五、六〇〇、〇〇〇	五、一八一、八三五	五〇、三八〇
膽銅	一、〇〇〇、〇〇〇	一、八七四、四二七	二一二、七八九

中興祖額というのは、南宋初めの頃の基準目標額である。礦銅と膽銅との比率は、次のように推移している。

五・六→二・七六→〇・二四

すなわち南宋に入ると、膽銅生産高は礦銅のそれをはるかに凌駕しているのである。しかし膽銅・礦銅ともに生産を激減している。特に礦銅の減少が著しい。乾道以後、銅産額の充分な記録は缺けているので、膽銅礦銅の比率はわからない。産出が引き續き不振であったことは變わらず、したがって銅銭の鑄造も一年に十萬貫程度で推移し、貨幣の主力は紙幣と銀に移行するのである。

元朝は貨幣として鈔（紙幣）を専用しており、政府が銅を必要とすることは少なかったから、浸銅の事業もすたれた。後に武宗や順宗の時代に銅銭を造ろうとした時、浸銅要錄が採り上げられ實施に移ったが、實效を擧げるに至らず罷められた。明朝は宣宗の初期、江西の鉛山・德興の兩銅場で浸銅を産出したことがあるが、中期以後は開發が進む雲南の銅山の產出が壓倒的になり、乾式製錬が行なわれ、浸銅生產は影をひそめた。淸朝は銅產に努力して銅錢鑄造を進めたが、前代に引き續き乾式が行なわれ、濕式製錬は行なわれなかった。

このように、工業としての濕式收銅は、元朝以後ほとんど行なわれなかったが、その知識は傳えられて文獻の上に次々と跡を殘している。宋代に張潛が考案した浸銅要略の說は、宋代の銅の產出に大きな貢獻をし、後世に傳えられたのである。

おわりに

膽銅工業については、その發明者や實施の場所や年月など、具體的なことを今日知ることができる。これに對比して、冶金燃料としての石炭の工業的使用については、最初にどこで實施されたのか、だれが創始したのか、などは明らかでない。これを解き示す文獻史料も乏しく、推測に賴らざるを得ないが、創始時期は北宋であったと思われる。石炭にせよ木炭にせよ、これを用いての冶金の具體的工程はどうか、燃料としての長短はどうかなど、興味あるテーマ、解明すべき問題は多いが、いずれも今後の努力研究に待つものである。

（月刊高校通信東書日本史世界史　第一五四號　平成元年六月）

第四　教えの庭、學びの窓

大正昭和期における東洋史學の回顧

私が大學を卒業して研究生活に入ったのは、昭和八年であるが、明治末から大正期を經て、このころに至る時期における東洋史學界の様子を、傳聞と體驗とを交えて、重要な出來事を中心として回顧したい。

第一にあげるのは、臨時臺灣舊慣調査會第一部報告として刊行された「淸國行政法」である。日淸戰爭の結果新領土となった臺灣を統治する必要から、臺灣總督府民政長官後藤新平の發意で、臺灣從來の慣行を取調べ「臺灣私法」が刊行された。京都帝國大學の岡松參太郎博士が主宰したものである。さらに臺灣の舊本國たる淸國の法制の調査が行なわれ、その成果として「淸國行政法」が刊行されたのである。これは京都帝國大學の織田萬・狩野直喜の兩博士が舊慣調査會委員として主宰し、淺井虎夫・東川德治・加藤繁の諸氏が補助委員となって分擔して成ったものである。第一巻（明治三十八年刊）以下巻を追って第六巻に至り、第一巻改訂と索引作製があって大正四年に完成した。汎論と内務・軍務・司法・財務各行政に分けて詳説されており、日本における中國史研究に大きな利益を與えることとなった。

第二にあげるのは、南滿洲鐵道株式會社（滿鐵）の調査事業による研究である。日露戰爭の結果、南滿洲鐵道株式會社が創設され、總裁後藤新平の下に、大連本社に岡松參太郎理事擔當の調査部が置かれたのは明治四十年四月で、翌年には東京支社に滿鮮地理歴史調査部と東亞經濟調査局が設けられた。滿鮮地理歴史調査は東京帝大東洋史學科の白鳥庫吉博士が主宰するもので、「滿洲歴史地理」二巻附圖十七葉と「朝鮮歴史地理」二巻が大正二年に刊行された。事業に參加したのは池内宏・稻葉岩吉・松井等・箭内亙・津田左右吉の諸先生である。この事業は大正四年に至って滿鐵の直轄を離れ、東京帝大文學部の管下に移され、滿洲・朝鮮・中國の歴史の研究を、「滿鮮地理歴史研究報告」の名で逐次公刊することとなった。大正四年十二月刊の第一冊以下、昭和十六年十月刊の第十六冊に至っている。

第三にあげるのは、東洋文庫と靜嘉堂文庫との設立公開である。前者は大正六年八月、岩崎久彌氏がモリソン氏のアジア文庫を購入將來した圖書を中心とした藏書を、大正十三年財團法人東洋文庫として公開したもの、後者は岩崎家が明治四十年購入した陸心源の皕宋樓を中心とする藏書を大正十年公開したものである。ともに中國研究者に貴重な圖書資料を提供し、研究を促進した功績は高く評價さるべきものである。

第四にあげるのは、東方文化學院の設立とその活動である。義和團事件賠償金によって興された對支文化事業の一環として、昭和四年に東方文化學院が設置され、中國關係人文科學研究を進めることとなった。東京と京都とに研究所が置かれ、東京は服部宇之吉、京都は狩野直喜兩博士をそれぞれ所長とし、シナ學各分野の大家・中堅・新進諸家を擁して、人文科學諸部門の研究を推進し、その成果を着々として公刊した。

以上四點を、東洋史學のこの期間の歩みを示す指標として擧げたが、一方には、進歩的史觀による研究も、昭和期に入ると若手學者によって進められた。歴史學研究會が創立され、「歴史學研究」が定期刊行誌として創刊されたのは昭和八年である。その同人を中心として企畫執筆された「世界歴史大系」(平凡社)は昭和八年から十一年にわたって刊行された。

(大東文化大學東洋研究所所報　第六號　昭和六十一年十二月)

市村瓚次郎

市村瓚次郎《いちむらさんじろう》は明治三十一年（一八九八）七月、東京帝國大學文科大學助教授に就任してから以降、大正十四年（一九二五）三月、東京帝國大學文學部東洋史學科教授を定年で退官するまで二十七年間、支那史學あるいは東洋史學専攻の學生を指導教育し、多くの俊秀の學者を育成するという功績を擧げた。

一　市村瓚次郎と白鳥庫吉

市村の東大在任期間とほぼ時を同じくして東洋史學科教授の任に在ったのは白鳥庫吉であった。ルードウィヒ＝リースの薫陶を受けて、西洋の科學的歴史學研究法を身につけ、滿鮮・蒙古・西域（中央アジア）諸地域の歴史研究を進めた白鳥に對し、漢學の素養を基盤にして新しい支那史研究をめざす市村とは、東大東洋史學科における好個の同僚として、またライヴァルとして、日本の東洋史學界を領導したのである。

かれらの門下から、明治後期から大正年間を通じ、さらに昭和初期に至る時期に、わが國の東洋史學研究を推進する多くの人材が生まれた。いま東大東洋史學科卒業生の名簿を繰って、明治三十四年以降の卒業生をみるに、學界を彩る多くの名前が見出される。箭内亙・松井等・今西龍・池内宏・加藤繁・羽田亨・橋本增吉・原田淑人・鳥山喜一・

重松俊章・和田清・清水泰次・石田幹之助・岩井大慧・植村清二・三島一など巨材比々として數え上げられる。いずれも市村・白鳥時代の東大東洋史學出身の逸秀であった。

市村の東大における講義題目を見るに、兩漢史・南北朝史・宋史・支那史籍考・支那史概說・支那思想史・清朝建國史・元明史・唐代制度考・支那學藝史・支那文化史考・支那歷代思潮などである。通觀すれば各時代史・支那史概說・支那思想文化史を主とすると言うことができよう。

市村の教育的貢獻は東大の場合のみに限定されない。早く學習院に職を奉じ、明治四十一年からは早稻田大學に講筵を開き、以後長期にわたって繼續された。その他、國學院・大東文化學院・立教大學・京城帝國大學・臺灣帝國大學などに出講されまた國學院大學學長（昭和八年から十年まで）に任じたこともあり、その教育指導の範圍は廣大であった。

また昭和五年、東方文化學院東京研究所が開設されるとその指導員となった。ここで指導を受けたものに、歷史地理學の青山定雄や中國古代思想史の板野長八がいる。

二　支那史の編纂

市村瓚次郎は、元治元年（一八六四）八月九日、常陸國筑波郡北條（現在、茨城縣つくば市）に生まれた。明治十年（一八七七）上京し、渡東嵎《わたりとうぐう》（岩崎藩儒、明治二十年歿、七十七歲）・小永井小舟（一橋藩儒、明治二十一年歿、六十歲）の門に入って漢學を學び、さらに明治法律學校（明治大學の前身）に入り、同十七年東京大學古典科漢書課に入學した。

明治の初年、徳川幕府の聖堂昌平黌《こう》をうけ繼いだ大學本校は、國學・漢學を教授し、和泉橋の大學東校はドイツ語を主として醫學を授け、一つ橋の大學南校は英・獨・佛語をもって歐米百科の學を教えるという學制が出來た。しかるに明治四年文部省が創設されるとともに、これに吸收される形で大學本校は廢止された。その後、大學東校は醫學校と改稱され、大學南校は開成學校と名を變えて存續し、それぞれ醫學と洋學とを教えており、これらが明治十年四月に統合されて東京大學となった。もと大學本校のもっていた國學・漢學の考究・教授の面が缺けていた。そこで明治十六年、東京大學綜理《そうり》加藤弘之は、教授中村敬宇《けいう》（正直）・島田篁村《こうそん》（重禮）らと相談して文學部に古典科を新設し、ここに國書課と漢書課を置いて、國學・漢學研究の人材を育成することとなった。

市村はこの時この漢書課に入學したのであった。當時の入學者として、國書課に萩野由之・關根正直・落合直文・小中村義象あり、漢書課に岡田正之・林泰輔・西村時彥など、その後の學界の人材を多く生み出している。市村もそのうちに在った。加藤綜理らの新學科開設の企ては成功を收めたものと言ってよかろう。

市村の學術研究の分野は、前述した東大における講義題目にみられるように、支那思想史・文化史・學藝史・史籍研究等にもわたるが、前後一貫してもっとも力を用いたのは、時代史であり支那史概說であった。支那史の通觀は、かれの早くからの目標であった。瀧川龜太郎が「市村博士古稀記念東洋史論叢」に寄せた序に述べるところによると、明治二十年七月大學卒業の謝恩會の席上、將來の抱負を述べた市村の言に、

從來の東洋の學問はなお未開拓の所あり、支那における研究も所謂支那流にして粗漏の所あるを免れず、例えば古來支那と外國との關係を記したるもの多けれど、大抵大秦國の東羅馬の異名たるを言わず、苟も此の如くなれば、正史の外國傳やその他の史書を繙《ひもと》いても、當時の國際關係を明かにすること能わざるべし。是れ支那歷史を讀む者の竊《ひそ》かに遺憾とする所なり。又支那の歷史は、歷代の正史その他の史類が具わりて、頗る完全なるが如く思わるれど、緊要の記事割合に少くして、その要領を捉《とら》うることまた容易ならず、故にこれを取捨折衷して簡にして要を

得たるものとなさざるべからず、是れ等の任に當るものは固より自ら任ずるの重きを要す。

と述べたということである。

大學卒業當時のこの意圖抱負の實現のため、翌年よりさっそく「支那史」の編述に着手し、翌明治二十二年に至って「支那史」巻一・二を吉川書店から發刊し、二十三年巻三・四、二十四年巻五を出版、二十五年巻六を發行して「支那史」編述を完成した。さらにこれを要約して、二十六年には「支那史要」巻上と同附圖を、翌二十七年には同巻下と附圖とを出版した。

三　支那史から東洋史へ

明治三十年、市村は「東洋史要」上下兩巻を吉川書店から出刊した。書名が支那から東洋に變わった。内容にも變化があったこと言うまでもない。これは當時の學界・教育界における趨勢《すうせい》に應ずるものであった。

西洋諸國の歴史である西洋史（または西洋歴史）に對するものとして、東洋諸國の歴史である東洋史（または東洋歴史）を立て、外國歴史をこの兩者で構成すべきことを唱えたのは、東京高等師範學校教授那珂通世であり、明治二十七年のことであった。それは中等學校教育における學科教授の立場から提起された意見であって、同年七月改正の高等師範學校校則や、同二十九年の同校地理歴史専修科規程のなかで、本邦史・東洋史・西洋史と明記されたのである。東洋史科目の提言設立は、明治二十年代の近代國家への上昇期に在った日本人がアジア民族として自覺し、西洋文化に對する東洋文化の存在を主張する志向が、日清戰爭を契機として高揚したことと強く關連したものとみられる（田中正美、「東洋學の系譜　那珂通世」『しにか』一九九一年三月號・本書1頁）。

このころ東洋史または東洋歴史と題する概説書が、主に中等學校教科用としていくつか刊行されている。管見の及ぶところでも、明治二十八年九月東京冨山房出刊の文學博士坪井九馬三閲、文學士宮本正貫著の「東洋歴史」上下二冊があり、同二十九年七月東京文學社發行の藤田豐八編纂の「中等教科東洋史」があり、同三十六年には那珂通世「那珂東洋小史」（東京、大日本圖書）が發刊されている。市村の「東洋史要」もその潮流の中から生まれ出たものと言えよう。ただし大學官制についてみると、明治二十七年九月以來の東京帝國大學文科大學史學科の「支那史學」の名稱が、「東洋史學」と改められるのは、さらに降って明治四十三年のことである。市村は白鳥と並んで東洋史學科の教授に任じた。

四　「東洋史統」の著作

「支那史」・「支那史要」・「東洋史要」は、それぞれ當時の社會の要望に合致し、需求に應じて版を重ねたが、さらに精深博大で學界の著しい進運に應じた新しい大著を編述して、素望を達成しようと市村は考えていた。

明治三十一年以來、東大その他大學で連年支那各時代史の講義を行なって來た。それらの蓄積が集成修正されて「東洋史統」と名づけられる大著として出現していった。少年時代以來の教養に涵養《かんよう》された漢學の深い造詣をもつ著者は、この書において中國各王朝の政治やその時代の思想・文化の領域に博《ひろ》い識見と犀利《さいり》な分析による展望を與えた。それは從來のいずれの概説書にも見られなかったものであったし、今日の學界においても推賞さるべき學的價値を保有するものである。

「東洋史統」第一巻冒頭に掲げられた凡例の一に言う、

本書は支那を中心として廣く東洋諸國の興廢、民族の盛衰及び各種文化の發達乃至變遷を敍述するを以て目的となしたが、特に各國家・民族相互の政治的關係及び勢力の消長に重きを置き、諸制度及び社會經濟の狀態乃至學術思想其の他一般文化の發達・變遷をも、努めて政治的勢力の關係・消長と相關聯せしめて取扱わんと試みた。

とある。支那（中國）を中心として廣く東洋諸國の歴史にわたり、相互の政治的關連を究明して東洋史を有機的連關のうちに捕えんとするものである。空間的に廣大なアジアの各地域にわたり、政治・社會・經濟・文化の各領域に及ぶ理解と識見とを必要とするものである。從って市村の得意とする領域の外に出る必要も多かった。太平洋戰爭前後にわたって進展したアジア諸地域の民族の研究や、中國社會經濟史の研究などの諸分野についても、新研究の攝取に努め、現在の學的水準の確保に意を用いた。かれの高弟のうちには蒙古史研究の泰斗和田清や、中國經濟史開拓者加藤繁などがあり、それぞれ恩師の諮問に應ずるところがあったであろう。早稻田大學における門下の栗原朋信や、お茶の水女子大學（中央大學）教授の市古宙三など若手の幇助《ほうじょ》の努力も忘れることのできないものがあったようである。

昭和十四年（七十六歳）十二月、「東洋史統」第一巻が東京冨山房から刊行された。本文八六八頁、

上世篇　上古から春秋戰國時代まで

中世篇（上）秦の統一から三國時代まで

同　（中）南北朝時代

翌年十二月、第二巻刊行、本文七三〇頁、

中世篇（下）隋唐から宋金まで

さらに昭和十八年七月、第三巻刊行、本文八三二頁、

近世篇（上）明時代

このころ太平洋戰爭は激化し、戰局悪化の一路をたどる國情は、本書の出版續行を不可能にし、ついで敗戰の破局を迎えた。昭和二十年のころ第四巻の校正は一應終わって組上り紙型も出來ていたが、著者は二十二年二月八十四歳の高齢をもって逝去し、生前の出版はついに成らなかった。

敗戰後の混亂と物資缺乏の世情とは、本書第四巻の發行を困難ならしめた。和田・栗原・市古諸氏の獻身的努力がみのって發刊にこぎつけたのは昭和二十五年十月であった。近世（下）清代から清朝の革命及び中華民國の政情、内外形勢の變化に至る本文九七七頁、あとがき（市村毅・和田清）一〇頁、年譜八頁、正誤一九頁の巨冊であった。

本文菊判三三九七頁に及ぶ東洋通史の著述刊行はここに完成を告げた。このような浩瀚《こうかん》な内容を盛った東洋通史は従來かつてなかったものであり、現今においてもそうである。ドイツの支那學の泰斗オットー＝フランケの「シナ國史」の著作にわずかにその比類を見るものである。「シナ國史」は一九三〇年第一冊の刊行、三七年の第三冊の刊行によって古代より唐末に至ったが、大戰激化のため續刊を妨げられ、四六年オットーの死後、高弟フリッツ＝イェーガー教授とオットーの夫人ルィゼ、令息ウォルフガングらの努力によって遺稿が整理され、第四巻が一九四八年に、第五巻が五二年に至って刊行され、モンゴル帝國時代までの中國通史が公にされた。「シナ國史」の刊行は二十二年の歳月をもってモンゴル帝國に及び、「東洋史統」の刊行は前後十一の年歳をもって民國成立にまで至った。ともに著者は完成になんなんとして世を去り、事業は門弟らの手によって遂行された。東西ほぼ時を同じうして比類の事例を見るの奇に感興を覺えざるを得ぬものがある。

市村の支那研究論文は數多く、それらは「支那論集」（冨山房、大正五年）・「文教論集」（大倉書店、大正六年）・「支那史研究」（春秋社、昭和十四年）に収められ、特に「支那史研究」に注目すべき東洋史研究論文が多く収録されている。しかしその代表的著作としては、何としても「東洋史統」四冊に指を屈しなければならない。

市村は元來漢學・儒學の出身であったから、早くからその方面における社會的活動があった。林泰輔・小中村義象・關根正直ら東京大學古典科の同期卒業者を糾合して東洋學會を設立し、洋樂偏重の風潮に反對して東洋文物の研究を期して「東洋學會雜誌」を創刊したことがあり（明治二十年）、明治二十二年には、落合直文・井上通泰らと新聲社を興し、「しがらみ草紙」を發刊して文學活動を行ない、明治四十一年には矢野恆太らと孔子教會を創めて論語の講義を行ない、同四十二年には東亞學術研究會、同四十三年には漢文學會を興すなどの活動があり、大正七年には斯文會を結成し、理事兼研究部長となるなど多くの社會的活動を行なったことがみられる。しかし市村の東洋學への貢獻として第一に擧ぐべきは「東洋史統」の著述と、教育による門下學徒の育成の二點であったと言うべきであろう。

●主要著者　評傳

東洋史要　上・下、附圖上・下　吉川書店　一八九七・改版一九一二・增訂一九二四
支那論集　冨山房　一九一六
文教論集　大倉書店　一九一七
支那史研究　春秋社　一九三九
東洋史統　四巻　冨山房　一九三九・一九四〇・一九四三・一九五〇
故市村顧問追悼文（和田清）「史學雜誌」五〇七の四
支那史研究・東洋史統の書評（市古宙三）が「史學雜誌」五〇の一二・五一の二・五二の四・六〇の一に掲載されている。

（月刊しにか　第二十二巻第十號　平成三年十月（『東洋學の系譜』第一　大修館書店　平成四年一月刊所收））

故加藤繁博士追悼記事

本會評議員加藤繁博士は、昭和十九年末以來、靜岡縣田方郡下狩野村加殿に疎開、戰塵を避けて研究生活を續行されて居たが、同二十年十一月病に臥され、その後稍ゝ快方に向かわれたが、二十一年三月七日病革って易簀された。享年六十七。

博士は明治十三年九月三日、松江市奥谷町に松江藩士内田氏の四男として誕生され、翌十四年同藩の加藤氏に養われてその嗣子となった。明治三十三年、島根縣第一中學校を卒業後、東京に遊學し、國民英學會を經て、三十五年九月、東京帝國大學文科大學支那史學科に選科生として入學、那珂・白鳥・市村諸博士の指導を受け、三十九年七月を以て卒業された。その頃、臺灣統治に資するため、臨時臺灣舊慣調査會が設立され、公法の部門は、織田（萬）法學博士・狩野（直喜）文學博士の董督の下に調査されることとなったが、博士は四十年十月その調査事務を囑託せられ、これより淺井虎夫・東川德治の諸氏と共に、京都帝國大學内同會事務所に於いて、清國制度の調査に從事された。大正四年五月調査完成に伴い退職、紀州和歌浦に閑居されたが、大正六年上京して慶應義塾大學の講壇に立たれ、同九年教授となった。同十四年四月、東京帝國大學文學部講師を囑託せられ、東洋史學第二講座を分擔、昭和三年三月、東京帝國大學助教授に任ぜられ、慶應義塾大學教授を辭して講師となられた。同十一年六月、東京帝國大學教授に任ぜられ、同十六年三月、還暦に達せるを以て退職せられた。慶應大學に於いては、東洋史學及び支那文學を擔任され、東京帝國大學にては、東洋史學第二講座を擔任されていた。東大に於ける講義題目は、唐宋經濟史・支那貨幣史（上代）・秦漢史・漢代史・宋代貨幣史（北宋）・南宋貨幣史・東洋史概說等であり、演習には、史記平準書・宋史・新唐書・漢書・舊唐書等の食貨志・漢書本紀・東坡奏議・晉書食貨志・石渠餘紀等を使用された。

博士の講義された學校にはなお京都帝國大學・大東文化學院・立教大學・千代田女子專門學校・聖心女子學院專門部等があり、大東文化學院名譽教授の稱號を受けられて居た。又東洋文庫研究員・東方文化學院研究員及び評議員・史學會評議員・社會經濟史學會監事・日本學術振興會第二常置委員會委員等としてその任に盡くされたところが多い。

大正十四年五月には、學位論文「唐宋時代に於ける金銀の研究」に對し、文學博士の學位を授けられた。超えて昭和二年五月、同書に對して帝國學士院より恩賜賞を授けられ、又御進講仰附られて「支那金銀貨幣の歷史」を進講し奉るの榮譽に浴せられたのは、博士一代の感激であったと思われる。

前に述べたるが如く博士は講壇に於いて學生を薫陶指導されると共に、主として支那經濟史・財政史・社會史の研究に精進せられ、數多き論文を執筆し、東洋學報・史學雜誌・史學・東方學報・史林の專門學術雜誌にこれを發表せられた。これを分類すれば、（一）戶口に關するもの（二）土地問題に關するもの（三）農業に關するもの（四）商業に關するもの（五）貨幣に關するもの（六）都市に關するもの（七）社會政策に關するもの（八）概說となる。時代についてみれば、漢代（前漢）と唐宋を扱ったものが多く、清代が之に次いで居る。戶口を扱えるものの内には「宋代の戶口を論じて其の前後の變遷に及ぶ」の如き、宋代の戶口に關する論爭の發端を提起せる注目すべき論文があり、土地制度を扱えるものの内には博士の處女作たる「支那古代の土地制度」があり、後單行本「支那古田制の研究」に發展した。「唐の莊園の性質及其の由來に就いて」・「唐宋時代の莊園の組織竝に其の集落としての發達に就きて」の如き唐宋の莊園を扱うところに重點が存した。商業に就いては市及び行が主たる對象とされ、「唐宋時代の草市及び其の發展」・「唐宋時代の商人組合「行」を論じて淸代の會館に及ぶ」の二作をその代表とする。博士の代表作たる「唐宋時代に於ける金銀の研究」があるが、論文に於いては、宋の紙幣たる交子・會子等が主として取扱われ、「交子の起源に就いて」・「官營と爲りたる後の益州交子制度」・「陝西交子考」・「南宋時代に於ける銀の流通並に銀と會子との關係について」等が注目される。未發表のものとして「北宋四川交子の界分に就いて」がある。都市に關する論文では「宋代に於ける都市の發達に就いて」は劃期的勞作としてよい。なお臨安の戸口問題に關する論争に對して「臨安戸口追補」なる未發表論文が殘されて居ることを附言して置く。農業を主とする產業史は博士晩年の研究對象となっていた。「支那に於ける占城稻栽培の發達に就いて」を代表作とするが、天假すに壽を以てしたならば、雄篇は更に之に續いたことと思われる。財政を扱ったものでは、「漢代に於ける國家財政と帝室財政との區別竝に帝室財政一斑」を以て代表作とみてよいであろう。經濟史概說は再三稿を改めて發表されたが、晩年「支那經濟史概說」として結實された。いずれも博士鏤骨の文字であって、精細なる考證の上に穩健妥當なる論述を展開されたものが多く、或は開拓者として、或は領導者として學界に殘された功績は永く沒せられることはないであろう。

博士は研究態度として飽くまで客觀的なることを努め、先ず個々の事實を研究してその眞相を闡明するを旨とし、想像・獨斷は極力之を排斥された。支那財政史・經濟史の開拓者として博士の先ず逢着せられた難關は、財政・經濟史料に含まれる特殊なる語句・用語の解釋であった。博士はその語句をその用いられたる時代のものとして取扱うべく、努めて類例を蒐集し、前後の記述を觀察してその意義を推し、次に記述全體の意味を明らかにし、是等の確知されたる諸例を集め、當面の問題たる或事項の眞相を解明することを勉められた。かかる實例は博士の論作の隨所に之を見出すのであるが、「椎の意義に就いて」・「竹頭木屑錄」「車坊に就いて」・「宋の檢校庫に就いて」・「交子・會子・關子・といふ語の意味に就いて」等は端的にこの研究方法を示すものであって、初期に屬する論文にその例が多いのも偶然でなく、荊棘の道を拓き行く堅確着實な學風の一端を示すものである。されば唯物史観やイデー論は博士の採らざるところであって、主觀的獨斷說として之を斥けられた。而して經濟的要因が他の社會的要因に絕對的に優越して歴史を支配するものとはみず、政治・文化等の諸要因と互に影響し合うものとされた。經濟的史實は、他の史的事實と互に影響し合い、發展せるものと見、かかる見方心構によって經濟的史實を取扱うてこそ、始めてそのあるがままの姿を見出すを得、究極の目的たる國民の歴史全體の完全なる理解に對してよき手段と爲るを得べしとされたのである。博士晩年の結論として「經濟史は人が物を動かす歴史で、それを推進する根本的な力は畢竟精神に外ならぬことを痛感した。あらゆる歴史は究極に於いて精神史であることは私の研究の歸着である」（大學新聞第二十一號、昭和二十一年二月二十一日）と述懷せられて居ることを特にここに記して置きたい。

博士の殘された手記によれば、元來博士は史書を好まれた樣であるが、特に東洋史に向われたのは、三宅雪嶺博士の「眞善美日本人」に眞の方面としての大陸研究を高調せるを讀まれ、支那・東洋の歴史を研究し、以て學界に貢獻せんとの志を起こされたのであると云う。かくて東大支那史學科に入り、新研究開拓の念に燃えて居られたが、その頃、內田銀藏氏が博士號を授與され、その土地制度の論文（日本中古の班田法及び近時まで本邦諸處に行はれたる土地定期割換の慣行に就いて）の審査要旨を讀み、頗る興味を感ぜられた。又カニンガムやアシュレー等の經濟史書を讀み、支那經濟史を闡明せんとの希望を更に强められて居たが、卒業論文に土地制度（古代より唐に至る）を扱ったのは、內田博士の勞作の影響を受けられたのである。當時この方面の研究は全く無く、教を受ける先輩も殆ど無かったと云う。卒業後、臺灣舊慣調査會に於ては、淸國行政法中の土地制度・產業・貨幣等の諸項目を調査執筆され、研究は明代のことにも及ばれた。公務の傍、古代田制史研究を繼續され、淸朝經學界の研究にも從われた。和歌浦時代には「支那古田制の研究」を草し、これを刊行されると共に、その研究は唐代の莊園に及んで居た。故に上京して直に發表されたのが唐の莊園についての論文であった。和歌浦に在っては又、王先謙の漢書補注を精讀されて、漢代研究に興味を起されていた、而して史料の關係上、經濟史の研究は容易に非ず、まず着手し易き財政史を研究に入ると足場とせんと思料され、よって「漢代に於ける國家財政と帝室財政の區別」なる論文となった。然るに財政史研究には、貨幣のことを詳にするを要し、貨幣の中にても金銀のことは一向明らかならざるを以て、先ず之を研究せんとし、佶据勵精、心血を注いで成ったのが「唐宋時代に於ける金銀の研究」なる雄篇であった。この間、經濟史についての見當にも自信を獲られ、以後經濟史研究の分野に直入されることとなり、ギルド・市場・紙幣・戶口・都市等各分野にその巨歩を進められ、晩年には農業史に力を注がれ、病床に在っても絕えずその研究を念慮されて居られたとのことである。時代に就いてみれば、初期には古代を、次いで久しく唐宋研究に沈潛され、晩年には明清特に清代の研究に主力を注がれ、一方明代史料の蒐集に努めて居られた。

博士の研究として未だ大部分未發表であるが、特に記すべきは支那歷代食貨志譯注の業と東方文化學院に於ける支那貨幣史の研究についてである。食貨志譯注の業は、早く福田德三博士の計畫によって、學士院の補助を得、和田清博士と共に事に從われ、一應之を完成されたものである。商學研究誌上に載せられた、史記平準書・同貨殖列傳及び宋史食貨志（一部）の譯注又は和譯はその一部である。その後、昭和十七年に至りこの研究を完璧ならしむる爲に、本文の校定と考證とを新たに加え、譯文注釋を更に檢正し、正史食貨志譯注として大成せしめんとし、和田博士の協力を得、十餘人の門下を督して事に當たられた。會〻困難なる戰時下の時局に遇い、成果は未だ公刊されるに至らないが、その事は博士の逝去後も繼續されて居るから、業績の公にされる日も遠くないであろう。

東方文化學院に於いて博士は、昭和四年より同九年まで「支那古代貨幣の史的化學的研究」に從事され、文獻學及び古泉學的研究と共に理學博士道野鶴松氏を助手として金相學的及び分析化學的研究を實施された。自然科學の方法による成果を攝取して、之を文獻學古泉學的研究と彼此相對照し、古代貨幣の史的實相を闡明せんとする博士の着想は、正にその成果を期待せしむるものがある。昭和九年より同十四年までは「中世支那貨幣の史的研究」の題目を以て主として宋代貨幣史の研究に從われた。東方文化學院に於ける博士の貨幣史研究は、貨幣の貨物を體系的に蒐集し、文獻的研究と相映發せしめ、實相を把握せんと努められたのである。

博士は學問にその一生を捧げられたと云って過言ではない。身體は堅固とは云い難く、その地位は社會的に必ずしも惠まれたものとは思われなかった。而も異常なる熱情を斯學の研究に傾けて倦まず、無言の裡に後進をして感奮興起せしめるの迫力を有って居られた。その五十年の精進の成果は、十部に近き成書と百篇に垂んとする論文として公表された。還暦に達して東大の職を退かれて後は、更に新研究に沒頭されると共に、舊稿の修訂に努力されたが、それは單なる訂正の程度ではなく、殆んど稿を新たにせるまで面目を改めたものさえあり、徹底せずんば已まざる博士の兩目を遺憾なく發揮せるものであった。是等博士手訂の舊稿は、「唐宋時代に於ける金銀の研究」、東大に於ける講義、東方文化學院提出の研究報告と共に支那經濟史考證全五巻として刊行すべく目下の準備が進められて居る。

博士の人と爲りは、外、溫雅清醇であったが、内には烈しい熱情が藏されて居たようであって、それが發して或いは國家を愛する燃ゆるが如き至情となり、或いは學術研究に向うひたむきなる態度となったものと思われる。而して自ら身を持すること頗る謹嚴であったが、難きを人に求めることなく、寛恕の誠を以て人を遇し、よく後進の提撕誘導に當たられた。されば、多くの有爲なる研究者がその懇篤なる指導によって育まれ、その重厚なる學風の下に集まった。支那經濟史研究が今日の盛を致したのは、博士の研鑽と誘掖の功に負うところが最も多い。博士が昭和十六年還暦に達せらるるや、數十名の多きに達する知友門人が各自の研究論文を集め、東洋史集説と題してその壽を祝して之を博士に捧呈したのも偶然ではない。

博士は東洋史研究に日夜その力を盡して倦まれなかったが、一面頗る趣味に富み、藝術を愛好された。繪畫は幼少既に穎脱の技を示されたが、長ずるに及んでは専ら鑑賞に非凡なる眼識を有せられた。談繪畫の事に及べば、語は綿々として盡きず、心甚だ娯しむものの如くであった。國華社の定期の展覧や上野に於ける美術展覧會には必ず博士の御姿を見受けたものである。又少きより俳句の道を愛好し、俳號を二水と稱し、ホトトギス派の流をくむ秀作を咏ぜられたものが多い。

又書の道に於いても一家の風格を備えられた。

これらの豊かなる藝術的趣味は、博士の教養の素地を成し、その溫雅なる風格を形造るに與って力があったのである。或いは爛漫の櫻花の下を逍遙して畫を想い、或いは山の溫泉に浴して句を案ずるのは、博士の喜びとするところであり、それ等の話をされる時の博士は實に樂しげであった。まことに曾て博士が筆者に語られた如く、博士は遊ぶことを愛された。その遊びは藝術味豊かなる趣味に發するものであり、溫醇典正なる三昧の境であった。而も博士はその所謂遊びに淫するところは些かもなく、常に適正な節度が保たれて居たのである。

昭和二十年の末の頃、既に傾きつつある健康を自覺された博士は、せめて三年の餘生をと望み、その間に力を盡して研究の完成を念願されたと仄聞して居る。博士は常に雄大なる研究企圖とこれに對する熱情を胸臆に藏されて居た。「唐宋時代に於ける金銀の研究」や「支那經濟史概説」や「支那學雜草」などの序文に比々としてその一端が洩らされて居る。今やこれらの企圖と願望も遂に空しくなったのである。支那經濟史研究に於ける最高峰たる博士を失ったことは、洵に學界の大損失であった。幸いその育成された後進は相踵いでその御遺業を繼承し更に之を發展せしめんとして居る。又必ず發展せしめねばならない。公私兩面に亙り御教導を賜わり乍ら、生前微少の報恩すらなし得なかった筆者の如きも、今正に奮起して學恩の萬分に報いんことを誓う次第である。

著作目錄

單行本（〇印を附せるは加藤博士還曆記念東洋史集說揭載の著作年表に脫漏せるもの又はそれ以後發表刊行されしもの）

支那古田制の研究　法律經濟學研究叢書第十七冊		大正　五・　八
支那革命史（吉野作造博士との共著）	内外出版株式會社	大正一一・一〇
唐宋時代に於ける金銀の研究一・二	東洋文庫論叢六ノ一・二	大正一四・一二 大正一五・　四
總合經濟史（グラス著　加藤繁譯）		昭和　五・　一
〇史記列傳上・中・下（公田連太郎氏と共に譯註）	冨山房	昭和一五・一〇 昭和一六・一〇 昭和一七・二〇
史記平準書・漢書食貨志（岩波文庫）（譯註）	岩波書店	昭和一七・　九
〇絕對の忠誠	丁子屋書店	昭和一八・一二
〇支那經濟史概說	弘文堂	昭和一九・　三
〇支那學雜草	生活社	昭和一九・　九
〇始皇帝その他	生活社	昭和二一・　三
〇加藤繁　俳句集		昭和三七・一一

論　文（主要なるもの）

經　濟　史

一、戸　口

宋代の戸口を講じて其の前後の變遷に及ぶ　東洋史講座一四　昭和　五・一〇

宋代の主客戸統計　史學一二ノ三　昭和　八・八

○宋代の人口統計について　東方學報（東京）一一ノ一・三昭和一五・三、同一

二、土地問題

支那古代の土地制度　史學雜誌二二ノ六・七・八・一〇・一一、二三・六　明治四四・六・七・八・一〇・一一
明治四五・六

唐の莊園の性質及其の由來に就いて　東洋學報七ノ三　大正　六・九

內莊宅使考　東洋學報一〇ノ二　大正　九・六

唐宋に於ける不動產質に就いて　東洋學報一二ノ一　大正一一・三

唐宋時代の莊園の組織竝に其の聚落としての發達に就きて　狩野教授還曆記念支那學論叢　昭和　三・二

三、農　業

支那の害蟲驅除法に就いて　東亞經濟研究二ノ一　大正　七・一

支那に於ける甘蔗及砂糖の起源に就いて　東亞經濟研究四ノ三　大正　九・七

支那に於ける占城稻栽培の發達に就いて　史學一八ノ二・三合併號（占部博士古稀記念號）　昭和一四・一二

支那に於ける主要產業の發達について　東亞問題一〇　昭和一五・一

四、商業貿易（ギルドを含む）

車坊に就いて　東洋學報一五ノ一　大正一四・四

唐宋時代の倉庫に就いて　史學四ノ二　大正一四・五

唐宋時代の商人組合「行」に就いて　白鳥博士還曆記念東洋史論叢　大正一四・一二

唐宋の草市に就いて　史學雜誌三七ノ一　大正一五・一

清代福建江蘇の船行に就いて　史林一四ノ四　昭和四・一〇

唐宋時代の市　福田徳三博士追憶論文集（經濟學研究）　昭和八・四

唐宋時代の草市及び其の發展　市村博士古稀記念東洋史論叢　昭和八・八

標局に就いて　社會經濟史學四ノ六　昭和九・九

宋代商税考　史林一九ノ四　昭和九・一〇

唐宋時代の商人組合「行」を論じて清代の會館に及ぶ　史學一四ノ一　昭和一〇・四

清代に於ける村鎭の定期市　東洋學報二三ノ二　昭和　二

居停と停塲　史苑一一ノ三（小林教授還暦記念史學論叢）　昭和一三・三

○清代に於ける北京の商人會館に就いて　史學雜誌五三ノ二　昭和一七・二

○宋代の商慣習「賒」に就いて　東洋文化研究創刊號　昭和一九・一〇

○康熙乾隆時代に於ける滿洲と支那本土との通商について　北亞細亞學報第二輯　昭和一八・一二

日宋の金銀價格及び其の貿易について　社會經濟史學三ノ三　昭和八・六

宋と金國との貿易に就いて　史學雜誌四八ノ一　昭和一二・一

宋金貿易に於ける茶錢及び絹について　東亞經濟論叢一ノ一　昭和一六・二

五、貨幣金融

清朝咸豐時代の貨幣に就いて　東洋時報二五一・二五二・二五四　大正八・八・九・一一

唐宋櫃坊考　東洋學報一二ノ四　大正一一・一二

露西亞出土の支那型古銀塊に就いて　東洋學報一六ノ三　昭和二・九

交子の起源に就いて　史學九ノ二　昭和五・九
道光咸豐中支那にて鑄造せられたる洋式銀貨に就いて　東方學報（東京）二　昭和六・一二
同補遺　東方學報（東京）三　昭和七・一二
三銖錢鑄造年分考　史學雜誌四三ノ六　昭和七・六
同（增訂）貨幣一七四　昭和八・九
官營と爲りたる後の益州交子制度　史學雜誌四五ノ一　昭和九・一
交子會子關子といふ語の意味に就いて　東方學報（東京）六　昭和一一・二
郢爰考　服部先生古稀祝賀記念論文集　昭和一一・四
陝西交子考　史學一五ノ一　昭和一一・五
南宋前期の貨幣特に四銖錢に就いて　山下先生還曆記念東洋史論文集　昭和一三・九
南宋初期に於ける見錢關子と交子及び會子　東洋學報二八ノ四　昭和一六・一二
○南宋時代に於ける銀の流通並に銀と會子との關係について　東洋學報二九ノ三・四（白鳥博士記念論文集）　昭和一九・一
六、都　市
宋代の房錢に就いて　史學雜誌三八ノ一〇　昭和二・一〇
宋代に於ける都市の發達に就いて　桑原博士還曆記念東洋史論叢　昭和六・一
南宋の首都臨安の戶口に就いて　社會經濟史學三ノ八（平沼淑郎博士古稀祝賀記念論文特輯號）　昭和八・一一
○南京城市の古今　東亞問題三ノ一〇　昭和一七・一
七、財　政

漢代に於ける國家財政と帝室財政との區別竝に帝室財政一斑　東洋學報八ノ一、九ノ一・二　大正七・五、大正八・一・六
算賦に就いての小研究　史林四ノ四　大正　八・一〇
榷の意義に就いて　東洋學報一〇ノ三　大正　九・一〇
清代の鹽法に就いて　史潮七ノ一　昭和一二・二
清朝後期の財政に就いて　歴史教育一四ノ二　昭和一四・五
宋の茶專賣と官鬻法　池内博士還暦記念東洋史論叢　昭和一五・三

八、社會政策

支那史上に於ける公私債務の免除　史林一〇ノ四　大正一四・一〇
宋の檢校庫に就いて　史學六の三　昭和　二・九

九、支那經濟史概説

支那經濟史　社會經濟大系（日本評論社）　昭和　二・九
支那經濟史　經濟學全集（改造社）二八　昭和　八・一一
支那經濟史　新經濟學全集（日本評論社）　昭和一七・
史記平準書（和譯）・史記平準書考證・史記貨殖列傳（和譯）稿本支那經濟史大系（其一）―商學研究四ノ二　大正一三・一一
宋史食貨志　稿本支那經濟史大系（其二）―商學研究四ノ三　大正一四・三

一〇、社會史・思想史

日支兩國民の差違に關する史觀一二三　原理日本二ノ五　大正一五・五
支那古代思想管見　原理日本五ノ九　昭和　四・一〇

封建と科學	東亞三ノ一〇	昭和 五・一〇
戰國時代に於ける政治的社會的變化に就いて	れきしとちり二	昭和 五・一二
絕對の忠誠	原理日本七ノ八	昭和 六・ 八
白帝の子赤帝の子に斬らるといふ說話について	川合教授還曆記念論文集	昭和 六・一二
終始五德說の隱れたる意義に就いて	斯文一五ノ一	昭和 八・ 一
伯夷叔齊傳說と君臣關係	原理日本一一ノ四・五	昭和一〇・五・六
支那の社會	東洋思潮	昭和一〇・一二
支那の封建制度について	社會經濟史學七ノ九	昭和一二・一二
歷史より觀たる支那の統一と分裂	日本評論一四ノ一	
支那と武士階級	史學雜誌五〇ノ一	昭和一四・
大日本史と支那史學	本邦史學史論叢	昭和一四・五
支那の正統論	建武六ノ五	昭和一六・九

一一、その他

竹頭木屑錄	史學一ノ一・三・四	大正一一・一一 大正一二・五・八
續竹頭木屑錄	史學一一ノ一三	昭和 七・一〇
資治通鑑解題	續國譯漢文大成經子史部第一卷資治通鑑第一卷	昭和三年三月、昭和三十一年

十二月十五日複版發行 東洋文化協會

（史學雜誌 第五十六編第十一號 彙報 昭和二十一年十一月）

加藤繁博士　北京商人會館の調査報告　昭和五年十二月　於 東大山上會議所

加藤繁「支那經濟史考證」あとがき抄

加藤博士逝去されてここに八星霜、漸く遺稿集「支那經濟史考證」二卷の刊行の功を竢えることが出來た。その間に於ける和田博士を首めとする編纂委員諸氏の御苦勞を想起して感激の念を新たにするものである。これら獻身的努力と科學研究費の援助と諸機關の厚志等々、多くの因緣相熟してこの一果を結んだのであった。筆者の愚蒙を捨て給わず、研究への道を與えられた舊師の鴻恩に對える奉謝の微意をいささか顯わすことのできたこと、これのみがこの際、菲薄なる筆者の竊かに喜びとするところであり、この上とも未刊の遺稿「古代支那貨幣の史的化學的研究」・「宋代貨幣史」・「支那古金銀圖錄」などに整理補修の手を加えて刊行の日を期したいと切に思うのであるが、その事の成るは果たして何時《いつ》の日か、誠に覺束ないことではある。少なくとも「支那經濟史考證」刊行完成を生涯の一つの折り目として、筆者は新しい研究への門出に立たんことを心に期するものである。

（加藤繁『支那經濟史考證』下卷　昭和二十八年四月　東洋文庫）
（あとがき終節。本體部分は省略）

青山・周藤兩氏に捧げる弔辭

―もう届かないが貽る言葉―

青山定雄先生への弔辭

青山さん、あなたは私の生涯の友であります。今、突如としてご逝去に遇い、狼狽なす所を知りません。謹んでご冥福を祈り、お別れのことばを申し上げます。

青山さん、あなたは私の生涯の同志でありました。顧みますと數々の場面が走馬燈のように巡って腦裏に浮かんで參ります。

まず第一は、東方文化學院の先輩研究員としてのあなたであります。これは昭和九年から始まりました。次にあなたは、恩師加藤繁先生の門下の同學として、私どもを領導して下さいました。これは加藤先生のご研究を「支那經濟史考證」としてまとめる上で大きな力となったのであります。また同先生の「正史食貨志譯註」の事業が、先生の歿後、和田清先生の董督の下に再興されてからは、その中核的存在として同志の人々の纏めに努められました。

さらに財團法人東洋文庫におけるご活動があります。これはあなたが最後まで意を注がれたところと存じます。すなわち文庫研究員として宋代史研究室の中心となり、宋史提要編纂協力委員會ついで宋代史研究委員會を主宰され、「宋代史研究文獻提要」・「宋代史年表」・「宋會要研究備要」・「宋會要食貨索引」などの編修事業を陸續として推進成就なさいました。このような過去五十年にわたる數々の研究の場において、あなたは常に私どもを指導誘掖してともに進んで下さいました。

青山さん、あなたは中國の古地誌・古地圖・交通・商業史、また宋代官僚研究などの諸多の領域に前人未到の究明の歩を進められ、學界に寄益されました。これら學問の諸部門において、私がご指導に預かったことは數え切れぬものがあります。またあなたの常に變わらぬ眞摯な生き方とお人柄とは、私の生涯の歩みの指針であり勵ましでありました。このことは私に限らず、誰しもの同感を得られるものでありましょう。いまここに私どもは、導きの星、勵ましの手を失いました。嘆きは限りございません。ただあなたの大きなそして安らかな永遠の憩いを祈るのみであります。

文の林ふみわけて君は逝く白玉の高殿《どの》
待ち給えしばし、冬の日に。

昭和五十八年二月十五日

辱知後學

中　嶋　敏

謹んで白す

弔辞

周藤吉之君

君を初めて相見たのは、昭和五年四月東京帝國大學入學の時でした。それから六十年たちました。その間、同期生として又同じ宋代史研究者として、親交を辱うした私は、今ここに思いがけなくも君の逝去に遇い、詠嘆悲痛の想いに呆然として居ります。

君は宋元時代佃戶の研究を大學卒業論文とされてより以來、宋代の地主佃戶制や鄉村制の研究を推進し、また朝鮮史や清朝土地制度史等に研究領域を進められ、常に博捜の史料を周到綿密な考證によって整理立論して、數々の名論文および著書を成就されました。それらは內外の學界に強い刺戟と影響を與えるもので、常に私たちの景仰の的となるものでした。今君を失うことは學界にとっての一大損失であります。

戰前戰後にわたり、加藤繁博士・和田清博士指導下に、中國正史食貨志研究が進められるに當たっては、宋史擔當の一員として私も、君が驥尾に附して步みを共にさせて戴きました。その成果としての宋史食貨志譯註は遺憾ながら未完のままです。その完成を期して、近年、宋史食貨志研究會として事業再生の途が開かれましたが、今俄かに君が長逝に遭遇し、研究會は正に大黑柱を喪失したという感を禁じ得ません。これが完成は君の遺志であることを思い、ここに志を新たにして尊意の繼承に邁進せんとするものであります。

周藤君、これでお訣れです。安らかにお休み下さい。

平成二年一月二十四日

友人　中　嶋　　敏

宋代史研究の二十世紀　餘話

「二十世紀における宋代史研究」というテーマの課題である。筆者は一九一〇年（明治四十三年）生まれで、東洋史學專攻の學生となったのは一九三〇年である。從って二十世紀頭初の三十年間は、東洋史學とは別に緣はなかった。それに續く七十年間も、東洋史學研究の本流に在った譯でもないので、この課題に本格的答解を出し得る能力は無い。そこで餘話ということにして、多少は實際に關與したことにも觸れながら、老いの繰りことをも並べて課題にタッチすることとしよう。

二十世紀に於ける宋代史研究にかかわる重大事件として、研究資料としての宋會要の出現と、關連してバラーシュ教授主唱の Sung Project のことと、宋人文集の活用の三項目をとりあげることとする。

第一　宋會要のこと

宋會要輯稿二百冊が北京圖書館から出刊されたのは、一九三六年（民國二十五年、昭和十一年）十月のことで、日本でも一般に宋會要を宋代史研究資料として活用出來ることとなった。その後、一九五七年中華書局影印本（八冊）、一九六四年世界書局本（十六冊）、一九七六年新文豐出版公司本が相ついで出刊されて、宋會要の研究と利用はますます進んだのである。

ところで宋會要輯稿一九三六年初出より以前、財團法人東洋文庫（以下、東洋文庫と記す）には、宋會要抄本として食貨六帙六十冊、蕃夷一帙七冊と、藤田豐八博士將來とされる手抄本市舶一冊との所藏がある。前者（食貨・蕃夷）に關しては、當時東洋文庫の主幹に當たっていた石田幹之助氏の三松盦讀書記（「史學雜誌」四三の九、一九三二年、昭和七年）に、將來の經緯についての記述がある。それによれば、「數年前、東洋文庫は原田淑人氏を介して上海に於いて吳興の劉承幹氏藏する所の『宋會要』輯本の一部（食貨蕃夷の二門）を謄寫することが出來た。謄寫次第順次入庫した樣だ　云々」とある。入庫の年月は不明であるが、昭和七年以前數年からと云うことになる。恐らく昭和二・三年ころから、謄寫出來次第順次東洋文庫に郵致されたのであろう。蕃夷門は當時文庫と關係の深い和田清先生の意向によるものであろうし、食貨門は加藤繁先生の希望によるものであったであろう。

筆者は昭和五年四月、東京帝國大學文學部東洋史學科入學であるが、この頃が會要食貨抄本の將來が完了した時期と思われる。會要食貨抄本の最初の利用者は加藤繁博士であったであろうが、時を移さずその利用に取り組んだのは日野開三郎氏であった。『日野開三郎　東洋史學論集』第六巻宋代の貨幣と金融（上）（三一書房、一九八三年七月刊）所收「北宋時代の鹽鈔について　附・交引鋪」の「初めに」の條によると、日野氏が昭和四年九月から始めた卒業論文作成に必要な史料の蒐集を終えた昭和五年六月のある日、和田清先生の話で、宋會要の寫本が東洋文庫に入り、食貨の部は文庫の加藤繁先生の研究室に置いてあることを知った。加藤先生にうかがうとそんなものは來ていないと言って、見せてくれないので、和田先生に賴んだところ、數帙ずつ和田先生研究室に持ち込んで下さったのでこれを見ると、正に史料の寶庫という感じで身體が震える程の感動であった。和田研究室で每日午後十時ころまで讀み耽った。玉海や編年備要などにちらりと名を見せるものの正體が、すべて宋會要によってつかめた。……卒業論文提出〆切の前日、昭和五年正月二十七日に文學部事務室窓口に提出した論文題目名は「北宋時代の鹽鈔に就いて」である。

以上のようなことが日野氏によって述べられている。なお『日野開三郎博士頌壽記念　論集中國社會・制度・文化史の諸問題』（中國書店、一九八七年刊）所載の自撰年譜を參照。

日野氏は昭和七年三月、東大卒業後引き續いて「交子の發達について」（「史學雜誌」四五の二・三、昭和九年二・三月）・「北宋時代に於ける貨幣經濟と國家財政との關係の一考察」（「歷史學研究」二の四、昭和九年八月）、「北宋時代に於ける銅鐵の產出額について」（「東洋學報」二三の一、昭和十年一月）・「北宋時代に於ける銅鐵錢の鑄造額について」（「史學雜誌」四六の一、昭和十年一月）・「北宋時代に於ける銅鐵錢の需給に就いて」（「歷史學研究」六の五・六・七、昭和十一年五・六・七月）・「北宋時代に於ける銅鐵錢行使路分の劃定策に就いて　上・下」（「東洋學報」二四の一・二、昭和十一年二月・十二年二月）の北宋通貨に關する六論文を相繼いで發表された。そこには、宋會要食貨が史料の寶庫として活用されている。すべて東洋文庫の寫本に依るものである。

加藤博士が文庫寫本會要の検討を開始したのは、日野氏に若干先立つであろうが、日野氏が會要を見たのも殆ど相並ぶ時期であったと思われる。會要食貨を活用した論文の發表は、日野氏が先立ったと云ってよいであろう。加藤博士の東京帝大に於ける講義「宋代貨幣史」は、昭和五年四月に始まる（筆者入學の時）。この年の講義はシナ古今に亙る貨幣史一般と宋代社會經濟史で、(1) この宋代社會經濟史は次年度以降に續く宋代貨幣史の前提基礎を成す名講義であった。昭和六年度から五代十國時代貨幣史、續いて宋代貨幣史に進んだ。そこでは隨處に宋會要食貨の史料が縱横に活用されている。これら會要史料は東洋文庫寫本に依るものであることは言うまでもない。

日野開三郎氏は筆者の大學の二年先輩で、筆者入學の時、氏は三年生で、卒業論文の資料蒐集と執筆の最中であった。氏はエネルギッシュに研究一途に邁進され、その氣勢は體軀とともに評してタンクと綽名された。タンクと言っても水槽の謂ではない。第一次世界大戰で新兵器として出現して世を驚かせた戰車を俗稱してタンクと言ったものである。戰車の邁進するが如く研究一筋に突き進んだのである。その際その研究に以上のようなエピソードのあったことは後年になって知った。自撰年譜によると、氏は大學の卒業後直ちに府立九中（現在の都立北園高等學校の前身）に教諭として奉職、昭和十年九州帝大に講師就任、同十四年三月助教授となる。同十五年二月臨時召集を受けて松山二十二聯隊に入隊、六月召集解除、陸軍歩兵二等兵。在隊中のエピソードは眞鍋元之『ある日赤紙が來て――應召兵の見た帝國陸軍の最後』（光人社）に見える。筆者にとって忘れ得ぬ快男兒ではあった。

氏の召集入隊は筆者にも思わぬ餘波を及ぼした。和田淸先生の肝煎りで、支那の中央集權と地方分權の關係を歷史的に闡明しようという研究が、當時、東大に在った濱口助教授と九州大の日野助教授を中心とした研究會で進捗中であった。日野氏が召集を受け入隊することによる研究の穴埋めの一人として筆者が和田先生の指名で動員された。刊行の期日が迫っての督勵である。中央集權地方分權どころではない、宋代史研究の一年生である筆者にとって、宋代官制そのものも八方暗闇のまま、とにかく草稿を提出した。昭和十七年六月出版された『支那官制發達史（上）――特に中央集權と地方分權との消長を中心として――』（中華民國法制研究會）[2]の第六章宋代がそれである。羊頭狗肉そのものの迷作で誠にお恥ずかしい作となった。

話がわきみちに外れた。閑話休題。

藤田劍峯豐八博士が劉承幹本宋會要の市舶の部を入手し、これを主要史料として成った雄編「宋代の市舶司及び市舶司條例」（「東洋學報」七の二）は、大正六年（一九一七年）五月に發表されている。博士が劉承幹から市舶の部を借抄したのは大正五年（一九一六年）であった（『東西交渉史の研究　南海篇』三九六頁註（7））[3]。この借抄本が東洋文庫の所藏となったとされる[4]。宋會要を宋代史研究の主資料として研究して論考を成した日本の學者は藤田博士を嚆矢とする。

一九三六年に北平圖書館から宋會要輯稿が發刊されると、日本でも會要の目録がいろいろ作られ、研究論文も續々出るようになる。

小沼　正「宋會要稿食貨目錄」（「史學雜誌」四八－七、一九三七年）
江田　忠「徐輯宋會要稿本目錄」（「京城帝大史學會誌」九～一四、一九三六～三九年）
淺海正三「宋會要の編輯に關する宋會要の記載について」（『齊藤先生古稀祝賀記念論集』、一九三七年）
山内正博「冊府元龜と宋會要」（「史學研究」一〇三、一九六八年）
周藤吉之「王雲海著『宋會要輯稿考校』」（「東洋學報」六九－三・四合併號、一九八八年。『宋・高麗朝制度史研究』一九九二年刊に所收）
仁井田陞「永樂大典本宋會要稿本二種」（「東洋學報」二三－三、一九三五年）
伊原　弘「『宋會要』研究の現狀と展望」（「東方學」七十二、一九八六年）
同　「東洋文庫所藏謄寫本『宋會要』〈蕃夷〉について」（『多賀秋五郎博士喜壽記念論文集　アジアの教育と文化』）

中國でも次の論著がある。

湯　中『宋會要研究』（民國二十一年（一九三二年）四月、上海商務印書館）後に人文文庫本あり。
王　雲海『宋會要輯稿研究』（一九八四年三月、河南師範大學報增刊）
王　雲海『宋會要輯稿考校』（一九八六年八月、上海古籍出版社）
陳　智超『解开《宋會要》之謎』（一九九五年五月、社會科學文獻出版社）

東洋文庫から『宋會要研究備要』が出刊されたのは一九七〇年（昭和四十五年）である。これはバラーシュ教授主唱の Sung Project と關連があるので項目を新たにしよう。

第二　Sung Project と宋史提要編纂協力委員會の事業のこと

Sung Project は一九五四年（昭和二十九年）の第七回 Junior Sinologues 會議で設置開始された。その主唱者は Eienne Balazs（エチアヌ・バラーシュ）である。バラーシュは一九〇五年一月二十四日ブタペストで生まれた（ハンガリー名、Balázs István）。十八歳、ベルリン大學に入學、オトオ・フランケについて學び、またマックス・ウェーバーの影響を受けた。一九三五年、ナチズムを逃がれてフランスに行き、第二次大戰でパリが獨軍に占領されると地方に移った。一九五五年フランス國籍を取得、同年三月、ソルボンヌの L’école pratique de hautes études 第六部（社會經濟研究部門）で中國經濟史主任教授となる。これがバラーシュ教授の略歴である。

Sung Project は全世界にわたる宋代史研究者の協力作業によって Le Manuel de l’Histoire des Sung（宋史提要）を作成することを目指した。その内容は宋代史關係の地名解説・人物傳・圖書解題・地圖作成等で、宋代研究者の研究ハンドブックたることを意圖したものである。歐米の研究者にとっては甚だ便利有用なものとなるものであった。その成果として管見の及ぶところ、次の諸成果を生んだ。

Sung Project　I. Hope Wright ; Geographical Names in Sung China. An Alphabetical List. 1956.

〃　〃　II. E.A.Kracke Jr. Translation of Sung Civil Service Title. 1957.

Ⅲ. Etienne Balazs & Colette Patte.Table de Matieres Song Houei Yao. Section Économique-Administative-Juridique-Geographique. 1958.

〃　〃

右第三は宋會要の食貨・職官・刑法・方域四部の目録で、優秀な成果を示している。

このころ東洋文庫の宋代史研究室は、青山定雄氏（一九〇三～一九八三）が中心となって活動していた。昭和三十年（一九五五年）四月文部省科學研究費による總合研究として「宋代史の基礎的研究」が青山氏を代表者として開始された。同年六月、パリの Sung Project の要請を受けて青山氏代表のこの研究班が協力して「宋史提要」編纂に參加することとなった。一九五七年には日本學術會議第一部の要請によって、東洋文庫に宋史提要編纂協力委員會が附置され、青山氏が代表者となり、支部を京都に置き、宮崎市定氏(5)が京都支部を主管した。Sung Project の稱呼は、村松祐次譯著、エチエヌ・バラーシュ『中國文明と官僚制』（みすず書房、一九七一年五月刊）の一九四頁に「宋代研究企畫」と譯している。青山氏はその實質を採って「宋史提要編纂事業」としたのであろう。

宋史提要編纂協力委員會の成果を次にあげる。

宋代研究文獻目錄　（一九五七年）
同　補篇　（一九五九年）
同　Ⅲ篇　（一九七〇年）
宋代研究文獻提要　（一九六一年）
宋人傳記索引　（一九六八年）
宋會要研究備要　（一九七〇年）
宋會要輯稿食貨索引　人名書名篇　（一九八二年）

同　　　年月日・詔敕篇　　　（一九八五年）
同　　　職官篇　　　（一九九五年）

これらの諸書の成刊には、廣瀨洋子・千葉炗・吉田寅・斯波義信・伊原弘・古垣光一・渡邊紘良等諸氏が前後に亙り協力している。（宋會要輯稿食貨索引の地名篇・一般語彙編は未刊）

バラーシュ教授は、一九五七年ユネスコが東京で開催した「東西文化交渉史に關するシンポジュウム」に出席するため來日し、日本の宋代史研究者と交流を深めたが、持病の心筋梗塞が起こって一九六三年十一月二十九日逝去した、享年五十七。Sung Project は十分の結實を見ずして終った。

その後、宋會要に關しては、
王德毅　宋會要輯稿人名索引　民國六十七年（一九七八年）七月初版　新文豐出版公司刊
梅原郁　宋會要輯稿編年索引　平成七年（一九九五年）三月　京都大學人文科學研究所東洋學文獻センター刊
苗書梅等點校・王雲海審訂　宋會要輯稿・崇儒　二〇〇一年九月河南大學出版社刊
の諸巨篇の刊行があり、宋會要研究、宋代史研究に貢獻している。

第三　宋人文集の活用

宋會要についで宋人文集を取り上げる。宋人文集を宋代史研究に役立てることについては、靜嘉堂文庫の公開ということがある。この文庫は、三菱財團第四代の岩崎小彌太氏が明治四十年（一九〇七年）陸心源の祕籍たる皕宋樓と十萬卷樓との兩藏書を購入し、大正十年（一九二一年）に靜嘉堂文庫として公開したものである。この兩藏書には宋人の文集が多數含まれ、日本の宋代史研究者はこれらを直接閲覧利用することが出來ることになった。

一方、中國に於いても、四部叢刊（民國八～十一年、十八年重刊）・同續篇（民國二十三年・一九三四年）・同三篇（民國二十四・二十五年）・四庫全書珍本初集（民國二十三・二十四年）・影印四庫全書四種（民國二十四年）・叢書集成初編（民國二十四年至二十七年）などが、上海商務印書館などから續々出刊され、宋人文集の利用が大いに促進されたのである。古典籍の利用はＣＤ・ＲＯＭの出現によってますます活發になるであろう。宋會要や宋人文集を宋代史研究に活用することは、二十一世紀の史學界においても、さらに進捗するに違いない。

異國の港町、夜の酒場で、疾《と》うにすたれた流行歌《はやり》の一こまを、獨り呟く姿にも似る「二十世紀餘話」、このあたりで切り上げよう。

注

（1）『中國貨幣史研究』宋代の部は、加藤博士の東大に於ける「宋代貨幣史」講義の原稿（博士自筆）をまとめたものであるが、分量の都合でこの宋代社會經濟史一般の部は省略されて、收録されてはいない。從って未公刊である。

（2）昭和四十八年三月影印版第一冊が『支那官制發達史』（和田清編著）として汲古書院から刊行され、昭和五十七年十二月影印第三刷から書名を「中國官制發達史」と改め、索引三十頁を加えて刊行された。

（3）この注記によると、宋會要食貨三十八市舶の部、永樂大典巻一七五五二よりの抄出。

（4）『東洋文庫所藏漢籍分類目錄―史部』四一六頁に、宋會要巻二百十八食貨三十市舶清徐松輯鈔本一冊　Ⅱ―15―Ａ―16とある。

（5）宮崎博士はその『自跋集』（二〇四頁）でバラーシュはバラジと發音すべしとする。

對談　歴史學と私

出席者
中嶋　敏　大東文化大學教授
千葉　焈　桐朋學園短大部教授

歴史と漢文との出會い

千葉――今日は「歴史學と私」というテーマで、私が聞き役になって、中嶋先生からいろいろなお話を伺いたいと思っております。

先生のお書きになられた自敍傳『ふみあと抄』を拝見しますと、お父さんの書物の中の『歴史大鑑』と『文章大觀』の二冊に、だいぶ小さいころから親しんでおられて、『文章大觀』などはほとんど文章をそらんじていたということですが、このようなことが後に先生の歴史學への道にどのようにつながっていったものでしょうか。

中嶋――その二つの本は、なかなか分厚な本でしたね。今はどこへ行っても見つからないでしょう。小學校の五、六年ぐらいから中學校時代にかけて讀んだと思います。『文章大觀』は、戰記物語とか明治のものとか、いろいろなものがありました。

『歴史大鑑』のほうは、今から考えればつまらない本ですが、一年の暦に従って何月何日にはこういうことがあったというような組み立てでした。日本のことはもちろん、西洋のこともあったと思います。正確さとか、歴史的な敍述の意味がどれだけあるか問題ですが、かなり興味を持って讀みましたよ。
千葉――やはりそれが歴史學にかかわる何らかの底流みたいなものに……。
中嶋――あるでしょうね。そういうものを讀んだから歴史が好きになったのかもしれませんし、好きだったからそういうものを讀んだのかもしれません。

中嶋先生

千葉先生

千葉――それは、今の子供たちの讀書の問題ともつながるようなお話だと思います。
　また先生の格調高い名文はつとに有名ですけれども、『文章大観』にその素地があったのではないでしょうか。
中嶋――あると思いますね。いわゆる美文というようなものが載っていて、暗記するくらい讀みましたから。
千葉――先生は、中國史家として漢文史科では並ぶ者のない讀み手であると、私どもは聞いておりました。正にそのとおりでありますが、先生は作文、國語、漢文がお好きだったようですね。あるいは、母方の曾祖父で金澤で家塾を開いておられたという菱舟先生、そういった背景、つながりがあったのでしょうか。
中嶋――それは直江菱舟という寺子屋の先生なんですが、それの直接のつながりは別にありません。しかし、この人についての話を聞いたり、書いたものを見せられたりしていることで、そういう雰圍氣になったと思います。

　昔は中學一年に入ると漢文があったでしょう。羽田藤太郎という先生がいまして、これは相當なおじいさんという感じでした。しかしその息子が私と同じ年でしたから、そんなにおじいさんじゃなかったかもしれません。口の周りにひげを生やしていて、垂れているものだから、ますますそういう感じがしたんだと思います。その先生はなかなか風格があって、漢學者なんですね。體格は貧弱でしたが、悠々とした風貌でした。

千葉――目に見えるようですね。

中嶋――その先生に教わったんです。一年生に入學したばかりの漢文の第一課は、「君君、臣臣」でした。それは羽田先生が「君君たり、臣臣たり」と悠々として教えるわけです。それが、非常に印象に残っていますね。どこか風格があって、なんだかいいなあという氣持ちがして、漢文を好きになったのかもしれません。

千葉――先生は大正十一年に靜岡中學に入られて、そのころとしてはえらい高い『大字典』を買われ、それを今でも愛用なさっているそうですが……。

中嶋――それを買ったのは、國語の先生というか、東洋史も教えていた山下四郎という先生がいまして、その先生がしきりに『大字典』を推奬したんです。

千葉――四圓八〇銭ということですが、あのころの四圓八〇銭というとたぶん縣立中學の月謝ぐらいのものだったのでしょう。

中嶋――そうでしょうね。ちょうど縮刷版というのが出たころではなかったかと思います。

千葉――やはり小學校高學年、中學あたりのいわば形成期というのは大事なんですね。いろいろな意味で人間の一つの方向が定まるというか、先生のお話を伺っていると、そのことを強く感じます。

中嶋――そのころは、將來、漢文と親しくなろうなんて、そんなことは全然考えていませんでしたからね。

學生時代と東方文化學院

千葉――靜岡高等學校に進まれて、いよいよ大學という段階になって、東洋史を選ばれたわけですが、昭和五年ですね。

中嶋――そうです。その數年、不景氣がずっと續いていました。

千葉――そのころの東洋史というのは、大體どういうイメージだったんですか。

中嶋――景氣、不景氣とはあまり關係ないと思いますが、アジアとか支那、あるいは滿蒙、近ごろはそういう言葉はなくなってしまったけれども、そういうものに對してロマンチックな夢というか、あこがれというか、そんな氣持ちがあったと思います。

　靜岡高等學校には、東洋史の專門の先生というのはいなかったんです。私の場合は、『日支交通史』で有名な木宮泰彥先生に東洋史を教わりました。その中で東洋史の研究は、日本はほかの國と比べるとなかなか進んでいるんだということを、聞いたと思います。ですから、そういうものを勉强すれば、相當高い水準、世界的水準にいく可能性があるんだなと考えたということもあったと思いますね。

千葉――昭和一ケタの、あのころの本鄕、東大あたりの雰圍氣はどういうものでしたか。左翼問題などもかなり……。

中嶋――それはありましたね。まだそんなに正面的にというか、社會的に事件となって現われるというところまでは行っていなくて、私の卒業した後、昭和七、八年ですか、そのころになるといろいろと事件が起こるんです。

千葉――先生は、舊制の靜高でも無遲刻無缺席でいらっしゃったし、大學に入られても、ほとんど大學と東洋文庫にこもって勉強なさっていたということですが、東洋史の講座をいろいろ受けられて、いちばん影響を受けられたのは、やはり加藤繁先生でしょうか。

中嶋――こっちはあまり勉強しないものだから、特にどうということもないのですが、在學中は東洋史には三人の先生しかいませんでしたから、平均的に接觸していました。加藤先生との關係が深くなったのは、卒業してからですね。大學を卒業して、とにかく當時は不景氣なときで、就職するにも適當なところがないわけです。よほどのチャンスでもない限り、ないんです。それで私も、卒業はしたけれども行くところがない、大學院に入って勉強を續けるということをやっておりました。そんなことを一年ばかりやっていて、東方文化學院で加藤先生の助手の仕事をやることになって、そこで月給にありついたという恰好です。

千葉――『ふみあと抄』によると、大學院のときすでに加藤先生の教科書の指導書を先生が書いておられるんですね。

中嶋――ええ、書きました。書いたけれど、それが出たのか出ないのか、わからないですよ。

千葉――あのころ、東洋史の本というのは薄いものでしたが……。

中嶋――加藤先生のは冨山房から出たんですが、特にと言っては惡いけれども、薄かったです。それの解說書みたいなものを書くことを仰せつかったわけです。

千葉――東方文化學院は、例の義和團の賠償金でつくられたということですが、先生がそこの助手になられたのは、出來上がって何年ぐらいのときだったんですか。

中嶋――五年ぐらいたっていたのではないでしょうか。

千葉――そうすると、あの立派な建物は完成していたんですか。

中嶋――全部できていました。

千葉――そのとき、助手で月給八十圓ということですから、そのころとしてはかなりのものだったのでしょう。

中嶋――そのころの相場では、初任給八十圓はいいところなんじゃないですか。

千葉――出身校によって、中學の先生の給料もみんなランクがあったそうで、今のような年功序列ではなかったようですね。

中嶋――そうです。中學の先生では文理大卒がいちばん高いんですよ。八十五圓ぐらいだったと思います。帝大より高いですね。私立の大學だと七十五圓とか七十圓とかだったでしょう。

千葉――好きな勉强ができて、給料をもらって、本に圍まれてというのは、理想的な研究狀況ですね。

中嶋――ええ、本當に……。

千葉――やがて研究員になられて、テーマを持たれますね。

中嶋――そうです。助手のとき、加藤先生の研究テーマは「支那中世貨幣の史的研究」でしたね。そういうことで五年間やったんです。ところが私もいつまでも加藤先生の助手でいられるわけではないし、研究員にならなければ、續けてはいられない。そこで加藤先生は自分が研究員を辭めて、あとを中嶋にやらせてくれとおっしゃってくれまして、そういうことで私は殘してもらえたわけです。

先生が研究された中世というのは唐宋、主として宋です。そこで、私が獨立して研究テーマとしたのは「遼金元貨幣史の研究」でした。それから二年ぐらいたって、中國へ見學旅行にまいりました。

千葉――ちょうど戰爭が始まっておりますね。

ところで、東方文化學院というのは外務省の管轄で動いていたわけですか。

中嶋――そうです。要するに團匪の賠償金というのは外務省の管轄ですね。それを對支文化事業に使うということを決め、そういう研究機關を中國につくることになったわけです。上海に自然科學研究所ができるとか、あるいは北京で四庫全書提要の續修をやるとか。これは、向こうの學者と日本の學者が提携してやるということでした。一方、日本内地でもつくろうという論議が實って、昭和四年、東方文化學院というものができ、京都と東京と兩方に研究所ができることになったんです。それは、服部宇之吉先生と狩野直喜先生が中心になってやられたのですが、お二人は義和團事變北京籠城の同志なんです。

民族研究所から教壇に

千葉――戰爭も末期に近づいて、先生は今度は文部省の民族研究所へ移られますね。

中嶋――そうです。そこでは、大した學問的な仕事ができるような空氣ではなかったですね。

千葉――民族研究所は、當時の國策的な研究所だったんでしょうね。

中嶋――そういう意味でできたんです。そうでなければ、そんなものが新しくできはしません。東方文化學院などは、財政的にも非常に苦しくなっていましたし、そのころはそういった學問研究が苦境に立っていましたね。

當時でいえば大東亞共榮圈ですね。いろいろな民族がたくさんいるでしょう。そういう民族をどのようにして統治していくというか、提携していくというのか、それは彼らを知らなければできないから、そういうものを研究する機關がぜひ必要だということで、ああいう研究所ができたのでしょうね。

千葉――できたときは手遅れだったわけですね、戰爭末期で。

中嶋——手遲れでしたね。

千葉——それで終戰になって、その後東京高等師範學校に迎えられて、私どもが先生の講筵に侍るようになり、續いて東京教育大學ということになり、三十年近くも大塚の學校にいらっしゃったわけですね。歷史學、ならびに大體が教員、特に歷史教育に携わる教員となる學生を、教育されたわけですが、顧みられていかがでございますか。

中嶋——年數だけは相當あったわけですけれども、實際にどれだけ教えた相手のお役に立ったか、あるいはもう少し廣く世の中、社會のお役に立ったか、あまり自信がないんですが。（笑）

千葉——でも、『ふみあと抄』にも教え子がたくさん書いておりますが、先生の演習は非常に嚴しく、きちっと史料を讀みこなさないといけなくて、そのために必死になって勉強する。そういう先生の一面と、そこを離れて、今度は赤ちょうちんで一緒に飲まれるという一面とあって、全く二つの先生がなかなか一本にまとまらないなどということを書いている教え子の人もいますですね。

中嶋——私は變わっていたとは思わないんですが、嚴しい嚴しいと言いますね、どの時期の人も。しかし、古いほど嚴しかったのかなあ。（笑）

世界史教育に望む

千葉——東書の世界史の編集もかれこれ二十年以上になると思いますが、いま歷史學なり歷史教育について關心を持っておられることというのは、どんなことでしょうか。

中嶋——歷史教育については、日本史ももちろんのことですが、世界史を今よりももっとやってもらいたいと思いますね。特にこういう世界に廣がった、地球全體に廣がった社會、一體をなしている社會において、日本の人々はそういうことを視野に入れてものを考えていかなければいけない。そういうときに世界各國の現状とかをいまは「現代社會」というんですか、そういうところでやることももちろん必要でしょう。しかし、その歴史的な背景を理解しなければ、現状の把握は十分にできるものではありませんね。

千葉――そうですね。高校一年で現代社會をやるんですけれども、おっしゃるように背景を知らないでぶっつけでやるものですから、やはりどこか片手落ちではないかと思います。

中嶋――倒敍するというのもあるから、それはいいのかもしれませんが、とにかく歴史を知らないと現状はわからないわけです。

千葉――どうも國際化時代が叫ばれているわりには、近ごろは生徒も世界史離れだといわれています。

中嶋――そうなった原因とか背景というのはあるんでしょうけどね。

千葉――一つは、受驗勉强に世界史は内容が豐富過ぎるということもあるんだろうと思います。

ところで先生は、世界史の教科書を二十年以上も手がけておられますが、いろいろと世間的に話題も多い教科書についてどのような感想をおもちですか。

中嶋――私は、中學校で東洋史は桑原隲藏先生の教科書を使いました。大きな活字で、中身は今の教科書の分量に比べるとだいぶ少なくて、半分にも達しないと思います。そういうもので勉强してきたということも、私の考え方の背景にあるのかもしれませんが、教科書をあまり詳しくするのはどうかと思うんですよ。もっと簡單というか、骨、つまりこれはどうしても必要だというところで抑えたほうがいいんじゃないでしょうか。その意味では『新選世界史』はいいと思いますね。（笑）

要するに教科書を教えるのではなくて、教科書で教えるのですから、それを使って、先生がもっと自分の考え方で骨に肉をつけてやっていく。そのために、參考書というか副讀本というか、そういうものが必要かもしれませんが、それはそれでいいですよ。

千葉――全く贊成です。

中嶋――それには、教師に力がないといけないわけです。教師の實力が必要ですよ。だから、勉強しなければいけないですね。この教科書を讀んで勉強してこい、そうしたら大學の入學試驗は大丈夫だよなどというような教科書は、だめだと思うんです。

千葉――本當にそうですね。今日はどうもありがとうございました。

（月刊高校通信東日本史世界史　第一一四號　昭和六十年七月）

第五　硯北餘話　よしなしごと

宋玉牒考

一　玉牒とは何か
二　玉牒の由來と宋における創始
三　玉牒編修官
四　玉牒の内容
五　宋の玉牒の特色
六　南宋の玉牒
七　編修年期
八　玉牒編集の資料　時政記と日録
九　玉牒と實錄
注

一　玉牒とは何か

古學彙刊（第一集）の書目提要三、宋太宗實錄八卷の條に、明以前の實錄の流傳して今に至るは、この太宗實錄八卷と劉克莊所修の寧宗實錄兩卷のみであると言っている。太宗實錄はこの八卷の外に、その後、四部叢刊三編に十二卷が收められ、原書八十卷のうち計二十卷を今日われわれは目にすることができる。然らば寧宗實錄というのは何か。これ恐らく藕香零拾に收められた玉牒初章二卷を指すものと思われる(1)。この藕香零拾所收玉牒初草の卷末に記された繆荃孫の跋に曰く、

玉牒初草二卷、瞿氏書目有之、題莆陽劉克莊錄宋寧宗嘉定十一十二兩年實錄也、（中略）此二卷本可單行令人可見宋實錄之式、（下略）

と。卽ち玉牒初草を以って實錄とするものである。瞿氏書目卽ち鐵琴銅劍樓書目卷九に、

玉牒初草二卷鈔本

題莆陽劉克莊錄宋寧宗嘉定十一十二兩年實錄也、

とあるに據るものである。玉牒初草をもって實錄なりとするの見解はここに由來する。

玉牒とは何か。宋代において、玉牒の作成は宗正寺の職務であった。宋史卷一六四職官志宗正寺の條には次のように記される。

卿掌敍宗派屬籍、以別昭穆、而定其親疏、（中略）凡修纂牒譜圖籍、其別有五、

曰玉牒、以編年之體敍帝系、而記其曆數、凡政令・賞罰・封域・戶口・豐凶・祥瑞之事載焉、

曰屬籍、序同姓之親、而第其服紀之戚疏・遠近、

曰宗藩慶系錄、辨譜系之所自出、序其子孫、而別其名位品秩、

曰僊源積慶圖、考定世次枝分派別、而系以本宗、

曰僊源類譜、序男女宗婦族姓婚姻、及官爵遷敍、而著其功辠生死、

凡錄以一歲、圖以三歲　牒・譜・籍以十歲修纂以進、

とあって、宗正寺の管掌修纂する五種の圖籍系譜類を說明している。それによると、玉牒は編年體で帝系を敍し、曆數・政令・賞罰・封域・戶口・豐凶・祥瑞の事を記すものであることが知られる。

また山堂群書考索前集巻一七正史門、國史類の國朝玉牒の項には、

官無定員、掌脩皇帝玉牒、凡編年以紀帝系、而載其歴數及朝廷政令之因革者、爲玉牒、

とあり、同續集巻一六諸史門、玉牒の項には、

上自帝繫下及祥瑞、凡大制作大除拜咸書之、

とある。

源流至論前集巻三玉牒の條や、職源撮要の修玉牒官の條によれば、これら玉牒についての記事は、四朝國史志や續會要に淵源をもつものなることが推察される。

二　玉牒の由來と宋における創始

玉牒は唐の開成年間に始まった。山堂考索巻一六諸史門玉牒に、

玉牒名書、自唐開成始、

とある。修玉牒官という官が置かれて玉牒を修撰した。その玉牒は皇唐玉牒と呼ばれた（宋會要稿、職官二〇之五五）。源流至論前集巻四によると皇唐玉牒一百一十巻、李衢・林寶所撰とある。

宋朝は唐に倣って玉牒を修撰した。その創始の年次には二三の異説がある。一つは職源撮要・山堂考索の説である。職源撮要には、

聖朝祥符六年、始設局、置修玉牒官、倣唐制也、詔以皇宋玉牒爲名、

とあり、考索前集巻一七正史門、國朝玉牒の項に、

聖朝祥符中、始設局置官、倣唐制也、詔以皇宋玉牒爲名、六年以夏竦爲脩玉牒官、

とあり、同續集巻一六諸史門、玉牒の項には、

設局於祥符之六年、謹會粹也、建殿於祥符之八年、重祕藏也、

とあって、局を設け官を置いた年次を祥符六年（一〇一三）としている。

他の一つは大中祥符九年（一〇一六）とするもので、源流至論前集巻四玉牒の條に、

祥符九年、以知制誥劉筠、夏竦爲修玉牒官、自後置一員或二員、

とあり、修玉牒官の創置を祥符九年におく。しかし源流至論は玉牒の制度の始まりはこれ以前にあったとするものと見られる。それは次のような記事があるからである。

其倣唐制、或以宗正卿領其事、或命制誥掌其職、與夫以學士典領者、咸平・祥符・熙寧之制也

其襲唐憲度用編年法者、咸平之制也、

纂修之所則咸平始纂於祕閣、

また第三の説として、設官置局の年次を至道元年（九九五）におくものがある。山堂考索前引の文中に「宋朝玉牒則起太宗至道脩云々」の文があり、宋史巻一六四職官志に、

玉牒所、淳化六年、始設官置局、詔皇宋玉牒爲名、建玉牒殿、

とあり、淳化六年は一月一日に至道と改元されているので、至道元年とあるべきである。至道元年に設官置局があったというのである。

數説の言うところ必ずしも一致せず、あるいは説いて充分ならざるところや誤ったところがある。しかるに、宋會要稿、職官二〇之五五修玉牒官の記述はすこぶる詳密で、文脈を追えば宋朝玉牒創始の經緯を解明することができる。そ

の要旨は次の如くである。

(A)　太宗の至道の初め（九九五）、詔して刑部郎中張洎をして駕部郎中史館修撰梁周翰とともに皇屬籍を編ましめたが、未だ成らざるに張洎は卒し、周翰のみがその事を領した。

(B)　眞宗の咸平の初め（九九八）、宗正寺に詔して屬籍樓を建てさせ、又詔して玉牒を督修させた。又奏して宗正卿趙安易がその事を同領し、遂に祕閣廳にて編纂することとなった。

(C)　四年（一〇〇一）正月、修玉牒官宗正卿趙安易・知制誥梁周翰が新修の皇屬籍三十三巻を上った。宗正寺に詔して仍お接續して編纂させることとした。

(D)　大中祥符六年（一〇一三）判宗正寺趙世長・趙可封言う「皇屬籍によい名をつけて頂きたい」と。そこで皇宋玉牒と名づけた。

(E)　同年六月十一日、中書門下言う「宗正寺奏す『制冊に准《よ》れば〝德妃は皇后と爲る。屬籍に編入すべし〟と。伏しておもうに必ず皇籍に登すべきものであります』と。宗正寺の申し出によらせたい」と。之に從った。

(F)　大中祥符八年（一〇一五）詔して玉牒殿・屬籍堂を新寺に建てさせ、宗正卿趙安仁に玉牒・屬籍を重修させた。安仁はまた仙源積慶圖を上った。

(G)　大中祥符九年三月、趙安仁の請によって、知制誥劉筠・夏竦を宗正寺修玉牒官とした。自後、みな修玉牒官一員或いは二員を置いた。

至道元年皇屬籍の編修が始められた。皇屬籍は皇籍と屬籍とより成り、皇籍は皇帝の事を、屬籍は皇族の諸王・公侯等のことを記した。兩者、紙・軸・帶・匣・鑰に差があったことは(C)に續く文に記されている。事業は宗正寺所管で、宗正寺は初め闕前廊下に在り、咸平二年延和坊に徙り、皇屬籍樓が建てられた。大中祥符八年、宗正寺は火災で

焼けたので福善坊に徙り、玉牒殿と屬籍堂が建てられた。（職官分紀巻一八宗正寺參照）

大中祥符六年には皇宋玉牒の名が正式に定められ(D)、同九年には專官としての修玉牒官が宗正寺に置かれたのである(G)。

至道・咸平のころは皇籍と屬籍とを合せて皇屬籍と呼んだ。これを玉牒と呼ぶこともあったことは、大中祥符六年皇屬籍に皇宋玉牒の名を與えていることから推知されるが、皇屬籍の中心は皇籍に在り、これを特に玉牒と呼ぶこともあったと思われる。皇籍と屬籍は次第に區分が嚴密になって來、大中祥符六年には皇后を屬籍に入れるか皇籍に入れるかが問題になるのである(E)。同八年には玉牒殿と屬籍堂とが別に建てられることとなり(F)、收藏の建物の上からも區別されるようになった。これは兩者の分量が漸次增大して來たことも一因であろうが、主として皇帝の地位を獨尊的に高めんとする目的によるものであったと思われる。

大中祥符八年、仙源積慶圖が上られた。同九年趙安仁の言によれば列聖玉牒及び別修皇朝所譜とあり(F)——所譜は山堂考索（後集巻六官制門、宗正）に新譜とあるのが正しいかも知れない——皇朝所譜というのは、玉牒・屬籍・積慶圖以外の宗藩慶系錄や仙源類譜を指すものと思われるので、これらも漸次作られたのであろう。

三　玉牒纂修官

眞宗咸平のころから宗正卿が纂修の事を領し、大中祥符九年からは知制誥が宗正寺修玉牒官として玉牒編修の事に當たった。熙寧に至って學士をして典領させた。元豊官制改革によって宗正寺分隸となったが、大觀年間には使を置いて領せしめた（源流至論巻四玉牒）。

建炎南渡の後、宗正寺は機能を失い、舊有の四書（玉牒・仙源積慶圖・宗藩慶系錄・宗枝屬籍）は江滸に散逸した。そこで四書のうち圖・錄・籍の三書を合成して仙源慶系屬籍總要と名づける一書にまとめた。紹興十一年十月、宗正丞邵大受は、玉牒を修成して中興の盛典に備えんことを請い、翌十二年これが實施され、玉牒所が置かれ宰臣秦檜が提擧となった。（建炎以來繫年要錄巻一四二紹興十一年十月戊寅・同巻一四五十二年五月辛丑・同巻一四九十二年十一月丙午、建炎以來朝野雜記乙集巻一三權提擧編修玉牒）源流至論前集巻三玉牒の條にみえる「宰臣一人を以って提擧し、修玉牒官一人は侍從を以って兼ねしめ、宗正卿少以下悉く修纂に與かる」とあるのは、この時の制度であったと思われる。紹興三十二年は尙書左僕射陳康伯が提擧編修玉牒となり、以後或いは參知政事・樞密院事が權提擧を兼ねることもあった。

四　玉牒の内容

宗正寺修纂にかかる玉牒は、帝系・曆數・政令・賞罰・封域・戶口・豐凶・祥瑞の事を編年體をもって記すものであると、宋史職官志（宗正寺）は述べていることは前に記した。

山堂考索前集巻一七正史門、國朝玉牒の紹興三十二年[2]左僕射陳康伯を提擧として玉牒を編纂せしめる文に續けて、

1、格・赦令・御禮・聖旨・親筆處分
2、郊祀
3、巡幸
4、大臣拜罷
5、親試賢良

6、朝廷大議論
7、更革廢置
8、大祥瑞
9、災異
10、戶口增減
11、賞罰　官雖卑、因事賞罰、關治體者
（番號は筆者による）

とその記載內容を擧げている。また紹興十二年臣僚の申請による九事として擧げるところは次の如くである。

一、天子親祠天地宗廟
一、公主下降・皇子入閣
一、丞相除罷
一、天子巡狩行幸
一、大慶
一、臨軒冊拜后妃・封建皇子
一、藩國大貢
一、賞罰大者
一、雖小官事繫朝廷大體

源流至論前集卷三玉牒に、

其在舊制所書之條例者、凡十有一。

其在紹興以來臣僚所定之條例凡九。

とあり、親祠・游幸・大除拜・大慶賞・皇子公主之出降封冊・大事の類は大書特書すとある。この諸項は紹興以來の九事で、山堂考索にいう紹興十二年臣僚申請に該當するものである。源流至論にいう舊制十一條例とは、山堂考索の十一條に相當する。從ってこれは北宋時代の所定のものであろう。

建炎以來繫年要錄巻一四五紹興十二年五月辛丑の條の李心傳原注には、

載人主系序及歷年行事、如帝紀而差詳、其後附以皇后事迹、

とある。帝紀のやや詳なるものというのである。

五　宋の玉牒の特色

宋の朝廷編纂の國書には、國史・實錄・聖政・日曆・會要・聖政などいろいろあるが、最も崇重されたのは玉牒である。南宋初の人朱勝非の秀水閑居錄（建炎以來繫年要錄巻一四五紹興十二年五月辛丑所引）には、

本朝國書嚴奉寶藏、未有如玉牒也、

とある。その體裁・裝飾は壯麗を極めた。宋會要稿職巻二〇之五五修玉牒官に、咸平四年正月新修皇屬籍三十三巻上進の記事につづけて、

白牒（皇牒または玉牒の誤ならん）、書以銷金花白羅紙、金軸、銷金紅羅標帶、腹黑漆金飾匣、紅錦裹、金鏁鑰屬籍、諸王書以銷金白綾紙、銀軸、頭紅錦標帶紅羅、腹黑漆塗銀飾匣、錦裹、銀鏁鑰、

公侯以下、白綾紙　牙軸（餘如諸王）

と、その崇重な形姿を傳えている。玉牒は金軸の巻子であったが、神宗朝に至って、軸大にして披閲に難いので黄金梵夾に改めた。元祐年間、宗正寺丞王鞏が神宗玉牒を修進する時は黄金を以って匣を作り、黄金の鎖鑰をつけた。大中祥符八年、宗正寺に玉牒殿と屬籍堂が建造され、玉牒は玉牒殿に、屬籍は屬籍堂にそれぞれ奉納された。そして殿前司の兵をもって晝夜巡警して防護し、不測の風火に備えたのである。

玉牒は最も神聖機密のものであるから、玉牒について漏泄するものは軍法をもって罰せられた（宋會要稿職官二〇之五九紹興十二年七月十二日修玉牒官楊愿等劄子）。宰相大臣といえども玉牒を目睹することはほとんど無かったようである。王鞏の聞見近錄によると、丞相の司馬光や呂公著以下一人もこの典制を知る者なく「玉牒とは玉簡をもって刊刻したものだ」と言っていたということが記されており、朱勝非の秀水閑居錄によると、宰相の趙鼎も玉を刻して冊の如くにしたものだと言ったという。直接編修事業に携わる宗正寺の官以外は、名目上編修代表の提擧の肩書きを有つ宰相でさえ、この程度の知識しかもたなかった情況を窺うことができる。

北宋末、徽宗政和年間の玉牒編修事業は規模が大きく、神宗玉牒・哲宗玉牒が造られた外、祖宗以來の玉牒簿二十一帙が改修され、太祖（趙匡胤）系統九十九帙・太宗（趙光義）系統二百六十九帙・魏王（趙廷美）系統一百四十八帙が出來た。（これらは玉牒・屬籍を併せた帙數であろう。）

六　南宋の玉牒

やがて靖康・建炎の大事變が起きた。宋の禁中の祕書は悉く散逸亡失したのである。もともとその內容・形態は一般には知られていなかった玉牒屬籍が一擧に滅亡したのであるから、南宋の世に入って紹興十二年、新たに玉牒編修の事を復興しようとした時、政和からすでに二十餘年の歲月のブランクを克服し、滅失した寶典の祖型を再現するのは、なかなかの難事であったに違いない。そこで政和年間の玉牒所の舊人を探し求めて、承節郞・溫臺州海內巡檢で臨安に居住する王亨を得、これを玉牒點檢文字に充て、故事に照らして編修を進めることとした。（宋會要稿、職官二〇之五七以下・建炎以來繫年要錄卷一四五紹興十二年五月辛丑の條等による。）

このように玉牒は宋の禁中深く寶藏される神聖祕密の典籍であった。されば當時乃至後世、玉牒に關する理會が時に差違し、または正鵠を失することがあるのもやむを得ぬことであった。宋、相國道の雲莊四六餘話に、

玉牒、所記非本支而已、凡一朝大政事・大號令・大更革・大拜罷・皆在焉、仙源積慶特一條耳、前此進玉牒成書表略能備言之、云々(3)

とあり、明萬曆の人張萱の疑耀卷四玉牒にこれを承けて、

宋朝玉牒、凡一朝大政事・大號令・大更革・大拜罷皆載焉、仙源積慶乃牒中之一欵耳、詳雲莊四六所載進玉牒表、自首至尾、皆世系與朝政相對、今制玉牒乃止載宗室世系、不及朝政也、

という。仙源積慶圖を玉牒の一部の如くいうのは正しくない。疑耀の所言のごとく、宋の玉牒は世系と朝政とを併せて記載してあるものであったが、玉牒と仙源積慶圖とはいずれも宗正寺乃至玉牒所が編修するもので、同時に修進されることもあった。そこで仙源積慶圖が玉牒の一部とされたのであろうが、嚴正に解すれば誤りとすべきである。疑耀に言うが如く、明代の玉牒は宗室世系を載せて朝政に及ばぬものであった。春明夢餘錄卷二九宗人府の條にも、

（上略）以時修其玉牒、書宗室子女嫡庶・名封・生卒・婚嫁・謚葬之事、云々

とある。明の玉牒は、宋の玉牒とその內容に相違があったのである。(4)

七　編修年期

前にも引いたように、宋史職官志宗正寺の記事によると、玉牒は十年、屬籍・僊源類譜も十年、僊源積慶圖は三年、宗藩慶系錄は一年をもって修纂した。これはいつの制か判らないが、玉牒についてみると、

咸平四年正月（九九八）　皇屬籍を上る。（皇籍卽ち玉牒を含む）（趙安易・梁周翰）
寶元二年十月（一〇三九）　皇帝玉牒二卷、皇子籍二卷を上る。（李淑）
慶曆八年（一〇四八）　玉牒修進（張方平）
熙寧元年十一月（一〇六八）　仁宗皇帝玉牒（范鎭）
英宗皇帝玉牒

その後は如何。元祐元年（一〇八六）宗正寺丞王鞏の言に、「宗正寺條例によると皇帝玉牒は十年一進であるのに、熙寧編修以來編進の事絶え、神宗玉牒は未だ修めず、仙源類譜は慶曆年中、張方平が書いて後五十年に近く全く書を成さず」とある。玉牒の十年一進の規定はいつ定められたかは不明であるが、少なくともこのころには存在していた。規定は存したが、その通りには實現していないのであった。元祐年間に神宗玉牒が修成されたが、徽宗の崇寧三年十月には、神宗玉牒重修と哲宗玉牒編修の事業が興され、政和年間に至ったのである。（宋會要稿、職官二〇之五六 修玉牒官・王鞏、聞見近錄）

南宋に入ると紹興十一年（一一四一）久しぶりに編修が再開され、翌十二年邵大受等によって上進された。孝宗時代に入ると玉牒編修に力が入れられた。南宋の高宗・今上皇帝玉牒の編修と並んで、亡滅した北宋皇帝の玉牒や仙源

積慶圖等の重修が進められた。太宗・眞宗・仁宗・哲宗・英宗各皇帝玉牒が淳熙年間に相次いで上進された。神宗皇帝玉牒八十巻は慶元三年二月に、徽宗皇帝玉牒一百二十巻は嘉泰三年四月に、欽宗皇帝玉牒は開禧元年閏八月にそれぞれ奉呈された。嘉定四年十月一日、禮部尚書兼修玉牒官章潁等の言によれば、この時までに、宣祖以來北宋全期を含む仙源類譜と開禧元年までの今上（寧宗）皇帝玉牒が成って進呈されたことが知られる。（宋會要稿、職官二〇之四二以下・同二〇之六〇以下）

宋史本紀・中興兩朝聖政・兩朝綱目備要等によって、孝宗時代以後における南宋皇帝玉牒編修進呈の年次をみるに、次の如くである。（行の下の數字は西暦年を示す）

高宗玉牒

乾道六年五月己未　（一一七〇）

同　九年九月丙申　（一一七三）

孝宗玉牒

乾道九年九月丙申

淳熙四年三月己酉　（一一七七）

紹熙元年八月己亥　（一一九〇）

同三年十二月癸卯　（一一九二）

光宗玉牒

慶元六年二月己卯　（一二〇〇）

嘉定十三年三月戊戌　（一二二〇）（5）

寧宗玉牒

嘉泰四年八月己亥　（一二〇四）
嘉定六年閏九月甲午（一二一三）
同十三年五月戊戌（一二二〇）
淳祐二年正月戊戌（一二四二）

理宗玉牒

淳祐二年正月戊戌（一二四二）
同　五年二月丁丑（一二四五）
同十一年二月乙未（一二五一）
寶祐二年八月癸巳（一二五四）
同五年閏四月己丑（一二五七）
景定二年三月戊寅（一二六〇）
同　四年六月庚午（一二六三）
咸淳四年八月壬寅（一二六八）

度宗玉牒

咸淳四年八月壬寅（一二六八）

右のうち嘉定十三年五月戊戌、史彌遠等上進の皇帝玉牒が、現存する玉牒初草（藕香零拾本）に相當するものであろう。この直前の嘉定七年五月には修玉牒官は二年に一たび草を具して進めよとの詔が出ている。（兩朝綱目備要巻一三嘉定四年十月己卯及び宋史全文巻三〇嘉定七年五月庚辰の條）嘉定十三年上進の光宗皇帝玉牒は嘉定十一年・十二年の二年分の玉牒であったと思われる。それが現存の玉牒初草二巻（嘉定十一年・十二年）に正に該當するのであろう(6)。

右玉牒上進年次の表によって知られるように、玉牒は南宋全期を通じて歴代連續して編修されたのである。

八　玉牒編修の資料　時政記と日録

玉牒の編修は、資料の點からみて史舘・編修院・國史院などと密接な關係がある。編修院は門下省に屬し、國史・實録の編修を掌り、日暦を修纂した。元豐四年之を廢し史舘（祕書省所屬）に歸し、元祐五年、國史院を設けて右の職掌をここに移したものである。玉牒編修がしばしば編修院の一部においてなされたのは、資料上から便宜が多かったからであろう。景祐元年や熙寧三年などにその例がみられる。（宋會要稿、職官二〇之五六修玉牒官・山堂考索前集巻一七國朝玉牒・源流至論前集巻三玉牒）

王鞏聞見近録に「玉牒記載の事迹は、三省・樞密院の時政記及び日暦に取る」とあり、元豐六年六月二十九日の詔（宋會要稿、職官二〇之六宗正寺）には、

　宗正寺修玉牒、照用日歴所文字並指定所書事、令本所節錄、

とあって、玉牒編修に必要な資料として、時政記と日暦が特にあげられている。

宋會要稿、職官二〇之四四玉牒所淳熙十六年閏五月二十日（光宗すでに在位）玉牒所が光宗玉牒編修のための申請條項のうちに、

　一合要今上皇帝卽位以後、三省・樞密院幷中書門下後省應經修進宣諭・聖語・時政記・起居注照用、乞從本所依

年分、旋於逐所關借副本・藁草、赴所抄錄、照應編修、
一欲從本所行下六曹寺監等處、將每遇承受應干續降聖旨指揮及改更詔條事件等、並限日下關報赴所、如有差漏、
乞依史館已得指揮施行、

とあり、之に従うという。すなわち詔令・宣諭類の外、時政記・起居注と六曹寺監よりの關報が必要資料としてあげられているのである。

時政記というのは、唐の武后の長壽二年（六九三）姚璹の奏請によって始まったといわれる。宰臣たちの奏論・審議や決定を、審議に參加した宰臣の一人が記録して史館に送ったもので、時政記と名づけた。その後、宰臣各自がそれぞれ記録することになった。五代を經て宋にもその制度が傳承され、中書門下の宰相のみならず、樞密院も含めて執政たちも各自記録をつくり史館に送り時政記が修成された。紹興初めには毎月終わりに著作院へ錄送されたと費袞の梁谿漫志（巻一）（時政記）は述べている。

日曆については、文獻通考（巻一九四）經籍考（二一）高宗實錄一千巻の條に、

國史日曆所李燾等修進、自爲序略曰、日歷起初潛訖内禪、用春秋四繫之法、雜取左右史起居注・三省密院時政記及百司移報、綜錯成章、云々

とあって、日曆修成のための資料として、起居注と時政記と百司移報の三者をあげている。(7)

九　玉牒と實錄

前に述べたように、宋會要稿職官、玉牒所、淳熙十六年閏五月二十日の記事は、玉牒編修に必要な資料として、詔

敕の外に、時政記・起居注・六曹寺監等關報をあげている。日曆編修の資料と全く同じである。實錄は日曆を主要資料として修成される。玉牒も日曆も實錄も內容はすこぶる近似したものであったであろう。洪适の盤洲文集巻二五詩科習藁に收められた皇宋玉牒序(8)には、

玉牒・實錄・時政記・起居注相爲表裏、

とある。相互に密接な關連に在ったのである。

南宋において、亡失した北宋諸帝の玉牒を重修したが、これは實錄と帝紀(國史ならん)とをもって修撰したものと思われる。淳熙二年、諸書を參見して詳盡ならしめんとの議があったが、國史實錄院の意見が通って、會要・聖政・政要・寶訓・訓典等の史館所藏の官撰書を參照して修入する外は、碑刻・傳記の類はすべて照用しないこととなった。(宋會要稿、職官二〇之四二玉牒所、淳熙二年十一月六日宗正少卿程叔達の言と國史實錄院の請)

故に南宋時代に重修された北宋諸帝の玉牒は、實錄に甚だ近いものであったであろう。南宋諸帝の玉牒は實錄にこの場合ほど近くはなかったと思われる。しかし實錄に近いものではあったであろう。

宋の玉牒は時政記・宣諭・日曆・百司關報など當代政治の第一史料に準據して編修されたもので、實錄よりむしろ一層史料上根源的なものとして差支えないであろう。ただしさまで詳密なものではなく、帝紀にくらべやや詳な程度であった。

南宋重修の北宋諸帝の玉牒は實錄に最も近かった。南宋諸帝の玉牒はそれ程ではないにしても實錄に內容的に近く、形式的にも似ていたであろう。故に繆荃孫の言うが如く宋實錄の式を見るべきものであったとは思われるが、實錄そのものではない。鐵琴銅劍樓書目の言の如くに實錄なりと斷定することはできない。玉牒は、宋廷に祕藏される獨尊無二の寶典で、屬籍・宗藩慶系錄・仙源積慶圖・仙源類譜の四書とセットされ、その中心をなす祕籍であったのであ

る。

注

（1）玉牒初草は劉克莊の後村先生大全集（一百九十六卷）（四部叢刊所收）の卷八十二・八十三の兩卷として收められている。後村居士集五十卷本には收められていない。劉克莊（一一八七－一二六九）は宗正寺主簿であったことがあり、玉牒初草はその所撰であったと思われる。

（2）山堂考索の文は紹興二十三年となっているが、三十二年の誤であろう。陳康伯が左僕射であったのは、紹興三十一年三月から隆興元年十二月までと、隆興二年十一月から翌三年二月までの前後二回である。ここは前回の紹興三十二年のことであった。

（3）進玉牒成書表とは、張孝祥の于湖居士集卷二〇表に載せる代百官進玉牒成書表を指している。

（4）天潢玉牒は明の太祖の玉牒であるが朝政のみで殆ど世系に及ばない。疑耀の言う所と相反する。或いは時代による變化があったのか。

（5）兩朝綱目備要卷一六寧宗嘉定十三年四月戊戌の條に、

玉牒成

史彌遠等上三祖下第七世宗藩慶系錄・皇帝玉牒・刊正憲聖慈烈皇后聖德事迹・光宗皇帝玉牒、

とあり、皇帝玉牒というのは今上皇帝卽ち寧宗皇帝玉牒を指す。寧宗玉牒と共に光宗玉牒も上られたのである。宋史卷四〇寧宗本紀には、同年五月戊戌の條に、

史彌遠等上玉牒及三祖下第七世宗藩慶系錄、

とあり、單に玉牒というのは光宗玉牒と寧宗玉牒と兩者を含んでいるのである。兩朝綱目備要の四月戊戌は五月戊戌の誤で、宋史本紀の月次が正しい。四月には戊戌がなく五月にはあるからである。

（6）宋會要稿、職官二〇之五六修玉牒官、元祐元年十月二十五日に、承議郎宗正寺丞王鞏の奏「宗正寺條例によれば、皇帝玉

牒は十年一進と規定されているが、十年というのは遠すぎて、係官の編修職務の曠廢を來す原因となっている。二年毎に一たび具草して繳進し、十年に及んで類聚して修纂し、書を成して奉安すること故事の如くし、國朝の大典、永く廢墜することと無からしめたい」との上奏に從ったとの記事がある。嘉定十三年の場合もこのように二年一具草、十年類聚の方法がとられたのであろう。初草という意義はそう解すべきではないか。

（7）　玉井是博、唐の實錄撰修に關する一考索（支那社會經濟史所收・京城帝大史學會報八、昭和十年十一月）參照。

（8）　紹興十一年十月宗正臣大受言と冒頭にあって、宗正寺丞邵大受の名が記されている。

（平成元年十一月校了）

（『古典研究會創立二十五周年記念　國書漢籍論集』　平成三年八月）

「北宋・南宋、前宋・後宋」稱呼考

西暦九六〇年、趙匡胤が皇帝の位に卽き、宋朝が開かれた。一一二七年、第九代皇帝欽宗と徽宗上皇（第八代皇帝）とは、金軍の捕虜となつて北行し、五月、徽宗の第九子大元師康王構が帝位に卽き南宋が始まった。これ以前の宋を北宋と呼ぶ。南宋は一二七九年崖山の戰で元に破られ滅亡した。宋朝は、九六〇―一一二七の北宋と一一二七―一二七九の南宋にわけられる。通じて宋である。これが今日のわれわれの常識的理解である。國都の所在、延いては國土の相對的位置によって、南と北との別を稱したのである。

ところで通行の年表類には一一二七年までを宋とし、以後を南宋とするものが一般である。手もとにある年表、コンサイス世界年表（三省堂）・東方年表（平樂寺書店）・平凡社世界歴史大年表など。これは誤りとは言えないが、誤解を起こさせる一助となりかねない。一一二七年までが宋で、以後は宋とは別の王朝南宋と誤解する者なしとしない。宋（北宋）・宋（南宋）という表記にするのがよかろう。

元の至正年に成った宋史・金史・元史はこれをどう表現しているか。

北宋という稱呼についてみると、宋史・金史・元史ともに例を見ない。

南宋という稱呼は、宋史に一例あり。[1] 宋史巻三八三虞允文傳に、金主完顏亮の進撃の嚴命に進退窮まった諸將たちに、萬載なる者が「郎主〔亮〕を殺して南宋と和を通じ、鄕に歸れば生きられる」と說き、諸將贊成して亮を殺したとある。ここに南宋とあるのは、金の諸將の間の會話に出て來た稱呼で、金からみて宋は南方に在るが故に、宋のことを金の側から南宋と呼んだものである。北宋に對する南宋という稱呼ではない。宋史に見える南宋という稱呼はこの一例のみである。

金史には南宋という稱呼は見えない。
元史には卷二百八外夷傳高麗に五例(2)〜(5) 同耽羅傳(6)に一例 卷九八兵志に二例(7)(8)が見える。
　これらはいずれも元よりみて南方の宋の意味での稱呼であって、北宋に對する南宋の意味ではない。

　次に、前宋・後宋という稱呼についてみよう。

前宋

宋史 卷八十九 地理志利州路 一例(9)
〃 卷一百八十 食貨志下二錢幣 一例(10)
〃 卷一百八十一 〃 下三會子 一例(11)
右三例は北宋を指す
宋史卷四百八十五外國傳の序言（夏國傳の冠言）一例(12)
　これは前代の宋の意か

金史巻二十一　曆序言　一例[13]　自漢太初迄于前宋

これは前代の宋か、但し金からみて宋は前代とは云えない。不適正の稱呼である。

元史巻五十二曆志、一例[14]　自前宋以來……前代の宋（北宋でも通ず）

〃　巻一百二　刑法志　一例[15]……前代の宋

〃　巻六十三地理志　湖廣等處行中書省沿邊溪洞宣慰使司　一例[16]……前代の宋

後宋

宋史・金史　例なし[17]

元史巻五十三曆　一例[18]

統元曆　後宋紹興五年乙卯陳得一造

この後宋とは、今日われわれの言う南宋のことである。

宋・金・元三朝を通じて、北宋とこれに連續する〝南宋〟という稱呼は殆んど見られない。

元代では、〝南宋〟という稱呼は、蒙古（元）からみて、〝南方に所在する宋〟というふくみの呼び名で、〝北宋〟に對する意味あいの〝南宋〟という稱呼ではない[19]。元代では〝北宋〟という稱呼はなかったのではないか。〝前宋〟と呼んだのであろうと思われる。

では〝北宋〟とこれにつづく〝南宋〟という呼び名はいつから始まるのか。明代ではなかろうか。

南宋時代の宋人は〝南宋〟という稱呼を好まなかったと思われる。「中興」とか「南渡」[20]とか言って南宋を示していることが多い。書名をみても、今はわれわれが南宋館閣錄宋陳騤《き》[21]撰と呼んでいる書籍は、直齋書錄解題六や宋史二〇三藝文志（史、故事類）には中興館閣録とあって、これが本來の書名であった。(22) 説郛弓六〇の南宋市肆紀（泗水潛夫即ち宋の周密輯）や同弓六七の南宋故都宮殿（泗水潛夫輯）は武林舊事卷六諸市と同書卷四故都宮殿を割取したもので、南宋というのは後世の命名である。説郛の目録には武林市肆記、故都舊殿記とあって、南宋とは銘していない。南宋と銘うつ諸書は概ね明清代の所産乃至命名である。(23)

注

（1）宋史三八三虞允文傳（以下［ ］は筆者注）

初め、［完顔］亮、瓜洲に在り。李寶、海道より膠西に入り、成閔の諸軍方《まさ》に流れに順って下るを聞く。亮、愈〻怒る。揚州に還り、諸將を召して、三日を約して江を濟《わた》らしめ、否《しからざ》れば盡く之れを殺さんとす。諸將、謀りて曰く「進まば渰《えん》殺の禍有り、退かば敵殺の憂有り。奈何せん」と。萬載なる者有り。「郎主［海陵王、亮］を殺し、南宋と通和し郷に歸らば生きん」と。衆曰く「諾」と。亮に柴茸細軍有り。陣に臨ましめず、恆に以って自《み》ら衞る。衆之れを患う。蕭遮巴なる者有り。之れを紿《あざむ》いて曰く「淮東の子女・玉帛皆な海陵に聚まる」と。且《しばらく》嗾かして往かしむ。細軍去りて亮死す。

（2）元史二〇八外夷　高麗傳

至元五年四月、［高麗主元宗忠敬王］植、其の門下侍郎李藏用を遣わして……入朝せしむ。帝、藏用に敕して曰く「往きて爾の主に諭せよ。速やかに軍數を以って實奏せよと。將に人を遣わして之れを督せしめん。今、軍を出だす、爾等必ず將に何れの地に出でんとするかを疑わん。或いは南宋を欲するか、或いは日本を欲するかと。爾が主、常に舟一千艘、能く大海を渉り、四千石を載す可き者を造るべし」と。

（3）元史二〇八外夷　高麗傳

［至元六年］七月、帝、……脱朶兒・……王國昌・……劉傑を遣わして耽羅等の處の道路を相視せしむ。植に詔して官を

選びて引達せしむ。「耽羅は海道にて南宋・日本に往くに甚だ易し」と、人、言うを以ってなり。

(4) 元史二〇八外夷、高麗傳　至元六年十一月
樞密院の臣、高麗を征するの事を議す。……馬亨以爲《い》えらく「……南宋已に平らぐを俟ち、彼れ他志有らば、兵を回えして之れを誅するも亦た未だ晩からざるなり」と。

(5) 元史二〇八外夷、高麗傳
[至元七年] 閏十一月、世子愖、還る。詔有りて植を諭するに「……及び其の國、私に南宋・日本と交通すること、又た往年言う所の括兵・造船、今に至るも未だ效を成さざること」を以ってす。且つ謂う、「此れより以往、或いは先ず南宋を事とする有らん、或いは先ず日本を事とする有らん。兵馬・船艦・資糧、早く宜しく措置すべし」と。

(6) 元史二〇八外夷、耽羅傳
耽羅は高麗の與國なり。世祖既に高麗を臣服す。耽羅は南宋・日本の衝要なるを以って亦た意を焉《これ》に注ぐ。

(7) 元史九八兵志の序言
世祖、位に卽くに及んで川蜀を平らげ、荊襄を下し、繼いで大將に命じて師を帥いて江を渡り、盡く南宋の地を取らしめ、天下遂に一に定まる。豈に盛に非ずや。

(8) 元史九八　兵志
[至元十六年] 十月、壽州等處招討使李鐵哥、有罪亡命の人を召募して軍に充てんことを請う。其の言「功を使うは過を使うに如かず。始め南宋未だ平らがざる時、蒙古・諸色人等、罪を得るに因り、皆な亡命して往きて焉《こ》れに依る。今已に平定せり。尚お林藪に逃匿する有り。若し其の罪を釋して之れを用いなば、必らず能く力を效《いた》し、一當十なる者ならざる者無けん」と。

(9) 宋史八九地理志　利州路
金州、上、安康郡、昭化軍節度使、前宋には京西南路に隷す。惟だ此の一州、未だ金に沒せず、建炎四年、利州に屬す。紹興元年、金・均・房州鎭撫使を置く。六年、復た京西南路に隷す。云々

（10）宋史一八〇食貨志　錢幣
前宋の時、川陝皆な鐵錢を行う。益・利・夔皆な山に卽《っ》きて冶鑄せり。紹興九年、陝西諸路に詔して復た鐵錢を行う。十五年、利州紹興監を置き、歲に錢十萬婚を鑄、以って錢引を救う。二十二年、嘉の豐遠・卭の惠民二監を復し、小平錢を鑄る。二十三年……。云々

（11）宋史一八一食貨志　會子
川引。張浚、宣府を開き、趙開、總餉と爲りてより、以って糴本に供し、以って軍需に供し、增印すること日に多く、能く禁止すること莫し。［紹興］七年川陝副帥吳玠、請いて銀會を河池に置かんことを請う。許さず。蓋し前宋の時、蜀交は兩界を出放し、每界一百二十餘萬。今、三界通行し、三千七百八十餘萬と爲す。紹興末に至り、積みて四千一百四十七萬餘貫に至る。云々

繋年要錄一一一紹興七年五月巳丑（二十八日）
中書言、四川錢引近來印數多、慮レ害二成法一、詔禁止、今置制［制置］大使司覺察　如違、重寘典憲、四川錢引、舊書放兩界爲二百五十一萬餘緡、至是通行三界、爲三千七百八十餘萬緡、故條約焉、

宋史一八一食貨志　會子
（神宗熙寧）五年、交子二十二界將易、而後界給用已多、詔更造二十五界者百二十五萬、以償二十三界之數、交子有兩界、自此始、云々

文獻通考九錢幣考二歷代錢幣之制、川引
（紹興）七年……五月、中書省言、引數已多、慮害成法、詔止之、蓋祖宗時、蜀交書放兩界、每界止一百二十餘萬、令［今］三界通行、爲三千七百八十餘萬、以至於紹興末年積至四千一百四十七萬餘貫、云々

（12）宋史四八五外國傳　夏國傳冒頭の序言
女直は宋初に在りて屢ゝ名馬を貢せり。他日彊大となり、怨を遼に修め、其の、叛臣阿疎［金史六七本傳］を索め、掠むる所の宋詔を還さんことを責む。猶お知る、宋に通ずるを以って重しと爲すことを。海上の盟を渝うるに及んで尋い

で大難を構え、宋遂に絀辱する所と爲る。豈に自《み》ら之れを取るの過に非ずや。前宋の舊史、女直傳有り。今、既に金史を作る。義當に之れを削るべし。夏國は偭《べん》嚮［叛服］常ならずと雖も、金に視《くら》べて間有り、故に舊史の錄する所に仍りて焉《こ》れを存す。

（13）金史二一曆志　序言

歩推の法、其の來るや尙《ひさ》し。漢の太初より前宋に迄るまで、曆を治むる者、奚《な》んぞ啻に七十餘家のみならんや。

（14）元史五二曆志　授時曆議上歲餘歲差

前宋より以來、測景驗氣する者、凡そ十七事。其の景德丁未［四年］歲、戊辰日南至、統天・授時皆な丁卯を得、是れ一日を先んず。嘉泰癸亥［三年］歲、甲戌日南至、統天・授時、皆な乙亥を得、是れ一日を後る。

（15）元史一〇二刑法志職制上

諸各寺院税糧、前宋有る所の常住及び世祖賜わる所の田土は税糧を納るるを免ずるの外、已後諸人の布施幷びに己力にて典買せる者《は》、例に依りて糧を納めしむ。

（16）元史六三地理志、湖廣等處行中書省、沿邊溪洞宣慰使司

至元二十八年……仍お請う所の詔旨を頒かつ。詔して曰く「爰に前宋歸附してより十五餘年。閲實戸數、乃ち有司當に知るべきの事なり。云々

（元史八世祖本紀至元十年正月戊午の愛先不花の言「前宋人城五河」は前宋人ではなく、「前《さき》に宋人、五河（今、安徽省五河縣）と讀むべきところで、前宋の例とはならない。）

（中華書局標點本に前宋人と點するのは正しい。）

（17）宋史一七三食貨志會計の最後に、「南渡……其籍帳之詳莫得而考、則以後宋史多闕云」との文章がある。「以後宋史」の一句を後宋と讀まず、「以後、宋史……」との讀み方を採る。標點本もそのように讀んでいる。

（18）元史五三曆志　授時曆議下不用積年日法

統元曆　後宋紹興五年乙卯陳得一造、行三十二年、至乾道丁亥合、

（19）元代には亡宋という稱呼があった。廟學典禮に十七例みえる。（長谷川政夫氏の高示による）南宋滅亡後の至元二十年以後の文書中に現われる稱呼である。滅亡した前代の宋のふくみであろう。前亡宋との表現もある。（巻一、都省復還石國秀等所獻四道學田）

（20）周密、癸辛雜識別集下

長編所載宋二十一帝、蓋自順・宣・禧三祖及東都九朝、南渡後高・孝・光・寧・理・度・少帝（德祐）幷景炎・祥興也。

千頃堂書目、編年には、劉時擧「續宋中興編年」という書名がみえる。

（21）陳騤（一一二八－一二〇三）紹興二十四年進士。（宋史巻三九三本傳）

（22）直齋書錄解題にみえる中興館閣錄十巻陳騤撰は、建炎から淳熙までを記し、同續錄は嘉定元年から咸淳に至る。また中興登科小錄三巻は高宗の建炎戊申（三年）から理宗の嘉熙戊戌（二年）までを記し、中興の名で殆ど南宋を盡くしている。中興玉堂制草六十四巻洪遵撰は、建炎より紹興末までを記し、中興續玉堂制草は、隆興より淳熙改元までを含む。依然、中興の名の下に在る。

南宋という稱呼は遂に現われない。

（23）南宋書增刪定本六十巻、（明）錢士升撰

南宋名臣言行錄十六巻（明）尹直撰

など千頃堂書目にみえる。

附記　宋・金・元三史における、北宋・南宋・前宋・後宋の稱呼の用例を檢出する作業は、東洋文庫の石川重雄氏の手を煩わした。記して感謝の意を表わしたい。

（汲古　第三六號　平成十一年十二月）

梅原　郁氏著『宋代官僚制度研究』紹介

中國史上、宋代は皇帝獨裁による中央集權政治體制が成立した時代として特徴づけられている。皇帝の獨裁支配を支えるものして膨大にして完備した官僚制度がつくり上げられた。それは以後明清時代にわたった完成された舊中國の官僚體制を導き出すものとなったのである。このような見地に立つと、宋代官僚制度の解明がもつ重要さは明らかである。

唐令によって定められた唐の官制いわゆる三省六部の制度は、唐一代の成規として存在したが、社會の進展變化に應じて令制以外の官職が生まれ、新しい時代に對應する政治がそれによって運用された。唐が滅んで五代・宋の時代になっても、唐令による官制は依然として存續した。しかし多くはその實際の職務内容を有たず、單に官の階級と俸給のクラスを示すものとして存續した。これが北宋に入ってからの狀態で、寄祿官と呼ばれた。これに對して實際の職務を示すのは差遣である。そこで官僚は、必ず寄祿官をもち、これとならんで職事官である差遣をもつのが一般である。それに高級官僚（文官）のステータス・シンボルとも言うべき館職が加わる。

官（寄祿官）・差遣（職事官）・職（館職）の三つが宋代官僚制の柱となっている。「官」は原則として年功によって定められた順序を追って昇ってゆく、破格のとびこえはむつかしい。「差遣」は大體の昇進順序はきまっているが、ある條件に從ってもっとも有利に捷徑を進むこともできる。自由に人材を拔擢できることは獨裁君主にとって都合のよいことである。「職」は天子の政治ブレーンとして側近に奉仕する者に與えられ、またはそのような地位に進むべき有爲な人材のプールとしての兼任名である。「差遣」も「職」も、宋代の皇帝獨裁制を支える官僚の制度として發達し整備されたと言えよう。

皇帝獨裁を支えるものとして科擧制度があった。科擧制度は、官・差遣・職を中軸とする宋の官僚制と結びついてその効力を發揮すべく運用された。進士をはじめとする科擧合格者卽ち有出身、無出身すなわち恩蔭出身（任子）乃至雜流出身、進納人（買官）、流外出身（胥吏など）攝官（現地任用）など諸種の出身別によって、昇進の途が分別され、進士出身は最高の待遇をもつように官僚制は運用された。

これら文官の制度とならんで武官制の制度があった。武官は武階（寄祿官）をもち、職業軍人だけでなく地方の軍政官・警察長官以下、下級財務官員、邊境地域の知州・知縣にも及んでいた。その出身は、武擧（科擧）、恩蔭、胥吏、買官などに大別され、恩蔭出身者が最も多く、科擧出身文臣官僚を補うものであった。

宋の官僚制度は、進士出身を頂點におき、諸種の出身を分別し、文官と武官の均衡に留意しつつ、現實に政治に巧に對應し、皇帝獨裁制を支持すべく規定され運用された。從ってその制度は複雜綿密なものとならざるを得ず、後世その理解は容易のものではなくなった。その理解を困難にしたも一つの原因は元豐官制改革（神宗、元豐五年―一〇八二―施行）とそれを記述した宋史職官志の記述の不充分に在った。その點に着目し、宋代官制解明のために必須貴重の史料を提供する宋史職官志を如何に讀むべきかの指針を示し、その記載事項を分析開明したのは宮崎市定博士の力で、その「宋代官制序說」（佐伯富編「宋史職官志索引」所收）は、宋代官制研究の大道を開いたものであった。

宮崎・佐伯兩博士を先達として、宋代官制と官僚制度の解明研究に精進し、近時着々と成果を擧げている京都大學人文科學研究所の梅原郁氏が、このたび東洋史研究叢刊三十七として『宋代官僚制度研究』を公刊された。同氏は宋代官僚制度の研究成果として、「宋初の寄祿官とその周邊」「宋代の武階」「宋代の恩蔭制度」「宋代銓選のひとこま」など注目すべき勞作を、東方學報（京都）や東洋史研究などに從來發表し來ったが、これら諸論文にもとづき、これを書き改めかつ新論考を併せ、一體として總合編成して書名に適合する大著を成したものである。（序論・本文六三八頁、巻頭宮崎市定博士のはしがきと目次・索引を加えてすべて六七〇頁）

序論は宋代官制の推移の全體を概觀して本書全體の理解の便に資している。本論の第一章は「宋代の文階―寄祿官階をめぐって」である。文階のうち未入流は選人であるが、まず選人の敍遷の次第が研究されている。さらに京官・朝官・員郎（員外郎・郎中）・卿監・侍從に至る文階を解説しその變遷を解明している。

第二章は「宋代の武階」と題し、數だけで比較しても文臣と同數以上を數えた武臣の武階について述べる。唐末五代の武人支配時代をうけて、宋代の文臣優越・科擧官僚中心の新しい君主獨裁制のなかで文臣の寄祿階と調和させて巧みに組み立てられた武階について論究する。

第三章は「差遣―職事官の諸問題」と題する。縣令・知縣・通判・知州の州縣長官、路の監司について論じ、銓選の諸問題として堂除や選人改官・薦擧などが研究されている。

第四章は、「宋代の館職」である。君主獨裁制にともなって天子のブレーントラスト兼宮中アカデミーとして館職と總稱される官職體系が成立している。本章では館職を三群にわけて考察する。A群は三館祕閣（宮廷圖書館・史料編纂所）の職務で職事館職であり、將來政界に有用の人材を一定期間ここにプールしておく意味をもつ。B群は前代皇帝の殘した文書・書畫や遺品を收藏する文庫（宮中の文化サロンとしての意味をもつ）の名を冠した館職で閣學士・雜學士・待制で直龍圖閣を含み、實務をもたない。C群は殿學士・樞密直學士など皇帝の恩賞として與えられる館職最上位の稱號である。經筵官（翰林侍讀學士・翰林侍講學士・翰林侍讀・翰林侍講・崇政殿說書等）も之れに含まれる。エリート官僚の卵から高級官僚の榮譽稱號までを含む宋代官制の一つの柱としての館職がここに研究されている。

第五章は「宋代の恩蔭制度」である。恩蔭とは、高級官職についた父や祖父のおかげによって子孫や親族が自動的に官位職階を與えられる制度である。宋朝は獨裁君主の手足となって働く官僚選拔のために科擧制度を重用し、科擧出身者を官僚の中核としたが、科擧すなわち學科、試驗による個人の能力評價の原理と正反對で父祖の既得權を優先する恩蔭制をも整備した。皇帝獨裁に伴う恩賞賜與と官僚優遇は宋代恩蔭の濫（趙翼「二十二史劄記」）を生んだ。どのようにして恩蔭によって寄祿官を與えられ、官途につき實際に活動するかが論述されている。

第六章は「宋代胥吏制の概觀」である。宋代官僚の出發點である選人の出源の一つに胥吏出身がある。この意味で胥吏制は官僚制の基底の一つをなすものと言うべきであるが、これをさらにひろめて政治全般について考えると、胥吏は巨大な組織として政治の實際の舞臺廻しを演じているものであって、官僚政治の眞の動力であるとも言える。本章はこれを中央政府と地方とにわたって論述した力作である。

宋代官制とその運用ルールを明らかにすることと關連して、これが實際にどう行なわれたかを究めることが必要である。官僚個人の官場裡の履歷に卽してどのように運用されたか、されなかった場合にはその事情はどうであったかを明らかにせねばならない。士人の傳記を宋史列傳をはじめとする傳記類に注目することを初めとして、多くの史料の中に個人の官場經歷をさぐり出さねばならない。これは隨分手間と時間のかかるしごとである。この際、人名索引の類は大いに役に立つであろう。梅原氏はすでに、「續資治通鑑長編人名索引」「建炎以來繫年要錄人名索引」の作成という業績があり、これら蓄積の上に、官僚制度運營の實際を個人の經歷に照らして實證し、あるいは解釋說明することができた。その成績は本書の隨處に檢證されるのである。もっとも今日、このような官場經歷のあとが提示されるのは部分的に限定されていることは否めないし、またそれが十分に提供されているわけでもない。高級の官僚や政治家に偏っていて、下級官僚の傳記資料には乏しい。胥吏級の小者の傳記に至ってはほとんど望めないのが現状であろう。宋代の碑文（墓誌銘・神道碑の類）の現存するものが、いつの日か收錄刊行されてわれわれの利用に便が與えられる時、官制と官僚經歷との對比闡明は、さらに進捗するであろう。

本書を讀了して啓發されるところ一再に止まらない。興趣を促されるところは限りもないのであるが、ここにはその一二を擧げよう。その一は、官僚制が科擧出身を頂點とする出身別に整備され秩序づけられている點である。それは官僚制全體を貫く原則となっているのだが、いまさしあたり郎中・員外郎の段階をとりあげてみよう。ここには尙書省二十四司の員外郎と郎中、合計四十八の官名が寄祿官名として用意されており、これらが八本の系列に組み合わされている。すなわち右曹・左曹それぞれ三系統、右名曹・左名曹それぞれ一系統、計八系統が立てられ、各系統は後行・中行・前行——式典の際の行列における位置の前後に由來——の員外郎と郎中の六資から成り、それが位階の上下と出自を示すように仕立てられているのである。これをさらに具體的に説明すると、右曹の第一系統たる水部員外郎－司門員外郎－庫部員外郎－水部郎中－司門郎中－庫部郎中の系列は、無出身の雜流や胥吏出身者のためのレールで、贓罪敍復人（收賄贓罪により處罰された後、再登用された人）に與える官でもあった。右曹第二系統の虞部－比部－駕部の系列は、恩蔭出自の者に用意された普通コースである。右曹第三系統の屯田－都官－職方の系列は有出身特に進士出身者の普通コースである。以上右曹三系統は常調（規定による普通昇進）コースであるのに對し、左曹は優遇コースであり、一部優遇差遣や經筵官（館職の一）のコースである。左曹第一系統は膳部－倉部－考功の系列で、堂後官（胥吏の最上位）のコースであり、左曹第二系統は主客－金部－司勳の系列で、諸科（進士以外の科擧出身）や恩蔭出自の者に充てられ、左曹第三系統の祠部－度支－司封の系列は、進士出身のエリートコースであった。さらに上位の差遣あるいは待制以上の上級館職を帶びる者には、右名曹工部－刑部－兵部の員外郎・郎中の系列または左名曹たる禮部―戸部―吏部の員外郎・郎中の系列が用意されている。特に最上系統たる左名曹系列は待制以上の舘職を帯びた時、左右曹又は右名曹からここに轉入し、あるいは臺諫官から轉入する最優遇のコースである。轉官と一資をとびこえて超遷する。たとえば、禮部員外―吏部員外―戸部郎中と一段階をとびこえて進む。

員外・正郎の前段階である朝官の最終段階において有出身は太常博士、無出身は國子博士に歸一する。（有出身とは科擧の合格者中の進士科・九經の合格者であり、無出身とは、それ以外の科擧―明經・諸科・特奏名出身者と恩蔭出身・胥吏その他の出自者）

このように、寄祿官によってその出自がすぐわかり、また昇進も各驛停車普通（常調）と急行（超遷）との別がつけられていた。元豐以前寄祿官制にはこのようなはたらきがあったのである。これは巧妙な法制の工夫と言えるであろう。

臺諫官と呼ばれる最優遇コースがある。これが特にとり上げるその二である。臺諫官とは御史官と諫官の謂である。官制全體の中では必ずしも高い地位ではないが、宋代政界では新鋭若手政治家が言論と學識を天下に示す機會を與えられた役どころであった。宰相や執政など政府の首腦部と論戰し次代の政局擔當の力量を養成してゆく晴れの舞臺であった。朝官の段階で進士出身者が太常丞や祕書丞などから太常博士に進む際に、天子の特旨でこの臺諫官の系列に進み、左正言・右正言・監察法史などになり、昇進して行く。これは急行コースの外に設けられた特急コースとでも言うべき優等コースなのである。そして寄祿官は一般に名目的なもので實職を伴わないのとちがって、この臺諫官は實職＝差遣であると同時に寄祿官の意味をもって寄祿官階の中に組み込まれているところに特色がある（本書六一頁）。この優等コースは天子の特別の思召しによって與えられ、實職をもって寄祿官體系の一環を形づくっているのである。

右にあげたその一・その二ともに本書第一章「宋代の文階」の中で論究し闡明するところである。宋代の天子獨裁體制成立を考えるとき、これを支えるものとしての官僚制度として深い關心をもつものである。

唐・五代より宋に至る官制の推移、また宋以後の官制へどう移って行くか、いわば官制史上の宋代官制の位置づけなど、廣い視野への問題關心のひろがりも今後の課題であろう。そのためにもここに梅原氏によってこのような好著が學界に提供されたことを慶びとするもので、長年の研鑽に敬意を表し、さらに今後の御活動を期待するものである。

「法制史研究」37　一九八七年

銀川　水と土

七月三十日　ここは寧夏回族自治區首邑の銀川市。朝六時、今日も暑くなるだろうが、標高千メートルを超えるこの地の朝は、昨日の北京天安門廣場の殺人的灼熱に比べて遙かに淩ぎよい。宿舍を出て北に進めば中山公園である。廣い道路には散策の人影がちらほら見え、太極拳か氣功かの一群があり、特異奇妙な歩き方をする男が居る。さらに進む。右に銀湖、左に蓮湖の廣い池のほとりに出る。湖で釣りの男あり忽ち釣果を擧げる。大きな鯉である。公園の地はもと西夏皇帝李元昊の離宮址であるとか。

地圖を見ると、銀川市の周邊には數多くの湖水が散在する。數條の幹線水路が黄河と平行してほぼ南北に走り、これらを脈絡する支線がはり巡らされている。その水はすべて黄河の水を、南方の青銅峽水庫の出口の下手で人工水路に引き入れたものである。黄河は青銅峽を出でて北に流路を變え、賀蘭山脈の東、オルドス砂漠の西邊を流れ、いわゆる「塞上の江南」の綠地を現出する。

これら水路の歴史は古く漢・唐に溯る。漢延渠・唐徠渠は銀川平野水路の大幹線であり、漢代・唐代に開鑿されたと傳えられる。銀川市の南方五〇キロばかりに在る靈武（黄河東岸）周邊には秦渠（秦家渠）と呼ばれる水渠があり、秦の築造とも傳えられる。秦は河渠の工事に優れていた。戰國期に秦の蜀太守李冰は都江堰を築造して四川成都平原の灌漑に便し、鄭國は涇水と洛水を連結して鄭國渠を造って關中平野を灌漑した。始皇帝は南越遠征に當たって史祿

（監祿）をして靈渠を開通させ、長江流域と嶺南廣東地域を水路で連結することに成功した。技術的には秦が銀川地區に水渠を開くことは可能であった。しかし秦の支配範圍の北限は戰國期には靈州には及ばず、遙か南方の固原の北を東西に連ねる長城址によって示されて黃河には至らぬ。始皇帝の時、蒙恬が匈奴を遠征し北進して陰山に至り、ここに長城を築くが、この時、銀川・靈武地區に秦の勢力が及んだかどうかは明らかでない。靈武の秦渠の名は恐らくは後世の附會であろう。秦代の築造は疑わしいが、漢・唐の水渠築造經營は信じてよい。漢延渠は銀川市の東方を、唐徠渠は西側に接して、ともにほぼ南北に流れ、平原農耕地を潤おす幹線水路を形成している。

銀川市はタングート族の建てた西夏帝國の首都となった。タングート族長李繼遷がオルドス東南邊の夏州を根據地として宋初に勃興し、西進して東西交通の要衝たる靈州（靈武）を宋より奪い、西平府と改名して都としたが、その子德明は黃河の西岸懷德鎭（今の銀川地內）を興州と改名して都とした。その子李元昊これを承け、升して興慶府と改名し、ついで大夏皇帝を稱し、宋と對抗する帝國を樹立した（一〇三八）。以後一二二七年モンゴルのチンギスハーンに攻められて滅亡するまで、西夏帝國の首都であった。銀川市が西夏の首都とされたのは、漢・唐以來の水路灌漑による農產の進展にもとづく豐饒によるものであり、ここに瞠目すべき西夏文化の華が開いた。そのことは近刊の「俄藏黑水城文獻」によっても知られるところである。

元は西夏の故都を寧夏と命名した。西夏の故地を寧《やす》んずるの意であろう。元の統治期には、郭守敬が漢唐の故渠を大修理し灌漑に便した。守敬は授時曆の作者として有名であるが、水理にも熟達していた。明朝はここに慶王府を置き、水渠の保持に努め、淸は雍正年間、昌潤・惠農等諸渠を開き、農耕地を擴大した。

銀川という地名は、これら水路に因むものに違いないが、その命名は古くはなく、由來も必ずしも明らかでない。一九四七年、從來の寧夏の名を改めて銀川としたのだが、何故銀川としたのか判明しないのである。唐貞觀二年綏州の一部を割いて銀州銀川郡を置いた（新唐書地理志）。今の陝西省米脂縣西北、オルドス東南邊、夏州に近く西夏李氏の原根據地の一部である。これに因んで寧夏を改名して銀川としたという説もある（許成、銀川地名小考三則「寧夏考古史地研究論集」所收參照）。民國朔方道志巻十學校志書院によると、清乾隆十八年、知府趙本植が光化門内街西に銀川書院という學校を設けたとあり、同書巻二六藝文志及び乾隆寧夏府志巻二〇藝文に路談の銀川書院記が収められ、それによると銀川書院の名はさらに以前からあったらしい。卽ち清初、銀川という地名稱呼あり、これは遙か昔、東方に在った西夏の故地銀川の名に因み、且つ寧夏の白っぽいアルカリ性土壌地貌と豊潤な流水に鑑みて、寧夏という地名を銀川と更えたものなのかも知れない。

銀川市西方、南北に連亙する賀蘭山脈（最高三五五六メートル）は、内蒙古からの西風を防屏してゴビ砂漠の東進を拒止し、黄河と多數の水路とに潤おされた豊穰な農地を守った。この地域を北方民族の侵入から防護すべく、明は銀川平原を袋狀に包み、西は賀蘭山脈に沿って長城を築き、「塞上の天府」を保持したのである。

七月三十日も暮れようとする。太陽は西夏歴代王陵と三關口長城の土に影を投げ、駿馬の名に因む賀蘭山脈の彼方に沈んでゆく。

（歴史と地理（山川出版社）第五三四號　平成十二年五月）

右　銀川市西南方　明長城口(三関口)
向かって右方、銀川市（寧夏）
へ、左方、内蒙古阿拉善《アラシャン》左旗へ
通ず

下　西夏王陵と賀蘭山(中央遠方)を
望む　筆者(前列右より二人目)

三関口付近　明代長城土壁

西康に於ける漢藏關係

チベット人の所謂カム（喀木・康）地方に於ける漢族とチベット族との勢力關係をシナ側の對康政策を主たる基準として次の如く時代區分をしたい。

Ⅰ　土司羈縻時代
Ⅱ　驛站確保時代
Ⅲ　建省運動時代
　1　趙・傅西進期
　2　軍閥政治期
　3　行省建設期

元・明より清初迄は、各地に土司を設け、または喇嘛僧に官位稱號を授けて喀木の地を治めしめた。そこには格段の大勢力もないし、他から別の勢力が及ぶこともなかったから、このような支配形式を以って邊疆の秩序を保つに妨げはなかった。然るにチベット内部には第五代達賴喇嘛羅卜藏嘉穆錯《ロブツァンギャムツォー》及びその第巴桑結嘉穆錯《ティパサンゲギャムツォー》による强大な勢力が起こり、更に準噶爾《ジュンガル》部の如き外部勢力が加わるに至ると、清朝は從來の羈縻政策を放棄して、より强力且つ直接の支配力を以って西藏に臨まねばならなくなった。これが康熙後半の形勢である。この場合、喀木の有した役割は、西藏内部に駐在する清朝勢力の爲めに交通路を提供することに在り、それは乾隆五十六年の廓爾喀《グルカ》征伐によって生じた清朝主權の異常な伸張の際に於いても同樣であった。而して喀木に於ける西藏に通ずる道路の要點上には、若干の兵力が配置されて驛站保護に當たり、糧員が駐在して駐藏官兵の糧餉輸送を掌ったが、民政には與からなかった。卽ち雍熙三年寧靜山に劃界し、以東は四川に内屬する土司の地とし、以西は達賴喇嘛或いは獨立の喇嘛呼圖克圖に分與され、民政上は依然羈縻政策が行なわれたのである。然るに淸末、英國の勢力が印度より西藏に迫り、光緒二十九年（一九〇三）ヤングハズバンドの入藏となるや、清朝は喀木をまず確保すべく、從來、時に唱えられた改土歸流の政策を、全面的に推進することとなって、第三の建省運動時代に入るのである。土司經營の事に當たったのは趙爾豐である。彼は光緒三十二年川滇邊務大臣に任ぜられてより專心事に當たり、宣統三年任を襲った傅嵩炑《ふすうぼく》の時代までに、喀木全地の改土歸流を峻えた。かくして宣統三年（一九一一）閏六月十六日、傅嵩炑は西康省建設の議を上ったが、忽ちにして革命の勃發に會い、事は挫折した。之れよりシナは統一を失い、軍閥が各地に割據して互に攻戰を事とし、邊疆の事態は捨てて顧みられなくなった。康地に據った軍閥的存在としては、尹昌衡・張毅・劉銳恆・殷承瓛・陳遐齡・劉成勛・劉文輝等が數えられる。この間、シナ側の政策は一貫性を失い、當局の經費は缺乏し、軍隊の素質は益ゝ劣惡となった。これに反し、第十三世達賴喇嘛の統一下に在る西藏は、英國の指導と援助とを以って漸次强力となり、喀木に於いては支那軍を東方に壓迫しつつあった。卽ち雲南國境よりメコン河に沿って北上してチャムド附近に至り、ここからメコン・サルウィン兩河の分水界に沿って北西に走り、靑海との境界に達する兩軍對峙の線は、民國七年に至って破られ、北路に於いて德格に進駐し金沙江左右の地を占領するに至った。民國十九年（一九三〇）には甘孜・瞻對・及び鑪霍・理化の一部を陷れた。卽ち鴉礱江流域に進出したのである。

然るに一方、國民政府が民國十六年に成立して後、國内統一の實がようやく揚がるとともに、西康省建設の議も亦た昂まり來った。そして建省を妨碍する要素としては、四川軍閥戰爭・西藏軍の脅威・康人治康主義・財政獨立の困難等があった。藏軍の脅威は、民國二十一年に劉文輝が軍を起こして藏軍を金沙江以西に退けた成功により小康を得、四川軍閥戰爭は同二十二年の劉湘の制覇、劉文輝の西康退保によって決着した。民國二十年に起こった滿洲事變による東三省失陷は重要なる刺戟を西康建省運動に與え、二十四年（一九三五、昭和一〇年）西康建省委員會が成立して（委員長劉文輝）、建省工作は本格的規模に入った。然るに忽ちにして共產軍の侵入・藏軍の東進・康人治康主義の再興等建設を妨げる件が相次いで起こり、西康省成立は未だ實現せざる内に、民國二十六年シナ事變が勃發して蔣介石の國民政府は重慶に遁入し、四川を根據として抗戰せざるを得なくなり、西康は四川の背後地として未曾有の重大意義を有することとなった。その建設事業を推進すべく、民國二十七年十一月二十二日建省案は可決され、二十八年（一九三九）省政府の成立を見た。同年康定に西康省銀行を設立し、新西藏紙幣を發行して法幣と併用し、舊西藏銀元を回收することとした。その省域には、西川西南地方たる、舊雅州府管下の六縣一設治局・舊寧遠（西昌）府管下の八縣を併入することとした。面積約六萬三千方粁のこの地方を新設西康省に編入したのは、西康省の規模を大にし、財政的獨立に便することを主目的としたものであろう。西康省の内、シナの實勢力の及ぶのは金沙江以東の地であり、これらの地域内であっても、雲南接境地域の如きは必ずしも完全な支配下には立っていない。人口は稀薄にして天產に乏しい。本來の喀木地域のみでの獨立省設置はむつかしい。他省の一部を附加するに非ざれば到底獨立の一省を成すことは出來ないからであらう。かくして形態のみにもせよ西康省は遂に建設された。光緒年間、趙爾豐の建設工作は英國に對抗せんが爲に起こされた。然るに今日それが實現したのは、日本に對抗せんがためであり、英米兩國の援助をこの路線によって求めることとなったのである。

（史學雜誌第五十三編第十號　昭和十八年十月）

右は昭和十八年十月三十日、史學會例會における講演の手控えである。

〝この道を泣きつつ我の行きしこと、我がわすれなばたれか知るらむ〟を絶唱とする同窓の抒情詩人田中克己は、その詩篇〝西康省〟を Dichtung und Wahrheit（詩と眞實）として誦《うた》った。そのなかに、

〝人が來た……
チベット人が西から來て彼等を痛めつけ
漢人が東から來て商業を營んだ
文化の傳播? 彼等は何を知ったか
昔　首府を打箭爐（Ta-tschien-lu）と云ったが、今は康定と呼ぶ
……〟

とある。『田中克己詩集』年譜によれば、〝一九三四年（昭和九年）三月、詩篇「西康省」一夜に成る〟と云う。さてわたくしの「西康省」は、〝詩と眞實〟のいずれであったのか。所詮、かつての學びの窓の夢の一ひらであったと云うべきか。

（昭和十八年から數えて七十年の後、二〇〇二年二月記す）

「臨濟錄」序文撰者　馬防の傳

馬防は、臨濟錄卽ち鎭州臨濟慧照禪師語錄の序の撰者として名を殘している。その官銜は、

延康殿學士金紫光祿大夫眞定府路安撫使兼馬步軍都總管兼知成德軍府事

とあり、序の日附は、宣和庚子（二年）仲秋日である。岩波文庫「臨濟錄」（入矢義高譯注）には馬防に注して「史書に記載なく、傳記未詳」とある。（同書九頁）

ここに馬防の傳と題したが、傳が判明したわけではない。依然未詳の域を出ないが、「史書に記載なく」とあるのにはいささか問題がある。續資治通鑑長編や宋會要の如きは史書でないとは言えない。宋代史研究の基本的な史書だと言うべきである。そこでこれらの史書に馬防の名はどのように現われているかをここで檢討してみようと思うのである。

續資治通鑑長編巻三三九元豐六年九月壬子の條に、

擢虔州贛縣尉馬防爲宣德郎、以補賊應格也、

とある。馬防なる人物が元豐六年（一〇八三）九月壬子に賊を捕える功によって、宣德郎（正七品下）を與えられたというのである。當時、馬防は虔州贛縣尉であった。虔州は江南西路に屬し、贛縣は虔州治で、現今の江西省贛縣である。その縣の縣尉であったのである。

次に宋會要の方には、馬防についてどんな記事があるだろうか。王德毅等編著の「宋會要輯稿人名索引」という便利な「工具」があって、膨大な宋會要輯稿の中で、馬防なる人名がどこに出て來るか、立ち所に判明するのは誠に學界進歩の賜というべきだ。それによると馬防の名は全編にわたって十五か所に見られる。これを年代順に配列すると次の通りである。便宜上番號をつけることとする。

(1) 崇寧五年（一一〇六）一月二十一日　馬防、刑部侍郎を罷め、中奉大夫を降授、知蘄州となる。奉使して命を辱しめしを以ってなり。（宋會要輯稿、職官五一、國信使）
(2) 崇寧五年六月七日　大理少卿馬防、特に一官を轉ず。（大理寺獄空による推恩）（同書、職官二四、大理寺）
(3) 大觀元年（一一〇七）九月二十九日　大理寺卿馬防、一官を轉ず（獄空による推恩）（同書、刑法四、獄空）
(4) 大觀二年正月二十四日、獄空を以って推恩し、特に轉行を與う。（同書、職官二四、大理寺）
(5) 大觀二年十月一日、顯恭皇后の葬儀のため、刑部侍郎馬防を橋道遞頓使に任ず。（同書、禮二四、凶禮、顯恭皇后）
(6) 大觀二年十二月一日、十二月二十三日大行皇后の大葬における刑部侍郎馬防の役割り。（同書、禮三四、凶禮、顯恭皇后）
(7) 大觀四年一月十九日、刑部侍郎馬防、一官を降し、知蘄州とす。（遼に使して指を失うため）（同書、職官六八、黜降官）
(8) 政和元年（一一一一）五月二十六日、中大夫、知蘄州馬防を復し、修賢殿修撰知蘇州とす。（同書、選擧三三特恩除職）
(9) 政和二年二月十二日、刑部侍郎馬防奏す、（沙門島溢額につき對應策）（同書、刑法四、配隷）
(10) 政和二年八月二十九日、刑部侍郎馬防奏す、（法官再任の酬奬の件）（同書、職官二四、大理寺及び職官六〇、久任官、

同年月日の條及び續宋會要の記事）

⑾　政和六年六月十八日、秦鳳路淸水城修築成るの行賞として經略使馬防一官を轉ず。（陝西・河東路宣撫使司の上奏、漕運應副等の關係官の行賞の件）（同書、方域八、修城）

⑿　宣和六年（一一二四）四月、廷康殿學士光祿大夫馬防に銀絹三百匹を賜わる。（同書、禮四四、凶禮、賻贈、特恩加賜者）

⒀　宣和六年四月、延康殿學士光祿大夫馬防贈特進。（同書、儀制一一、追贈）

⑴によると崇寧五年、馬防は遼國に使節として赴いて命を辱しめた廉により、刑部侍郎を罷め、中奉大夫に降授され知蘄州となったという。蘄州は淮南西路に屬し、今の湖北省蘄春縣である。この馬防が、續資治通鑑長編にみえる元豐六年九月當時贛縣尉であった馬防と同一人物であるとの確證はない。兩者をつなぐ脈絡は確かめることはできないが、元豐六年の贛縣尉が二十四年後の崇寧五年刑部侍郎であるのは、格別無理もないから、恐らくは兩者は同一人物であろう。元豐六年ころ贛縣尉であった馬防は、崇寧五年には刑部侍郎であったとしてよかろう。

崇寧五年、馬防は國信使として遼國に使したが、使命を辱しめたということで降格されて知蘄州となった。この奉使辱命の內容は明らかでない。北宋末の史料缺少のためである。同年知蘄州から轉じて大理少卿となり、獄空の推恩を重ねて受けて大理少卿・大理寺卿を經て⑵⑶⑷、大觀二年には刑部侍郎となっている。同年十月、顯恭皇后埋葬においで刑部侍郎馬防は橋道遞頓使に任ぜられ、また大葬において役割りを與えられている。⑸⑹

ところが⑺によると、大觀四年一月十九日刑部侍郎馬防は一官を降して知蘄州とされている。遼に使して指令に違反したというのである。これは崇寧五年一月二十一日の事例に酷似しており、いずれか一方が年月日を誤ったものかとも疑われる。傅樂煥編の「宋遼聘使表稿」は崇寧四年□月の項に「遣刑部侍郎馬防使遼」とあるのは、崇寧五年一月二十一日に降授があったから、遣使はその前年の某月にあったとしたのであろう。宋會要職官國信使門の記事によったという註がある。ところが(7)の大觀四年の記事にみえる遣使については「宋遼聘使表稿」には何等の記事がない。見落したのか疑って捨てたのかいずれであろうか。本稿では(7)の記事も生かして、崇寧五年の事例と酷似の事例が大觀四年にもあって、馬防は奉使失當による降官處置を再度受けたものとしておく。

(8)によると翌年政和元年五月には、馬防は復して修賢殿修撰知蘇州となり、(9)(10)によると政和二年二月には刑部侍郎の肩書をもっている。(11)によると政和六年六月十八日には經略使であって一官を轉ずるの酬賞を受けている。この經略使は何路の經略使か不明である。この記事は陝西河東宣撫使司の上言で、築城工事關係官の行賞であるから、同宣撫使管下の或る路の經略安撫使であろう。(1)

臨濟錄にみえる撰者馬防の官銜は、延康殿學士金紫光祿大夫眞定府路安撫使兼馬歩軍都總管兼知成德軍府事とある。時に宣和二年仲秋である。延康殿學士は、政和四年八月、從來の端明殿學士を改めてできた名稱で、最高級官僚の榮譽稱號である。（南宋に入って建炎二年二月、もとの端明殿學士に戻る。）金紫光祿大夫は文散官で正三品、元豐寄祿格第三階。眞定府路は現今の河北省正定縣。唐の成德軍節度で鎭州と云った。慶曆八年（一〇四八）初めて眞定府路安撫使を置く。安撫使は陝西・河東・嶺南諸路の場合經略安撫使とも言い、路の軍政長官で馬歩軍都總管を兼ねる。即ち軍政・軍事の長官である。成德軍府は眞定府のことで、知府事即ち眞定府の長官である。

(12)(13)によると、宣和六年四月に馬防に特進が追贈され、銀絹三百匹兩を特恩加賜された。即ち馬防は逝去し、追贈加賜があったのである。この時馬防がいかなる職に在ったかは明らかではない。眞定府には居なかったかも知れぬ。いずれにせよ馬防は宣和六年に死んだ。卒年何歳かは判らない。いま假りに、元豐六年贛縣尉であった時、二十五歳であったとすると享年四十二歳であったことになる。

宣和六年はどんな年であったか。九年前の政和六年に女眞完顏部の阿骨打が帝位につき、國を金と號して遼を攻め、宣和四年遼帝は山西省北部に逃れ、金は燕京（現今の北京市）を占領した。宣和六年正月には西夏が金に臣事し、翌七年二月、金は遼帝を捕えて遼は滅亡した。十一月、金軍は宋を攻め、十二月二十三日徽宗皇帝は位を欽宗に讓る。翌靖康元年、金軍は宋都開封を攻陷し、徽宗・欽宗を捕らえ、北宋は滅亡し、宋金の戰爭が熾烈となる。馬防はそのような年歲、宋覆滅の寸前に逝去したのである。

兩宋交替のころ馬擴という男がいる。馬防と同姓だが、別にどうという關係もないと思われる。かれは建炎以來繫年要錄などにも名が出て來る人物で、和州防禦使の肩書でまず現われる。大金弔伐錄（巻二宋主書）によると馬擴は眞定州路廉訪使に任じていたという。靖康元年十一月二十二日附の宋主の書に見える。廉訪使というのは經略安撫使のもとに在る走馬承受の改稱である。馬防が逝去した宣和六年四月を去る一年半ばかり後に同じ眞定府の安撫使司に在官した馬擴は、これから宋金戰爭の渦中に投じ、辛酸を嘗めつくすのである。南下する金の東路軍は宗望（斡离木《オリブ》）の統率下、破竹の勢で進んだ。宣和七年十二月丙辰（十九日）眞定府を陷れ(2)、信德府（今、河北省邢臺縣）に克って宋都開封をめざして南進を續けた。馬防死去の一年半後の出來事である。馬防健在なりせば、馬擴のように天地顚覆の辛苦を嘗めなければならなかったかも知れない。馬防は自宅の牀の上で安穩に死し、追贈加賜の恩にまで預かることができた。これもひとえに「臨濟錄」出刊の功德による佛果であるのかも知れない。馬防序の末に言わく、

唯だ一喝を餘《あま》して、倘《な》お商量せんことを要す。具眼《ぐげん》の禪流《ぜんる》、冀《こいねが》わくは賺《あやま》って擧《こ》すること無かれ。（岩波文庫本入矢義高譯）

馬防の官歴は、刑部・大理寺など法官畑が永く、遼への國信使も勤めており、宣和六年（一一二四）に死去したこ

とが、わずかに知られるかれの傳の内容である。傳記は依然未詳と言うべきか。

注

（1）宋元地方志の記載をみると、無錫縣志巻三下に馬防奉議郎元豊元年とあって知無錫縣であった。咸淳毘陵志巻十下秩官知縣題名に、馬防元豊六年奉議郎とあり、知無錫縣である。紹定呉縣志巻十一本朝牧守題名によれば「中大夫馬防は集賢殿修撰に復し蘇州に知たり、政和元年」とある。

（2）編年網目備要巻三〇によると靖康元年十月。

（平成四年三月二十三日稿）

「錢譜」著者　董逌の傳

董逌《ゆう》は錢譜の著者である。宋史巻二〇六藝文志小説類に、

　董逌錢譜十巻

とあり、郡齋讀書志巻一四類書類に、

　續錢譜十巻

　右皇朝董逌撰、逌之祖嘗得古錢百、令逌考次其文譜之、以前帝王世次爲序、且言、梁顧烜・唐封演之譜、漫汗蔽固不可用、其譜自太昊葛天氏至堯舜夏商皆有錢幣、其穿鑿妄誕至此、

とある。この書いま傳わらず、洪遵泉志は屢ゝこれを引用している。董逌とは如何なる人物であるか。宋史に傳なし。宋史翼巻二七文苑傳に傳あり。曰く、

　董逌、字は彦遠、山東東平の人。徽宗の時、官は校書郎。蔡居安(1)〔(2)祕書省を提擧す。夏日〕館職を會して瓜を食う。坐上に令して瓜字を徵するに、居安の徵する所優と爲す。畢わらんと欲《す》。彦遠連りに數事を徵す。皆な未だ聞かざる所、悉く依據有り。〔(2)感嘆之れに服す。識者謂えらく、彦遠は必ず安らかなる能わざらんと。〕後數日にして〔(2)果して〕外に補せらる。王明清、揮麈前録〔巻三〕靖康中、國子監祭酒と爲る。建炎元年四月、諸生を率いて南京に至り勸進す。宗正少卿に除せらる。二年五月、江東提刑に除せられ、旋いで召されて中書舎人と爲り、徽猷閣待制

に充てらる。建炎以來繫年要錄著に廣川易學・廣川詩學〔故〕・廣川書跋・畫跋・藏書志直齋書錄解題及卷三吳棫論語續解解題等の書有り。とある。次に建炎以來繫年要錄にみえる董逌に關する記事を檢索しよう。同書卷三建炎元年三月辛卯朔、張邦昌が尙書省に入るの次の日壬辰の項の原注に、三朝北盟會編（卷八四靖康元年三月二日）に禮部員外郎董逌を張邦昌政府の事務官としたことが記されていることが述べられている。

次に同書卷三建炎元年三月巳酉（十九日）張邦昌が權國子祭酒董逌を遣して太學諸生を撫諭せしめたとあり、同書卷四建炎元年四月丁亥（二八日）には國子祭酒董逌が太學諸生を率いて南京に詣りて勸進（康王卽位請願の意）せることあり、同書卷一三建炎二年二月壬戌（八日）尙書禮部員外郎董逌を宗正少卿と爲し、同書卷二五建炎三年七月庚子（二十三日）には「中書舍人董逌を徽猷閣待制に充つ。逌、宗正少卿たり、官省かれて罷め、旋いで西掖に入る、是に至る纔かに月を踰ゆるのみ」とあり、その注に

逌益都人、初見建炎元年三月、今年五月戊子（十一日）除江東提刑、其除舍人、日厤・題名皆失之、

とある。

次に同書卷六七紹興三年七月辛巳（二十八日）提點獄公事董棻の上言のことに關して棻は逌の子なりとある。（宋史翼卷二七董棻傳あり）

重較說郛弓九十七に收められた董逌撰錢譜[3]は、元朝の錢にまで及んでいるので、董逌の著と言い切れぬところあり、郞瑛の七修類稿、張端木の錢錄や翁樹培の古泉彙考などは、後人の續補があることを言っている。格致鏡原は董遹を著者なりとし、倪模の古今錢略は著者董遹を明の永樂・洪熙の人なりと言う。

古今圖書集成（錢幣部）は錢譜全文を收錄して董逌錢譜と題するが、黃任恆は翠琅玕叢書錢譜の跋（民國七年六月）に論じて舊題の董逌は董遹に改むべきことを述べている。

王貴忱氏は中國錢幣文獻叢書第一輯《錢譜》題記において、「說郛所收の〝錢譜〟は、事林廣記（元、至順刊本、中文出版社刊影印本）別集巻五〝貨泉沿革〟を損益して〝錢譜〟と名づけたものであることを姚朔民氏が研究闡明した」と述べている。姚氏の研究とは「文物」一九八九年第六期（總三九七期）所載の「現存最早的錢譜《貨泉沿革》兼說〝董逌〟《錢譜》」で、精緻的確な卓說と稱すべきものである。

注

（1）蔡居安は蔡京の長子攸

（2）〔　〕内は、王明清「揮麈錄前錄巻三（第七八條）によって筆者が補入した部分で、宋史翼の文章ではない。

（3）說郛巻八十四錢譜は闕名であるが、内容は同じである。

于武陵と井伏鱒二

昨年（平成五年）井伏鱒二が逝去した。享年九十五歳とは感嘆すべき壽命である。達人井伏に「中島健藏に」という一文がある。（「作品」第六巻第三號　昭和十年三月。『井伏鱒二全集』第五巻一九九七年刊所收）。その中に唐の七詩人の左記五言絶句七首の國譯がある。昭和十年元旦の作、中島健藏への手紙の中に收められている。

靜夜思　李白
田家春望　高適
秋夜寄丘二十二員外　韋應物
別盧秦卿　司空曙
勸酒　于武陵
古別離　孟郊
登柳州蛾山　柳宗元

そのうち于武陵の勸酒はこうある。

勸酒　于武陵

勸君金屈巵

満酌不須辭
花發多風雨
人生足別離

服部南郭先生講述して云う（唐詩選國字解）、

親しい友達に逢うて、此の方から、一杯飲まれいと、金屈卮（持つ手の有る盃）を獻《さ》す。必ず、辭儀せらるゝな。此の様なことは、まだ無いのぢゃ。何故《なぜ》なれば、花盛りぢゃ程に、見ようと思う間に、風雨でも有れば、落ちて了《しま》ふ。人生も其の如く、大方別る、ことが、多いものぢゃ。然れば逢うた時に、酒でも飲み、樂しむが善い。

井伏鱒二、譯して云う。

コノサカヅキヲ受ケテクレ
ドウゾナミナミツガシテオクレ
ハナニアラシノタトヘモアルゾ
「サヨナラ」ダケガ人生ダ

于武陵の傳はよくは判らない。商務印書館中國人名辭典にも見えぬ。全唐詩巻に横吹曲辭に洛陽道の一首あり、同巻五九五は于武陵の專巻で、早春山行以下五十首を收め、同巻八八四補遺三に白櫻樹の一首がある。七言律詩一首、五言絶句三首の他はすべて五言律詩である。于武陵は五言を得手にしていたのであろう。その出自經歷についてはよくは判らないが、全唐詩巻五九五の巻首に、

于武陵、會昌時人、詩一巻、大中進士、

とあって、わずかに晩唐の詩人であることが知られる。直齋書録解題于武陵の項にみえる案語に「文獻通考に據り大

中進士と補入す」とあるのは、通考巻二四三經籍考に、

于武陵集一巻

陳氏曰、唐人于武陵大中進士、

とあるのを云うものである。陳氏とは陳振孫、直齋書錄解題を指す。徐松の登科記考巻二二によれば、大中三年狀元及第に于珪あり、同七年狀元及第に于璵があり、同十二年進士に于琮がある。三者は于休烈の曾孫で三人兄弟である。舊唐書巻一四九于休烈傳によれば、休烈の孫に于敖があり、敖の四子、球・珪・瓌・琮みな進士に登ると云う。瓌と璵は同一人物であろうか。しかし諸子のうちに武陵に該當する人物は見當たらぬ。

ところが元代の辛文房の唐才子傳巻八に于武陵の傳が載っているのである。唐才子傳には、布目潮渢・中村喬兩氏著の『唐才子傳之研究』という優れた研究書がある。（大阪大學文理學部内アジア史研究會、昭和四十七年八月刊、汲古書院再刊一九八二年二月二十五日）いまその譯文（同書四四六頁）を拜借して要旨をあげる。

于武陵、名は鄴であるが、字《あざな》をもって行われた。杜曲（陝西省西安市）の人である。大中（八四七〜六〇）のとき、進士に擧げられたことがあったが、おもわしくいかず、書と琴とを携えて商・洛（陝西省西安の東地方）巴・蜀（四川地方）の間を往來し、あるいは、賣卜の世界に身を隱して、獨り醒むの意を存續し、地を避けて默默としてまったく榮貴を口にしなかった。少《わか》いときからすぐれた人人と交遊した。かつて南のかた瀟湘（湖南省）の地に至り、汀洲の芳草を愛した。しかもかの地は古の騷人（屈原）の舊國で、風物は古に殊なることなく、彼はここに居を定めたいものと思ったが、いまだ果さぬまま、歸って嵩陽（河南省開封專區嵩山南）の別墅《しもやしき》に餘生を送った。詩は五言が多く、興趣は飄逸で多感であり、一篇ごとに一意があることで、名は當時に喧傳されていた。詩一巻が今に傳わっている。

布目氏は右唐才子傳の于武陵の記事は何に基づいたか未詳であるとしている。(1)
ついでに、于武陵詩集の名の所見を諸書に求めておこう。(『唐才子傳之研究』表(二)別集要覧五六頁參照)
郡齋讀書志巻一八別集類中
　于武陵詩一巻先謙案袁本七十四
　　右唐于武陵、大中進士、
直齋書錄解題巻一九詩集類上
　于武陵集一巻
　　唐人、于武陵大中進士〔案此句原本脱漏今據文獻通考補入〕
崇文總目巻五別集類三
　于武陵詩一巻
新唐書巻六〇藝文志
　于武陵詩一巻
宋史巻一六一藝文巻
　于武陵詩一巻
國史經籍志(明、焦竑)
　于武陵詩一巻
勸酒の一首について言えば、五言絶句は總べて僅か二十字で意を述べて完結するものであるから、標題もおろそかにすることはできない。勸酒という標題で第一句が勸君で始まるのでは、「勸」字が重複してもったいない感がある。勸酒一首の國譯は、井伏鱒二の名調に感嘆するものであるが(2)第一句と第二句にクレが重出するのは面白くない。お慰みに腰折れを一つご披露しよう。

　　コノグイノミヲ受ケテクレ
　　ナミナミツイダ、グットノメ
　　ハナハ開イテ、マタ嵐
　　人ハイツデモ、オ別カレバカリ

第三句の〝花發して〟は第四句の〝人生きて〟に對應する構成だと解しての第三句第四句の訓讀である。しかし鱒二の「サヨナラダケガ人生ダ」の絶唱には到底及ばない。

金屈巵の巵《し》または巵《し》は、酒漿の器、四升を容るる大さかずきと玉篇は云う。

巵　圜器也〔内則注曰巵匜、酒漿器」（説文解字注巵部）

金屈巵は唐三彩の龍酒杯の類か。あるいは金色の屈曲した大盃か。いずれにせよ大盃なることは疑いを容れぬ。グイノミとしたが、第二句のグットと重複するの感あるは一難である。

サヨナラダケガ人生ダ　呟きつつ井伏鱒二先生は、あの世へ旅立って行った。

注

（1）宋人計有功の唐詩紀事巻五八于武陵には、五言律詩三を擧げ、武陵は會昌の時の詩人なりとある。

（2）安岡章太郎「風の姿」（ウインズ一九八九年六月號、『父の酒』に收む）に、「花ハ多ク風雨ヲ發ス」と訓ずるは非である。

――平成六年二月九日――

毋か毌か

毋（毋）説文、女（[illegible]）と一の合字（[illegible]）とした。一は禁止の意で女を犯すなかれを指し、禁止の字（なかれ、なし）とした。音はブ・ム。毌・母とは別字。毌は音クワン、貫の古字でつらぬくと訓ず。母は音ボ・ボウ・モ、ははの義。甲骨文・金文では毋と母は同字であった。毌は[illegible]（貝）を紐で貫いた形[illegible]である（一説に毌は盾の象形と云う）。

毋は毌とも筆畫する。どちらが正しいのか。

諸橋　大漢和辭典巻六　七九一頁
長澤・原田　新漢和中辭典（三省堂）七二一頁
講談社　新大字典（平成五年刊）一二九四頁
藤堂明保　漢和大字典（學研）六九七頁
簡野道明　字源（角川書店）一〇三〇頁
小川・西田・赤塚　新字源（角川書店）五四七頁
白川靜　字通（平凡社）一三七三頁

以上すべて毋である。管見の及ぶところ、近時毋が風靡するの観がある。毌はどうか。

上田・岡田・飯島・榮田・飯田　大字典（大正六年初版啓成社、昭和三十八年七訂新装版講談社）

高田忠周　大系漢字明解　昭和十一年冨山房

山田勝美　難字大鑑　昭和五十一年柏書房

文求堂　漢文を讀むための漢字典　昭和十五年

などの諸書は毋であるが、いずれも比較的古い出版の字書である。

然らば中國ではどうであろうか。

辭源修訂本第二巻一六九二頁

辭海一九六五年新訂本七〇頁（一部）

漢語大字典卷四、二三八〇頁

漢語大詞典卷七　八一五頁

右中國現代の字書類では大むね毋である。ただし康熙字典は毋であり、中華大字典（一〇七一頁）も毋である。段氏説文解字注卷十四下（上海古籍出版社本）も毋である。

啓成社の大字典毋部に「毋　なかれ」とあり、その辨似のところに

毋（の線を出す）毋（縦線を出さず）母（縦の線を二點とす乳の義）は別。各字源につきて見よ。又毋と母の別。「出すなかれ（毋）ははは（母）の乳

とある。毋の次の親字として毋を列し、音クワン、ツラヌクと訓じている。毌は採らず、毋とする。辨似の項に擧げた俗諺は中央縦の線の先端が外に出たのが毋（なかれ）で、母（はは）字の二つの點は乳を示すものであることを言ったものである。然るにこれを承けた講談社の新大字典一二九四頁毋部毋（なかれ）に、弁似として、

毌カン、母は別。毋は二畫目を出す。毌は二畫目を出さない。母は二點をかく。また、毋と母の別は「出すなかれ（毋）、はは（母）の乳」といい、記憶の便とする。

とあり、啓成社の辨似の内容とは似て非で、相違している。啓成社の方は縦の線（中央縦畫）を言っているのを、新大字典の方は第二畫の相違と解している。これは新大字典は毋字を棄てて記載せず、毌字のみとしたから、出すと出さないの相違の存在は第二畫以外にない。そこで「縦の線」を「第二畫」を言うものと考えて、毋と毌の二字の辨別の指標とし、出すのが毋で、出さないのが毌だと辨別の法を述べたものである。次に毋と母との二字の辨別として、中央縦線をとり上げ、中央縦線を出さないのが毋で、乳の象形の二點をうつのが母だとする俗諺の解釋を述べている。かくして啓成社本「大字典」（及び講談社七訂新裝版）の出すのがなかれ（毋）だというのとは全くくい違って、出さないのが毋だと言っているのである。

新大字典は毋字を棄てて全く採らぬので、この俗諺の解釋を變更して、むしろ曲解して、こじつけたものであろう。この諺は元來は、中央縦線のことを言うもので毋が正しいことを云うものであると思う。

毋と毌、いずれを採るべきか。この二字體は恐らくはたがいに異體字の關係にあるものではないか。いずれを本體とすべきかはきめ兼ねるが、雙方正しいとして扱うのがよかろうというのが、筆者現在の心境である。

ところが最近「宋史食貨志譯註」第四冊の仕事を進めるに當たって、この問題に直面した。仕事に當たっている出版社は、「毋の活字字體は無い。毋とするなら作字をせねばならない」と言う申し立てである。さてどうするか、決めねばならぬ。この譯註のしごとは、殿版宋史食貨志を底本として進めている。そこで殿版宋史食貨志で、毋と毌とがいかに扱われているかを調べてみた。なし（無）・なかれ（勿）の意味の毋と毌との總數は、食貨志上下二十四巻全體で、一〇一例を數える。このうち、無の意味で使われた毋（一例）を毌のうちに參入し、同じく無の意味で使われた母（一例）を毋のうちに參入して計算すると、毋は六十六例、毋は三十五例を數えた。毋が壓倒的多數である。毋は役法・振恤・會計・錢幣の部に連續一團を成し偏在している。「宋史食貨志譯註」第四册は、會計・錢幣・會子の諸卷を內容とする。この部分だけについて言えば、毋が壓倒的多數である。しかし食貨志全體からみれば、毋が絕對多數であるので、決定としては毋を採ることとした。「出すなかれ」の俗諺が、この決定に當たって、暗々のうちに筆者の腦裡に影響していたのかも知れない。

藤田豐八博士と宋會要

財團法人東洋文庫（以下、東洋文庫と記す）に、Ⅱ15-A16の番號をもって收藏される「宋會要市舶」は「東洋文庫所藏漢籍分類目錄史部」四一六頁に、「宋會要卷第二百十八食貨三十八市舶清徐松輯鈔本」と記載されている。この文記は、この書の表紙・扉・本文冒頭の記載によるものと思われるが、本文冒頭の記文には、「大興徐松輯大典本　吳興劉承幹編定」とあり、また毎記事の文尾に大典卷一萬七千五百五十二と割注されているのは見逃がしてはならない點である。

藤田豐八（劍峯）博士は「宋代の市舶司及び市舶條例」を大正六年五月、東洋學報第七卷第二號に發表された。（昭和七年三月岡書院刊行の「東西交涉史の研究　南海篇」二八一頁～三九八頁に收む）この論考は、宋會要市舶を縱橫に驅使されて成った雄篇であるが、使用した會要市舶は同論考註7（岡書院本三九六頁）によれば

宋會要、食貨三十八市舶の部、永樂大典卷一七五五二より抄出せしものに係る。この書今吳興劉承幹氏の藏に歸し、なほ刊行に至らず。予輩は去冬羅叔蘊君を介して、その市舶の部を借鈔するを得たり。以下引くところ是なり。

とある（羅叔蘊は羅振玉）。現在、東洋文庫に收藏される宋會要市舶の抄本は、藤田博士が東洋文庫に寄託されたものとされている。「宋會要輯稿食貨索引、人名書名篇の序（青山定雄氏）や「同、年月日詔敕篇」解說（伊原弘氏）に、

東洋文庫藏宋會要市舶抄本は藤田博士寄託の抄本であることを明記されて居る。

然るにこの抄本は、藤田文庫漢籍目錄には記載されていない。藤田博士（昭和四年七月十五日逝去）の遺言によって舊藏の和漢書はすべて遺族から東洋文庫へ寄贈された。この時の書目が「藤田文庫漢籍目錄」（昭和五年十二月六日）である。（東洋文庫十五年史一七頁參照）東洋文庫現藏の市舶抄本は、それ以前博士在世中に東洋文庫に寄託されたものであると推測される。「東洋文庫十五年史」二七六頁以下に藤田博士追悼記念展覽會目錄が載せられているが、[1]宋會要市舶抄本の記載はない。却って「東洋文庫十五年史」「東洋文庫近獲本の部」の漢籍の中に

宋會要佚文　淸徐松鈔出六十六册[2]

が掲出され、食貨・蕃夷の二部の轉鈔せるものに係ると説明がある。この宋會要佚文六十六册とあるのは、藤田文庫の内ではない。無關係である。

次に藤田博士の市舶司論文に引かれた宋會要市舶の文字を、東洋文庫所藏の宋會要市舶抄本・宋會要輯稿（國立北平圖書館景印）職官市舶司・宋會要輯稿補編（全國圖書館文獻縮微複製中心出版）市舶の三書と比較してみる作業を筆者は、行なった。この作業は無味乾燥、徒らに煩瑣に亙るものであるのでここでは遠慮して省略し、結論だけを述べる。輯稿の記事は永樂大典一千一百二十四に據るものであり、市舶抄本及び補編市舶はともに大典一萬七千五百五十二に據るものである。從って市舶抄本と補編市舶とは殆ど一致する。また藤田市舶司論文引用の會要は市舶抄本並びに補編市舶と殆ど一致する。（間〻不一致の部分もあるのは藤田博士が引用した際の作業上又は印刷の際の手違いから起ったものであろう。）粗と麤、他と它、實と寔、並と幷、姦と奸、浙と淛、驗と騐のようなものまで一致する。よって市舶抄本は藤田博士手澤本で市舶論文引用會要の原本であるという結論に達する。これは靑山・伊原兩氏説の妥當を裏書きするものである。

市舶抄本は乾道九年七月十二日詔で終る。補編本も同じ。輯稿市舶司はその後、嘉定六年四月七日の記事まで記載されるという相違はあるが、市舶抄本・補編本市舶の記事内容は輯稿食貨市舶司の記事とほぼ合致する。然るに市舶抄本は食貨三十八と明記されている（藤田論文註(3)7同じ。補編市舶は記なし）のは、輯稿が職官に入れているのと合致しない。これは何故か。輯稿食貨三十八は和市・互市で市舶と何か近縁のものがある。市舶抄本の食貨は職官の誤抄かとも思われるが、そうとも斷定し兼ねる。食貨市舶の本もあったのかも知れない。後考を俟つ。

藤田博士は「宋代の市舶司及び市舶條例」を東洋學報七―二、（大正六年五月發行）に發表したが、これより以前、「宋元時代海港としての杭州附上海・膠州」を史學雜誌二七―九・一〇（大正五年九月・十月發行）に發表し、「宋代の層檀國について」を史林一―四（大正五年十月）に發表している。

大正五年（一九一六）發表のこの兩論文には宋會要市舶は史料として姿を見せないのは、劉承幹からの借鈔以前の研究であったからであろう。そのかわり、宋會要蕃部の史料が出て來る。左の如くである。（頁數は『東西交渉史の研究』南海篇に依る）（宋會要は輯稿本）

「宋元時代海港としての杭州」

二一六頁　建隆元年十二月　宋會要蕃夷四之六二（占城）

〃　〃　二年正月　〃　四之六三（占城）

二一七頁　乾德四年七月　〃　四之六三（占城）

「宋代の層檀國について」

二六〇頁　元豐四年六月二十三日　宋會要蕃夷四之九一（大食）

二七一頁　熙寧六年十二月十六日　宋會要蕃夷四之九一（大食）

二七三頁　天禧三年五月　　宋會要蕃夷四之九二（大食）
　　　　　天聖元年十一月　〃　四之九二（大食）
二七四頁　熙寧六年六月五日[4]　〃　四之九二（大食）
二七五頁　元祐四年四月九日　〃　四之九二（大食）

藤田博士が宋會要蕃夷を検討されたのは、大正五年より以前のことである。石田幹之助氏が三松盦讀書記で紹介された現在東洋文庫所藏の宋會要蕃夷の抄本ではないことは言うまでもないことである。大正五年發表の兩論文に尋いで翌六年に發表された「宋代の市舶司及び市舶條例」には新獲の宋會要市舶の夥多の新史料と並んで左記の宋會要蕃夷の史料がみられる。

三〇七頁　熙寧五年六月二十一日　宋會要蕃夷四之九二（大食）
（永樂大典卷一二一六〇より抄出せる宋會要、外國入貢條に見ゆとの注10あり）
三一〇頁　熙寧六年六月五日[4]　宋會要蕃夷四之九二（大食）
三八五頁　紹興六年八月二十三日　〃　蕃夷四之九四（大食）
三八六頁　咸平元年八月　〃　蕃夷四之九二（大食）
（永樂大典二〇五二一より抄出せる宋會要外國入貢の條の文なること注17に記す）
三九一頁　紹興四年七月六日　〃　蕃夷四之九三（大食）
（會要外國入貢條の文として引く）

宋會要食貨三十八市舶の部は永樂大典卷一七五五二より抄出したもので、去冬（大正五年）劉承幹所藏本を借鈔したものであることは、「宋代市舶司及び市舶條例」注7によって明らかであるが、これに先立って宋會要蕃夷の部を藤田博士は活用されているのである。その經緯は今日これを明らかにすることはできないが、宋會要を蕃夷の部と市舶の部と併せて東洋史學研究に活用された功は、藤田博士の先蹤に歸せらるべきことは疑いを容れぬところである。

注

（1）「藤田博士記念展覽會陳列圖書目錄」の實物が東洋文庫に收藏されていることを、土肥祐子氏の教示によって承知した。（圖書番號Ⅱ－展－33）

（2）六十六冊は六十七冊の誤りであろう。

（3）この注の文章には、印刷上のミスがあり、錯簡となっている。

（4）六月は、輯稿本では十月である。十月が正しいか。

あと書き

昭和六十三年多年勤めた教職を全く退いて、これからは研究に専念できると思った。しかし學業は遲々として進まぬに、足早やに老いが追いついた。積んだ業績は、顧みて枯木過疎、學びの山の賑わいともならぬ。これがまあつゐの栖み家と嘆ずるばかりである。ここに未發表のもの若干（10・20・21・28・29・30・31・32）を加えて拙業をまとめ、一小冊として上梓し得たのは、內河久平氏と汲古書院の坂本健彥氏との厚志の賜である。內河氏には所載の「同年小錄登科錄」校合整理につき、一方ならぬ助力を忝うした。兩氏に對し深甚の謝意を致すものである。

平成十四年四月十日

著者　中　嶋　　敏

索　　引

人　名　索　引……………………………1
事項その他索引……………………………3

人　名　索　引

あ

青山定雄　294

い

市村瓚次郎　271
井伏鱒二　370

う

于武陵　370
宇文虚中　44,45,48
梅原郁　346

え

榮德帝姫　30
榎一雄　253

お

汪革　257
王佐　156
王倫　40
大島立子　253
小川浩　254

か

華覺明　236,248
岳飛　68
加藤繁　248,253,279,298
狩野直喜　270
韓世忠　9

き

龔明之　106

く

郡司勇夫　254

こ

洪皓　49
洪咨夔　209,237
洪邁　105

し

品川昭代　254
謝枋得　176,104
柔福帝姫　33
朱熹　103,168
章衡　106
葉衡　169
焦蹈　106
徐乃昌　103
白鳥庫吉　271
秦檜　53,57,63,69

す

周藤吉之　118,296

そ

莊綽　13
蘇軾　258
孫僅　105,106

ち

千葉熒　306
張浚　5,6,50
張俊　5
張灊　262
陳遘　82

て

鄭轂　5
程宿　106
翟汝文　7

と

滕康　8,13
道野鶴松　248,254,283
董逌　367
杜充　9,14

な

長澤規矩也　146
那珂通世　274
中村喬　372

ぬ

布目潮渢　372

は

馬擴　365
服部宇之吉　270
馬防　361
Balazs　302

ひ

日野開三郎　298
苗傅　5

ふ

藤田豊八　300,379
傅雱　40
文天祥　174

ま

松本明　254

み

宮崎市定　106

も

孟太后　4

ゆ

遊經　262

よ

楊惟忠　8,13,20
楊應誠　44,59

り

陸秀夫　177
李寶　66
隆祐太后　4
劉誨　44,47
劉珏　8
劉光世　5,6
劉正彦　5,44
呂頤浩　5,8,14
盧益　17

ろ

樓鑰　106,209

わ

和田清　276,298
完顔亮　71

事項その他索引

え

永感　112
榮侍　107
越州　17

お

溫州　16

か

海州　76
乾式收銅　212
咸淳七年同年小錄　109

き

期集所　108
徽宗皇女　27
碕頭　24
夾錫錢　250
玉海　211
玉牒　319,334
玉牒所　133
玉牒初章　319
金花帖子　105
銀川　353

く

具慶　112

け

經制錢　92
雞肋編　13
嚴侍　112
虔州　7,13
元統元年進士錄　107,115

こ

攻媿集　106
公主　26
洪州　10
行數　150
後宋　339
黄銅　220,262
黄銅（礦銅）　212
高麗　59
礦鹵　54

し

慈侍　112
時政記　333
濕式收銅　212
實錄　334
支那經濟史考證　293
沙錢　12
重慶　107,109
紹興十八年同年小錄　101
紹興題名錄　134
松漠記聞　49
沈家門　23
清國行政法　269
進士登科題名錄　103
浸銅　212,221,262
浸銅要略　262

す

Sung Project　302

せ

靜嘉堂文庫　270,304
西康　357
石炭　257
前宋　339
錢譜　367

そ

宋會要　297,379
宋元科擧三錄　103
宗子　133
宗室　135

宋史提要編纂事業　303
宗正院　138
宗正寺　133
宋代官僚制度研究　346

た

對金遣使　39
大軍　9
第數　116,126,150
大冶賦　209,250
膽銅　212,261

ち

中興戰功錄　67
中興禦侮錄　75
中呉紀聞　106
中山府　88
朝鮮歷史地理　270
沈家門　23

て

帝姫　26
程史　258
殿試　107

と

東西交渉史の研究　300
唐才子傳　372
唐島海戰　66
同年小錄　103
東方文化學院　270,310
東洋史統　275
東洋文庫　270
土司　357

な

南宋　338

に

日曆　333

は

鞶書　50

へ

平齋文集　209,237
偏侍　110,112

ほ

寶祐登科錄　133,104
北宋　338

ま

滿洲歷史地理　270
滿鮮地理歷史研究報告　270

み

民族研究所　312
明代進士登科錄　146

め

明受の變　5

も

木炭　257

よ

容齋續筆　105

り

淋銅　212,221

著者略歴

一九一〇年石川県に生れ、静岡県で育つ。

東京帝大文学部東洋史学科卒業。東方文化学院、民族研究所を経て、東京高等師範学校・東京教育大学・大東文化大学を歴任。東京教育大学名誉教授、東洋文庫研究員・評議員。

著書『中国の歴史　五代・宋』(周藤吉之氏と共著)、鞠清遠著『唐代財政史』(訳註)、『東洋史学論集』等。

東洋史學論集　続編

二〇〇二年六月　発行

著者　中嶋　敏

発行者　石坂叡志

印刷　富士リプロ

発行所　汲古書院

〒102-0072　東京都千代田区飯田橋二―五―四

電話(三二六五)九七六四　FAX(三二二二)一八四五

ISBN4-7629-2669-8　C3022